JN069423

The Beatles Collection Archive

ブライアン・サウソール
奥田祐士［訳］

DU BOOKS

The Beatles Collection Archive

モノが、ザ・ビートルズの時代を照らし出す

ブライアン・サウソール

この本に関わったおかげで、わたしは二重の喜びを味わうことができました。いや、単に二重の喜びと言うだけでは足りません。なぜならさまざまなモノを探し出し、集める手助けができた――ついでに多少の書きものも――ことに加え、このなんとも楽しめる作業全体が、わたし自身の青春時代の覚書となっていたからです。

ザ・ビートルズの活動を多方面で彩っていた100の魅力的で意義深いモノを収集していくうちに、わたしは15歳の学生だった自分がはじめて〈ラヴ・ミー・ドゥ〉を聴いた1962年の記憶を蘇らせました。わたしはザ・ビートルズの虜となり、ノリノリの60年代（スウィンギング・シックスティーズ）以降もずっと、彼らのファンでいつづけました。

人気が上昇してチャートの首位に輝いたり、コンサート・ホールを満杯にしたりするようになると、ザ・ビートルズの物語は全国的な成功の枠を越えて、やがてはどんなポップ・アーティストにもなし得なかったスケールでの世界制覇へと展開していきます。そして彼らはわたしや似たような考えを持つ大勢の若者たちを、一生で一度の旅へと連れ出してくれました。わたしたちは彼らのレコードを買い、彼らのラジオ番組にダイアルを合わせ、彼らの出演するTV番組に見入り、運がよければチケットを手に入れて、生身の彼らを実際に見ること（聴くことはともかく）だってできたのです。

マネージャーのブライアン・エプスタインが注意深く見守るなか、〝イカした4人（ファブ・フォー）〟――ジョン・レノン、ポール・マッカートニー、ジョージ・ハリスン、そして最後に、リンゴ・スター――はモップ頭のポップ・グループから、ポピュラー音楽の外見とサウンドの両方を一変させるユニークな音楽的存在へと成長していきました。

最初のアルバムのリリースとビートルマニアの到来から50年をへた今も、わたしたちは楽器をアップグレードし、外見を変化させ、莫大な数のファン集団を満足させるために世界中を旅し、絶えず新たな音楽スタイルを採り入れながら、最終的には決裂し、解散した彼らの歩みをふり返っては、賛嘆しています。ポップ・アイドルとしてのザ・ビートルズは音楽とファッションに影響を与えましたが、同時に彼らはセックス、ドラッグ、宗教、政治に対する人々の態度にも、奥深い変化をもたらしました。しかもそのすべては彼らのあらゆる音、あらゆる言葉、あらゆる記事、あらゆる写真、そしてあらゆる些細なゴシップに食らいつく世界中のあまたのファンが見守るなかで展開されていたのです。

記憶に残る影響力の大きいモノ――楽器、レコード、契約書、チケット、記念品、そして個人的な思い出の品々など――を集めたこの本は、ザ・ビートルズの活動におけるもっとも重要な業績や瞬間を讃える一冊です。その場に居合わせなかったみなさんのために書いておくと、ザ・ビートルズは〝マージー・ビート〟の旗頭となり、英国勢による米ポップ界の侵略を先導し、コンセプト・アルバムを生み出し、サイケデリック時代の象徴となったのちに、史上最大のベストセラー・ポップ・アーティストとしてそのキャリアを終えました。

というわけでわたしもザ・ビートルズに影響を受けた、何百万人というファンのひとりに過ぎません。ですが同時に幸運なファンのひとりでもありました。なぜなら解散したあとも、彼らはわたしに影響を与えつづけたからです。1970年代にEMI――長年にわたるザ・ビートルズと彼らの音楽の本拠地――で仕事をすることは、ザ・ビートルズの元メンバーによるさまざまなソロ・プロジェクトに関わることを意味しており、その結果わたしはメンバーのひとりひとりと会い、時間をともにすることができました。むろんジョンは例外です。彼は自分の指示やコメントを、電話や電報や葉書を介して伝えてくれました。

つまりここにあるのは、ザ・ビートルズの活動と時代を、新しい、参考にできるようなかたちで紐解き、浮き彫りにしてくれるモノたちをはじめて集大成したユニークな書物であると同時に、少なくともひとりの高齢者――そしてポップ・ミュージックがもっとも輝いていた時代に多少なりとも関心があるすべての人々――にとっては、あの時代の空気感を蘇らせてくれる一冊なのです……そう、ザ・ビートルズが世界を支配していた時代の。

ブライアン・サウソール
エセックス州グレートバッドゥ

ザ・ビートルズのTV初出演：1962年10月17日に放送されたグラナダTVの「ピープル・アンド・プレイセズ」

アントリアのギター

ポールがクオリーメン時代に借りた楽器

伝えられるところによると、1957年6月にはじめてジョン・レノンと彼が率いるクオリーメンのメンバーの前でギターを弾いた時、ポール・マッカートニーはバンドのメンバーからギターを借り、しかもそれを逆さまに持って（彼は左利きだった）、レノンとその仲間たちに、こいつをグループに入れたいと思わせるだけのプレイを披露しなければならなかった。

正式なメンバーになると、自前のギターがあったほうがいいと考えたマッカートニーは、父親にもらったトランペットをおよそ14ポンド相当の6弦ギター、ゼニス・モデル17と交換する。以来、彼はクオリーメンの大半のライヴでこのギターを弾いていたが、1960年、18歳の誕生日を迎えた直後に、リヴァプールにあるヘッシー楽器店で20ポンドのギター、ロゼッティ・ソリッド7を月賦で購入した。

1957年からギターを所有していたマッカートニーだが、といっていつも持ち歩いていたわけではなく、友人たちとお遊びで演奏するような時は、借りもののギターを弾くこともあったようだ。アントリアのアコースティック・ギターもそうしたギターのひとつで、持ち主は彼とレノンとジョージ・ハリスンが主としてマッカートニーのジン叔母さんの家でくり広げる、初期の〝ジャム〟・セッションにしばしば顔を出していたデニス・リトラーという近所の少年だった。

ジン叔母さんはマッカートニーの父親、ジェイムズの末妹で、マッカートニーの母親が亡くなってからは、彼女とその姉がマッカートニーと弟のマイクを、自分たちの家に自由に出入りさせていた。現にマッカートニーが1963年に21歳の誕生日パーティーを開いたのも、ハイトンにあった彼女の家だった。

やはりリヴァプールでバンド活動をしていたリトラーによると、彼は19ポンドを月賦で支払い、アントリアのギターを手に入れた。どうやらこのギターはのちにビートルズとなる3人が、それぞれに借りて弾いていたようだ。アントリアのギターがイギリスに入ってきたのは1950年代末のことで、リーズのJTコポック社が日本から輸入し、シャドウズのハンク・マーヴィンとシンガーのマーティ・ワイルドは、どちらもこのギターを使っていた。ドラマーのリンゴ・スターが、ロリー・ストーム&ザ・ハリケーンズ時代にこの会社のドラムを叩く姿を収めた写真も残されている。

コポック社が1980年代に業務を停止すると、アントリアの商標はイギリスの別の会社が譲り受け、韓国製のギターのブランド名となる。オアシスのシングル〈ワンダーウォール〉のヴィデオで、リーダーのノエル・ギャラガーが弾いているのはアントリアのJ200モデルだ。

リトラーが所有し、50年代末にマッカートニーが借りたナチュラルウッド・カラーのアントリアは、2012年にロンドンでオークションにかけられ、4万3000ポンドを超える額で落札された。ギターにはマッカートニーの署名入りの、こんな手紙が添えられていた――「みんなでギターを持ちこんでプレイした、ジン叔母さん宅でのパーティーのことはよく覚えている。デニスもしょっちゅう仲間に加わり、ぼくらの誰かがギターを忘れた時は、自分のギターを気前よく貸してくれた」

（右）ポール・マッカートニーが友人から借り、叔母の家で開かれるパーティーで弾いたアントリアのギター。

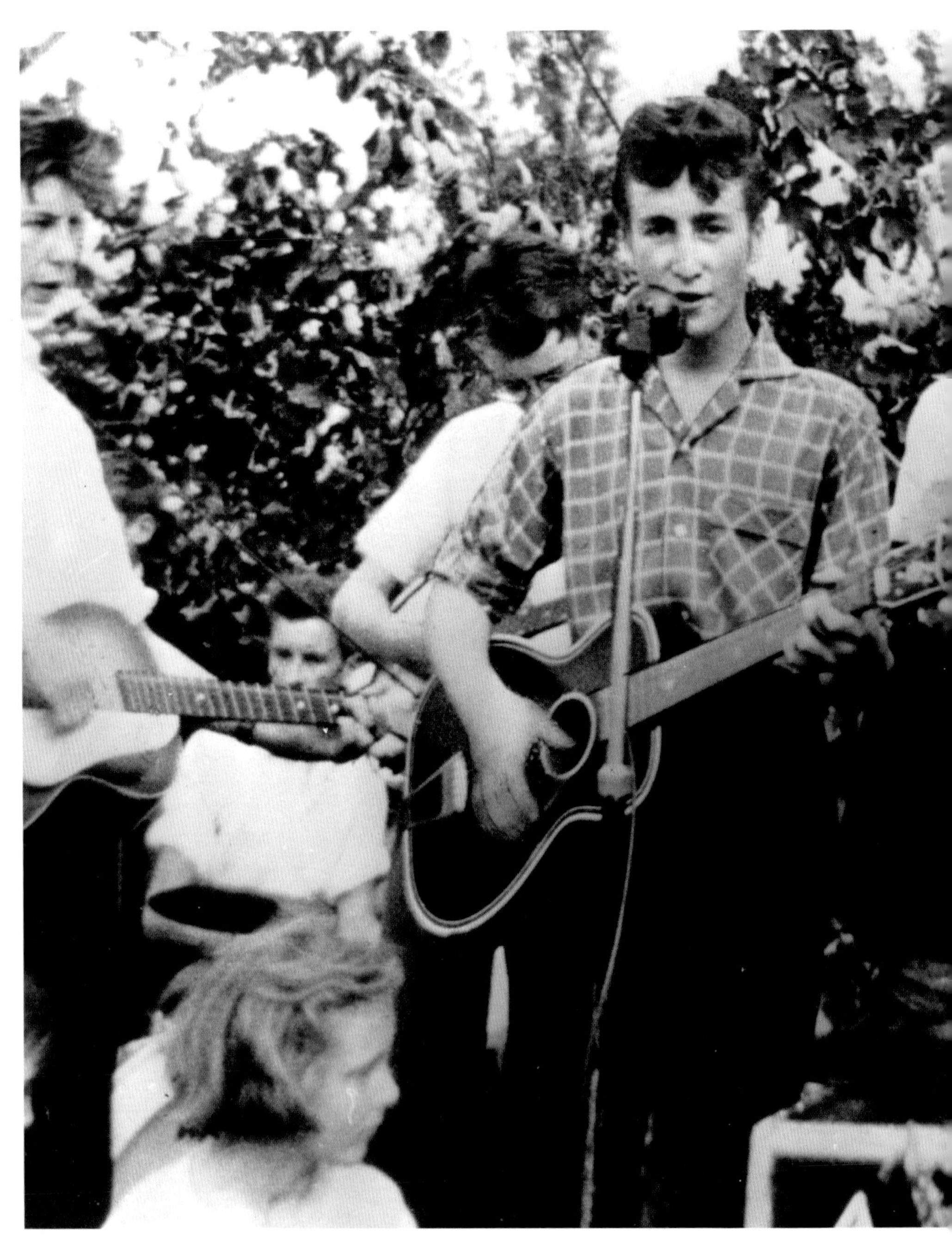

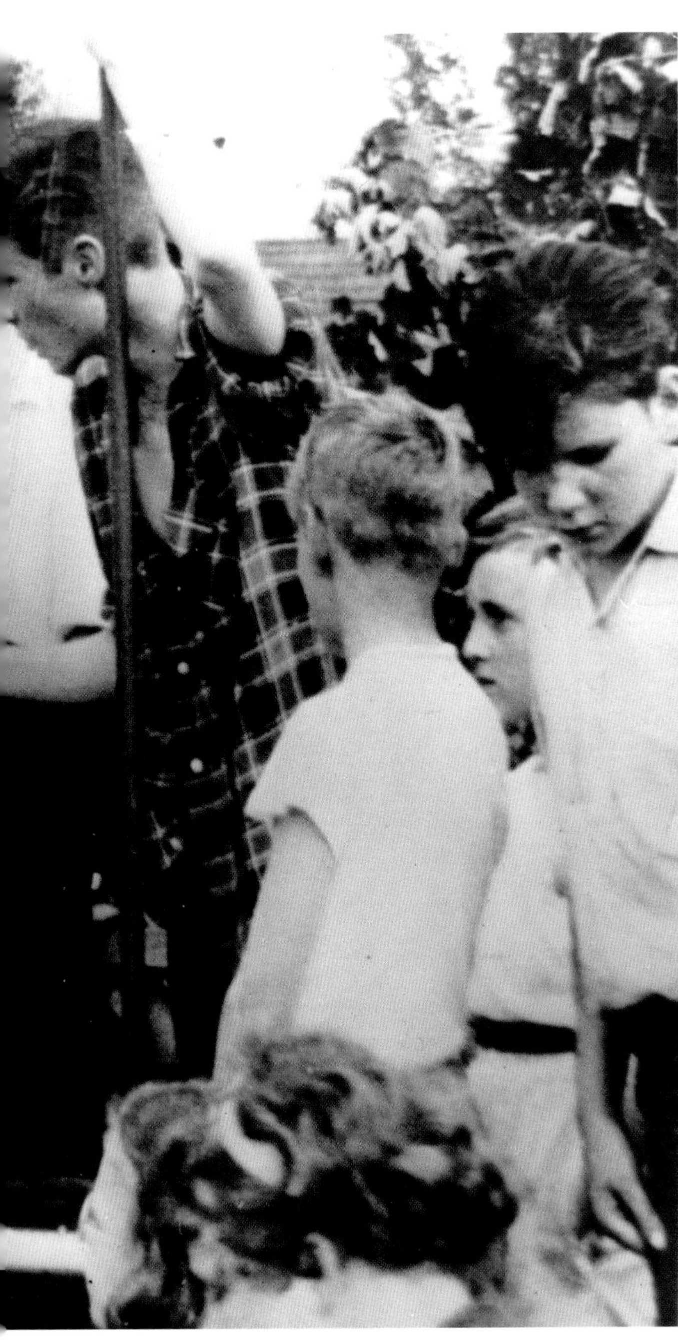

1957年7月、ウールトンの縁日で、クオリーメンを従えてマイクの前に立つジョン・レノン。レノンはその日、セント・ピーター教区教会に集まった群衆のなかにいたポール・マッカートニーと、ここではじめて顔を合わせた。

リヴァプール・エンパイアのプログラム
本格的なスタート

ミュージシャンとしての成功を追い求めるジョン・レノンが、名声と富へと向かう道にはじめて足を踏み入れたのは1957年6月、彼のグループ、ザ・クオリーメンがリヴァプールの由緒あるエンパイア・シアターで開催されたタレント・ショウに出演した時のことだった。

グループは学校の友だちだったレノンとピート・ショットンがスタートさせ、ほかにもロッド・デイヴィス、エリック・グリフィス、コリン・ハントン、レン・ガリー、アイヴァン・ヴォーン、ナイジェル・ホエイリーというメンバーがいた。ただし6月9日日曜日の午後、有名なTVタレント・スカウト、キャロル・ルイスの「TVスター・サーチ」の地区予選に出場した際の正確なラインナップははっきりしない。はっきりしているのは、レノンとショットンが通うクオリー・バンク・スクールにちなんで命名されたクオリーメンが、1回戦で敗北したことだ。わずか3分で終わったこのオーディションの予選で、グループが演奏した曲は〈ウォリッド・マン・ブルース〉だった。

彼らが敗退した相手は、ミゼットのリード・シンガーがいたサニーサイド・スキッフル・グループ。だが不屈のレノンは1958年10月、今度はポール・マッカートニーとジョージ・ハリスンをメンバーに擁し、ジョニー&ザ・ムーンドッグズと名乗っていたふたつめのグループを率いて、「TVスター・サーチ」に再挑戦した。今回の彼らはルイスのタレント・ショウの地区決勝——やはり10月に開催された——に進出し、1958年11月15日にマンチェスターのヒッポドローム・シアターで開催される本選の決勝に出場する資格を得た。しかし金欠が原因で、3人のバンド・メンバーは、最終的な判定が下される前に、やむなく列車でリヴァプールに戻っている。

リヴァプール・エンパイアは1925年にライム・ストリートで開業し、最大で2300人の観客を収容することができた。英国のミュージック・ホールや第二次世界大戦後のエンターテインメント業界で活躍したスターの大半がその舞台を踏んでおり、マッカートニーは一度、この劇場に〝コネ〟があることを自慢していた——「親戚のひとりが楽屋口の警備をしていて、よくサインをもらってきてくれたんだ」。その一方で当の本人も、楽屋口でサインを集めていた。

ハリスンもやはり、ムーンドッグズの一員としてステージに立つ前に、エンパイアで何度かその当時のスターたちを観ていた。「1956年にエンパイアまでロニー・ドネガンを観に行ったし、ほかにもダニー&ザ・ジュニアーズやクルー・カッツといった連中を観た」

ザ・ビートルズがエンパイアでの初舞台を踏んだのは1962年10月、マネージャーのブライアン・エプスタインが新たに設立したNEMSエンタープライズと、地元のクラブ・オーナー、レイ・マクフォールが共催したコンサートに出演した時のことだ。午後5時40分と午後8時からの2回公演だったこの〝ポップ・パッケージ〟で、彼らはリトル・リチャード、クレイグ・ダグラス、ケニー・リンチ、ジェット・ハリス、サウンズ・インコーポレイテッドと共演し、単独で4曲を披露したほか、ダグラスの出番ではバッキング・バンドを務めた。

彼らは1963年にも、4度エンパイアに戻ってくる。最初は3月に、トミー・ロウ、クリス・モンテスと共演した全英ツアーの一環として、2度目は5月にロイ・オービソンとの共演で、そして年末にはさらに2度、12月7日にTV番組「ジューク・ボックス・ジュリー」の特番がこの劇場で撮影された時と、クリスマスの3日前に、「ザ・ビートルズ・クリスマス・ショウ」のプレヴュー公演がおこなわれた時に。

彼らは翌年も—— 11月8日に——全英ツアーの一環としてこの会場に戻ってきた。そして12月5日には、リヴァプールでは最後となる公演をここエンパイア・シアターでおこなっている。8年前、彼らがオーディションの1回戦で敗退した場所で開かれるコンサートのチケットに応募したファンの数は、4万人を超えていた。

（右）ザ・ビートルズがリヴァプール・エンパイアでのデビューを飾った1962年10月のショウのチケットとプログラム。彼らの出番は3番目だった。

EMPIRE
LIVERPOOL
LITTLE RICHARD
2nd Performance. 8-0
SUNDAY
OCTOBER 28
ORCH. STALLS
12/6
F22
TO BE RETAINED

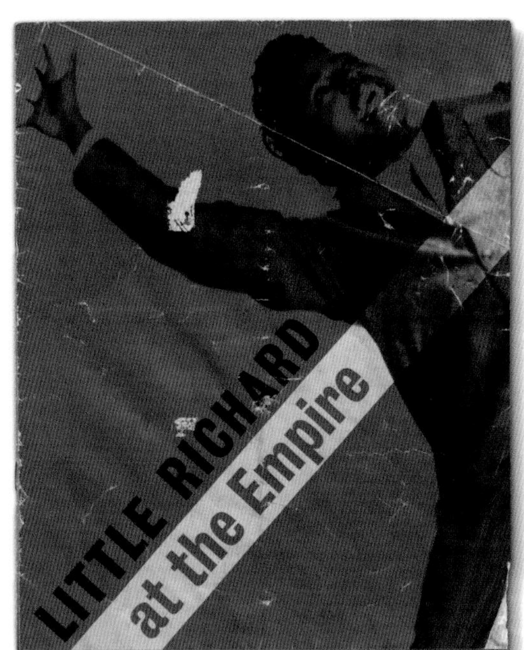

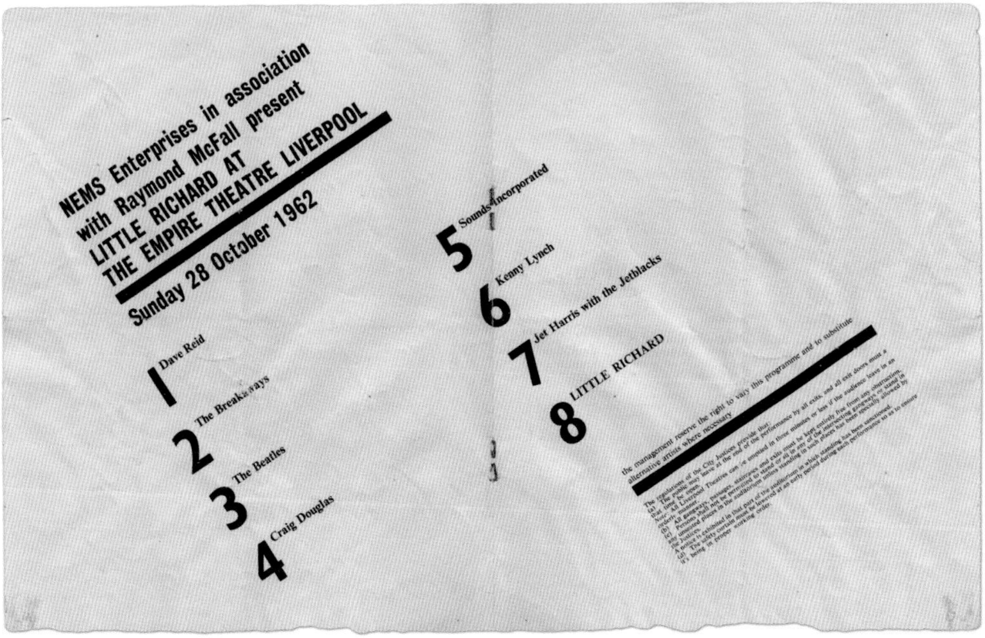

NEMS Enterprises in association
with Raymond McFall present
LITTLE RICHARD AT
THE EMPIRE THEATRE LIVERPOOL

Sunday 28 October 1962

1 Dave Reid

2 The Breakaways

3 The Beatles

4 Craig Douglas

5 Sounds Incorporated

6 Kenny Lynch

7 Jet Harris with the Jetblacks

8 LITTLE RICHARD

the management reserve the right to vary this programme and to substitute alternative artists where necessary

The regulations of the City Justices provide that:
(a) The public may leave at the end of the performance by all exits, and all exit doors must at that time be open.
Note: All Liverpool Theatres can be emptied in three minutes or less if the audience leave in an orderly manner.
(b) All gangways, passages, staircases and exits must be kept entirely free from any obstruction.
(c) Persons shall not be permitted to stand or sit in any of the intersecting gangways or stand in any unseated places in the auditorium unless standing in such places has been specially allowed by the Justices.
A notice is exhibited in that part of the auditorium in which standing has been sanctioned.
(d) The safety curtain must be lowered at an early period during each performance so as to ensure it's being in proper working order.

キャヴァーン・クラブのポスター
地元

ザ・ビートルズがリヴァプール随一の人気を誇る地下室のクラブ、キャヴァーンで初舞台を踏んだ時、このクラブはすでに開業5年目を迎え、ジャズやスキッフル・バンド向きのライヴ会場として、地元にしっかり定着していた。マシュー・ストリートに位置するこのクラブが正式に開業したのは1957年1月16日のことで、トリを取ったのは地元のジャズ・バンド、マージーシッピだった。

開業当時のオーナーはアラン・スタイナー。テンプル・レストランでジャズのショウを開いていた彼は、パリ旅行中に〝ル・ケヴゥ・フランセーズ（フランスの穴蔵）〟というジャズ・クラブを訪れ、古いワインと酒の貯蔵庫で〝キャヴァーン（地下蔵）〟を開業するアイデアを思いついた。1957年8月7日にはクオリーメンという新進気鋭のスキッフル・バンドがキャヴァーンにブッキングされ、ジョン・レノンにとってはこれが、このクラブでの初舞台となる——ただしポール・マッカートニーはボーイスカウトのキャンプに行っていて不在だった。

実のところレノンはその夜、エルヴィス・プレスリーの〈ハウンド・ドッグ〉と〈ブルー・スエード・シューズ〉をプレイして、自分たちのライヴにロックンロールの味つけをしようとしていた。しかしメンバーのロッド・デイヴィスとクラブのオーナー、スタイナーは激しい嫌悪感を示し、スタイナーはシンガーに、「あのいまいましいロックをカットしろ！」とメモで伝えた。以後3年間—— 1959年10月にはレイ・マクフォールが、2750ポンドでこのクラブを買い取った——キャヴァーンはジャズとスキッフルの伝統を守りつづけたが、ロックとポップの人気が高まりを見せはじめると、新たな音楽を受け入れるようになり、1960年5月には、カス＆ザ・カサノヴァズとロリー・ストーム＆ザ・ハリケーンズ（リンゴ・スターなるドラマーが在籍）が出演するロックンロールの夕べがこのクラブで開催された。

ザ・ビートルズ——レノン、マッカートニー、ハリスンとピート・ベスト——がキャヴァーンでのデビューを飾ったのは1961年2月21日。ランチタイムに出演した彼らは、その日のうちに地元の別の会場を渡り歩き、2度の夜公演をこなしている。1か月後の3月21日、グループははじめてキャヴァーンの夜の部に出演した。マッカートニーはこのクラブのことを「汗臭くて、ジメジメしていて、暗くて、やかましくて、ワクワクする」とふり返り、レノンは「キャヴァーンに出ていたころは、やってることの半分がアドリブだった。いわゆるコメディというやつだ。オレたちはとにかくふざけまくって、客席に飛びこんだり、とにかくなんだってやっていた」と回想している。

1961年11月9日、地元のレコード店を経営していたブライアン・エプスタインが、ランチタイムに演奏するザ・ビートルズを観るために、このクラブを訪れる。彼の姿を認めたレギュラーDJのボブ・ウーラーは「NEMSを経営するミスター・エプスタインがいらしてます」と観客に告げた。ハリスンはその時の様子を、次のように説明している。「彼は店の奥に立って演奏を聴き、終わるとバンドの部屋にやって来た。ぼくらは彼のことを、どこかのとても上品ぶった金持ちだと思っていた。ぼくらと契約したがっていたけれど、実際にマネージャーになる決心をしたのは、たしか、もう何回か観てからだったはずだ」

1963年の秋の時点で、ザ・ビートルズはわずか2年半のうちに、トータルで274回、キャヴァーンのステージに立っていた。ある意味、活動の起点となったこの場所で、彼らが最後にプレイしたのは1963年8月3日のことだ。

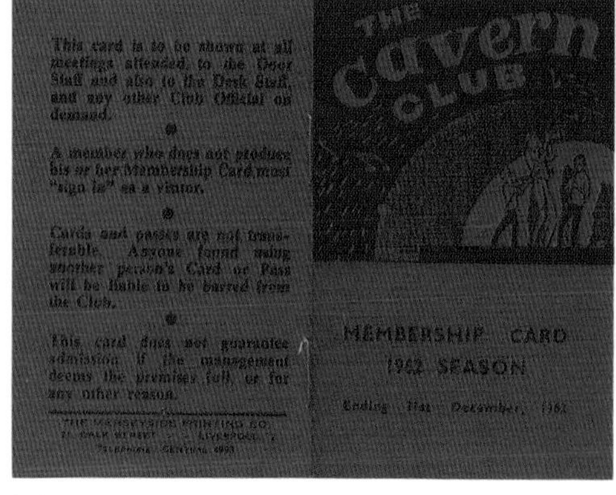

（上）1962年の〝シーズン〟に使えたキャヴァーン・クラブの会員証。

（右）3本のライヴと、ザ・ビートルズとほか8組のグループが出演する〝グッド・フライデー・R&Bマラソン〟を告知するキャヴァーンのチラシ。

KEEP THIS FOR REFERENCE (and show it to your friends)

4 BIG NIGHTS

at

LIVERPOOL'S FIRST AND FOREMOST BEAT MUSIC CENTRE

THE CAVERN

10 MATHEW STREET, (off North John Street) Tel: CENtral 1591

---

1 WEDNESDAY, 27th MARCH, 1963 7-15 p.m. to 11-15 p.m.

THE FABULOUS

KARL DENVER TRIO

Plus

Decca's Great New Disc Stars *Return of Manchester's "Beatles"*

THE BIG THREE THE HOLLIES

EARL PRESTON & THE TT's THE SAPPHIRES

Members 5/- · Visitors 6/- · Please be Early

---

2 FRIDAY, 29th MARCH, 1963 7-30 p.m. to 11-15 p.m.

Liverpool's One and Only

Gerry & The Pacemakers

Plus Three Other Top Line Groups

Members 4/6 · Visitors 5/6

---

3 SUNDAY, 7th APRIL, 1963 7-30 p.m. to 11-15 p.m.

"TWIST 'N' TRAD" SPECIAL

Return Visit of the Sensational

Alan Elsdon Jazz Band

Plus The Four Mosts The Swinging Bluegenes

The Flintstones The Zenith Six Jazz Band

Members 5/6 · Visitors 6/6

---

4 GOOD FRIDAY, 12th APRIL, 1963 4 p.m. to Midnight

A Shot of Rhythm & Blues

R & B MARATHON No. 2 STARRING

THE BEATLES

PLUS 8 OTHER GREAT MERSEYSIDE R & B GROUPS

Members 7/6 · Visitors 8/6 Pass Outs Available

Please, Please be Early · 4 o'clock Start

Evening Sessions Sun., Tues., Wed., Fri., & Sat. Every Week

Don't Forget! There are Swinging Lunchtime Sessions

Featuring Top Rock Groups each Mon., Tues., Wed., Thurs. & Friday

12 noon to 2-15 p.m. Members 1/- Visitors 1/6

AT THE CAVERN CLUB

New Members & Visitors always welcome. Yearly membership fee only 1/-

NOTE: STRICTLY NO ADMISSIONS AFTER 9-30 p.m.

ピート・ベストのツアー日程表
旅まわりのはじまり

リヴァプールに建つ15室のヴィクトリアン・ハウスの地下室には、意外にもコーヒー・バーとジュークボックスが売りもので、週末になると生バンドが出演するクラブがあった。カスバ・クラブはモナ・ベストが1959年の夏に開業した店で、彼女はそこに夫のジョン、そして息子のピート、ローリーと暮らしていた。

開業の数週間前からその店に出入りしていたのが、ジョン・レノン、ポール・マッカートニー、ジョージ・ハリスンの3人で、彼らは全員（のちにミセス・レノンとなるシンシア・パウエルとともに）、1959年8月29日の正式な開店に備えて、店の壁をペイントする作業を手伝っている。そしてその日、ステージに立ったとある地元のバンドは、このクラブのレギュラー・グループとなった。「コーヒー・バーの誕生に関われたのは最高だった」とマッカートニーは語っている。「全員が手を貸したんだ。で、全部をペイントすると、そこはぼくらのクラブになった」

そのオープニングの夜に出演したクオリーメンのメンバーは、ハリスンとレノン、マッカートニーという彼の友人ふたりに、ベーシストのケン・ブラウン。急に出演をキャンセルしたレス・スチュアート・カルテットの代役だった。再編されたクオリーメンはその晩のギャラとして3ポンドを受け取り、ファンは12ペンス半の年会費に5ペンスを追加して支払うと、1959年の9月から10月にかけてはいつでも彼らを観ることができた。しかしそこでギャラをめぐるもめごとが起こり、レノン、マッカートニー、ハリスンはレギュラーの座を降りてしまう。

その代役を務めたのが、ドラムにモナの息子、ピートを擁するザ・ブラックジャックスというバンドだった。翌1960年、客としてこのクラブに戻ってきたレノン、マッカートニー、ハリスンは、すでにザ・シルヴァー・ビートルズと改名し、初のハンブルク巡業のためにドラマーを探していた。彼らはベストを引き抜きにかかり、新たに4人組となったバンドは、ハンブルクから戻ってくると、1960年12月17日、カスバ・クラブでイギリスでの初舞台を踏んだ。

モナとピート・ベストは1961年から1962年にかけて、ザ・ビートルズのライヴ・ブッキングを担当した。1961年12月、グループ――レノン、マッカートニー、ハリスンとベスト――がブライアン・エプスタインと会見し、地元のレコード店主が彼らのマネージャーになる案を検討した場所も、カスバのコーヒー・バーだった。

ザ・ビートルズが最後にカスバで演奏したのは、1962年6月24日のことだったがその時点で彼らはすでに、ランカシャーの周辺やイングランド北西部のライヴ・シーンでしっかりと人気を確立していた。ベストが受け取ったメモを見ると、どうやら4人のミュージシャンは、自分たちのスケジュールの詳細を、マネージャーのオフィスから郵便で知らされていたようだ。1962年7月のリストにあるライヴはすべて予定通りにおこなわれたが、19日にはバーケンヘッド、そしてその翌日のランチタイムには、キャヴァーンで追加のスケジュールが入っていた。

（上）カスバ・クラブ内の小さなステージ・エリア。

（右）ピート・ベストの日程表。
（次見開き）1961年12月9日、オルダーショットのパレイ・ボールルームで、〝南部〟では初となるライヴのステージに立つ革ジャン姿のビートルズ。観客は20人にも満たなかった。

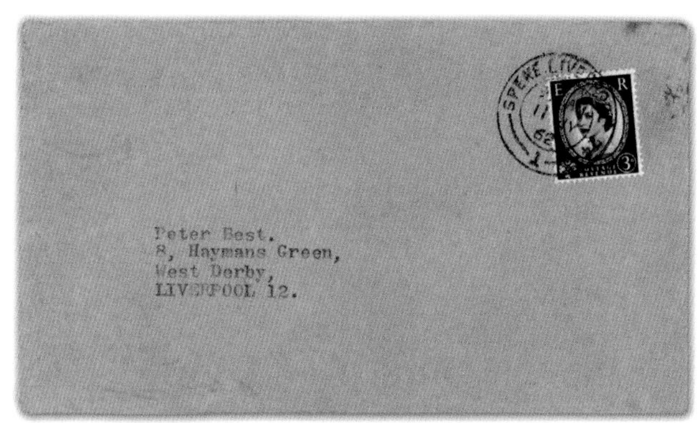

Peter Best.
8, Haymans Green,
West Derby,
LIVERPOOL 12.

THE BEATLES - Bookings July/August etc.

July	9th	Monday		Plaza Ballroom, St. Helens
"	11th	Wednesday		Cavern Club, Liverpool
"	12th	Thursday	LT.	Cavern Club
				Majestic Ballroom, New Brighton.
"	13th	Friday		Tower Ballroom, New Brighton
"	14th	Saturday		Regent Ballroom, Rhyl.
"	15th	Sunday		Cavern Club, Liverpool.
"	16th	Monday	LT.	Cavern Club.
				Plaza Ballroom, St. Helens
"	17th	Tuesday		Swindon (2 Spots 60 mins. each)
"	18th	Wednesday	LT.	Cavern Club.
				Cavern Club.
"	20th	Friday	LT.	Cavern Club.
				Bell Hall, Warrington
"	21st	Saturday		Tower Ballroom
"	22nd	Sunday		Cavern Club
"	23rd	Monday		Kingsway Club, Southport.
"	24th	Tuesday	LT.	Cavern Club
"	25th	Wednesday	LT.	Cavern Club
				Cabaret Club, Duke Street.
"	26th	Thursday		Cambridge Hall, Southport (JOE BROWN SHOW)
"	27th	Friday		Tower Ballroom, New Brighton (JOE BROWN SHOW)
"	28th	Saturday		Cavern Club.
"	30th	Monday		St. Johns
"	31st	Tuesday	LT.	Cavern Club.
August	1st	Wednesday		Cavern Club.
"	3rd	Friday		Grafton Rooms Liverpool
	4th	Saturday		Victoria Hall, Higher Bebington

COMING SHORTLY

August	10th	Friday	Riverboat Shuffle (Cavern)
	11th	Saturday	Odd Spot
	18th	Saturday	Hulme Hall, Port Sunlight
	24th	Friday	River Cruise
	25th	Saturday	Marine Hall Ballroom, Fleetwood
	31st	Friday	Lydney
Sept.	1st	Saturday	Stroud
	15th	Saturday	Northwich
	22nd	Saturday	Majestic Ballroom, Birkenhead.
	28th	Friday	River Cruise
Oct.	6th	Saturday	Golden Primrose Restaurant, Port Sunlight

N.B. Watch the weekly details lists for cancellationsand insertions.

THE ART OF

ジョージのグレッチ
ジョージと彼のギターたち

ティーンエイジャーになった最初の年、ジョージ・ハリスンは腎炎をわずらい、病院のベッドで横になっていた時に、ギターを手に入れたいという衝動に駆られた。若きハリスンが父親の跡を追ってギターを弾いてみようと決心したのは、リヴァプールのオルダー・ヘイ病院で、順調に回復していた時のことだ。さいわい彼は学校の友だちが、ギターを1台売りに出しているのを知っていた。

「レイモンド・ヒューズが自分のギターを、3ポンド10シリングで売りたがっているという話を聞いたんだ。当時としては大金だけど、ぼくは母親にそのお金をもらって、レイモンドの家までギターを買いに行った」とハリスンは回想している。だがエディ・コクランやロニー・ドネガンといったアーティストに刺激を受けた彼は、じきに「最初のまともなギター」を手に入れた。ピックアップを取りつけ、セミ・エレクトリックに改造したヘフナー・プレジデントで身を固めたハリスンは、クオリーメンとジョニー&ザ・ムーンドッグズの両方でレノン、マッカートニーとツアーに出るが、その途中でヘフナー・プレジデントを、ライヴァル・グループ、ザ・スウィンギング・ブルー・ジーンズのメンバーが持っていたヘフナー・クラブ40と交換した。

その後、ハリスンは正真正銘のエレクトリック・ギターを自力で手に入れる。ただし本来の希望だったアメリカ産のフェンダー・ストラトキャスターの代わりに、東ヨーロッパでつくられたコピー品で妥協せざるを得なかった。「できれば最初のギターはストラトにしたかった。バディ・ホリーのストラトを見たことがあったし……でもあの当時のリヴァプールにはストラトなんてなくて、それにいちばん近いギターがフューチャラマだったんだ」

実のところ第二次世界大戦後のイギリスでは、アメリカ製品の輸入が禁止されていたため、ストラトに限らずどんなアメリカ産のギターも入手が困難だった。やむなくハリスンは1959年11月に、チェコ産のリゾネット・フューチュラマをフランク・ハッシーの楽器店で購入する。値段は50ポンドをわずかに超える額だった。

1963年になると、ハリスンは少なくとも2本のグレッチ（ジェット・ファイアーバードとデュオ・ジェット）をコレクションに加え、5月になると3本目のグレッチ、チェット・アトキンスという永遠のヒーローのひとりが設計を手がけたカントリー・ジェントルマンを購入した。ザ・ビートルズのマネージャー、ブライアン・エプスタインがサウンド・シティというロンドンの楽器店と話をつけ、ハリスンはシャフツベリー・アヴェニューのはずれにある店を訪ねて、新しいギターを装着した。サウンド・シティの広告によると、値段は264ポンドだった。

のちにハリスンは2本目の、少しだけ新しくなったグレッチ・カントリー・ジェントルマン・ギターを購入し、スタジオよりもおもにステージでグレッチを使いつづけた。グレッチの宣材にも、そうしたギターを弾く彼の写真が使われている。

（上）お気に入りのグレッチ・デュオ・ジェット・ギターを見せびらかすジョージ・ハリスン。

（右）ハリスンが60年代のはじめにステージとスタジオで定期的に使用していた中古のグレッチ・ギター。

GRETSCH
GRETSCH

リンゴのドラム
125ポンドで購入したプレミアのセット

世界的なビート・バンドとなるリヴァプールの4人組に加入したのは最後だったものの、リンゴ・スターはビル・ヘイリーと彼のコメッツの主演映画『ロック・アラウンド・ザ・クロック』を観た1950年代のなかばから、ドラムに夢中になっていた。

「最初のキットがお目見えしたのも、だいたいそれと同じ時期のことだ」とリンゴは回想している。「オレは30シリングでドラムを買った。片面だけのバカでかいバスドラだった」。すでにロックンロールとテディ・ボーイに心を奪われていたスターは、やがてクリスマスのプレゼントとしてドラム・キットを手に入れ、仕事仲間と結成した最初のバンド、エディ・クレイトン・スキッフル・グループとともにスキッフルをプレイしはじめた。

地元リヴァプールの人気グループ、ロリー・ストーム＆ザ・ハリケーンズに加入した時、スターは祖父から46ポンドを借りて、エイジャックスの初期型シングルヘッド・ドラム・キットを購入した。その後プレミアのドラム・キットに鞍替えし、1962年8月18日にザ・ビートルズに引きぬかれた時や、EMIでの最初のセッション、そしてデビュー・アルバムの《プリーズ・プリーズ・ミー》でも、そのキットがずっと彼の相棒だった。

スターがプレミアのモデル54ドラム・キットを買ったのは1960年の夏のことで、値段は125ポンドと高額だった。この金で彼はバスドラ、マウントタム、フロアタム、ウッドシェルのスネアと、プレミアのスタンドに設置されたジンのシンバルを2枚手に入れた。このキット全体には、プレミアの呼ぶデュロプラスティックのマホガニー・カラー仕上げがほどこされ、同社のパンフレットでは「忙しいモダンなグループ——最高にシャープなレスポンスと、音色の再現度を求めるレコーディング・ドラマー」向けのドラム・キットと謳われていた。

プレミアは1922年、ドラマーのアルバート・デラ・ポータとドラム・ビルダーのジョージ・スミスに指示を受けながら、イギリスでドラムを製造しはじめた。ロンドンの中央部に拠点を置いていた会社は、1930年代に入るとアクトン、そして第二次世界大戦が終わると、最終的にレスターに居を移す。1970年代の終わりになると、プレミアの社歴には——リンゴ・スターと1966年に授与された英国女王賞に加え——ニック・メイソン、フィル・コリンズ、ブライアン・ベネット、キース・ムーン、カール・パーマー、ビル・ブルフォード、そしてジョン・ボーナムといった顧客の名前が並んでいた。

ハリケーンズ時代のスターは、バスドラにRSという自分のイニシャルを入れていたが、なかにはそれをバンドのリーダー、ロリー・ストームと勘違いする人々もいた。しかし知名度が上がってくると、彼はフルネームの〝Ringo Starr〟でバスドラを飾るようになった。

このプレミアのキットは1962年9月4日、ザ・ビートルズがファースト・シングルの〈ラヴ・ミー・ドゥ〉をレコーディングした時に、スターがアビイ・ロードのスタジオに持ちこんだものだ。しかしプロデューサーのジョージ・マーティンはその後の9月11日のセッションで、セッション・ドラマーのアンディ・ホワイトを起用した。EMIのプロデューサー仲間だったロン・リチャーズによると、その理由は「オリジナルのドラムのサウンドに満足できなかったから」だった。

2度目のセッションでタンバリンに降格させられたスターは、「ジョージ・マーティンに腕前を疑われたことが、いちばんのショックだった」とコメントしているが、それでもラディックのセットにアップグレードする1963年まで、このプレミアのドラム・キットを叩きつづけた。

(右) 1962年9月にアビイ・ロードのスタジオでおこなわれたザ・ビートルズ初のレコーディング・セッションで、リンゴ・スターが叩いたプレミア54ドラム・キット。

ジョン・レノンの眼鏡
反逆児スタイル

1945年に両親が離婚すると、まだ5歳の子どもだったジョン・レノンは、伯母のミミと伯父のジョージ・スミスが暮らす二戸建住宅、メンディップスに移り住んだ。「オレは郊外の小ぎれいな少年だった。家は持ち家だったし、自分たちの庭もあった」と当のレノンは、幼年時代の新たな家をふり返っている。

正確に言うとメンディップスは、リヴァプールのウールトン地区にあるメンローヴ・アヴェニューの25番地に位置し、彼とマッカートニーはレノンの小さな寝室の下にある張り出し玄関に座りこんで、アコースティック・ギターの練習に勤しんでいた。「風呂みたいにいい感じでエコーが効くんだ。それにそこ以外の場所じゃ、ミミが音を出させてくれなかった」と回想しているマッカートニーは、レノンの寝室で一緒に過ごした時間が忘れられずにいた。

「そのあと、ふたりでジョンの部屋に上がっていってね、彼のベッドの上に座って、レコードをかけていた。すばらしい思い出だよ」と彼は語り、そこで〈アイ・コール・ユア・ネーム〉を書いた時のことを、次のようにふり返った。「彼のベッドに横並びで座るのは、実際のところ決していいアイデアじゃなかった。ぼくのギターと彼のギターのネックが、しょっちゅうぶつかっていたからだ。あの曲はふたりで書いたけど、基本的にはジョンのアイデアだった」

レノンの回想にもあるように、メンディップスは〈プリーズ・プリーズ・ミー〉が形になりはじめた場所でもあった。「あの時のオレは、ロイ・オービソンの曲を書こうとしていた。書いた日のことはよく覚えている。メンローヴ・アヴェニューの家の寝室にいて、ベッドにはピンク色の羽布団がかかっていた」。彼はまた、地元のバスがきっかけで生まれた曲もあったと語っている。「あれはメンローヴ・アヴェニューの251番地にあった家から、街に向かうバスが元ネタだ。見えるものを全部盛りこんだ歌詞も完全に出来上がっていて、それが過去の友だちや恋人を回想した〈イン・マイ・ライフ〉になった」

1958年7月15日に、メンローヴ・アヴェニューのバス停に向かおうとしていたレノンの実母、ジュリアが車に轢かれて亡くなったのも、この家を出てすぐの場所だった。

歴史的な建造物を保護するナショナル・トラストがメンディップスの購入に二の足を踏んでいるうちに——この家でザ・ビートルズの曲がつくられたことは一度もないと彼らは考えていた——レノンの未亡人、ヨーコ・オノがそこを買い上げ、この団体に寄贈した。「リヴァプールの人たちやジョン・レノン、そして世界中のザ・ビートルズのファンのために、保存したいと考えたんです」と彼女は語っている。

大がかりな修復作業をへて、この家はグレードⅡの指定建造物に選ばれ、2003年3月に——いみじくも青い銘板(ブルー・プラーク)〔＊20年以上前に亡くなった著名人の家や建物に使われる〕つきで——一般に公開された。現在もそこは、主要な観光名所となっている。

イギリスのポップ・バンド、オアシスは、シングル〈リヴ・フォーエヴァー〉のジャケットにこの家の写真を使って、レノンとメンディップスに敬意を表し、メンバーのノエル・ギャラガーは、レノンがかけていたのと同じ、丸い細縁の色メガネをあえて選んで、このソングライター、シンガー、そしてギタリストに対する憧れを強調した。

(左) ジョン・レノンが——そしてのちにはオアシスのリアムとノエル・ギャラガーのふたりが——かけていた青レンズのファッショナブルな度つき眼鏡。

(右) 近眼で知られるジョン・レノンは、〝ノリノリの60年代〟に縁の丸い〝おばあちゃん〟眼鏡をかけはじめた。

リヴァプール市フォースリン・ロード20番地

ポールが育った場所

ポール・マッカートニーは13歳のころから自分が育った実家をふり返って、次のように語っている。「ジョンがよくぼくの家に来ていたのは、ほかに行き場がなかったからだ。どっちもアコースティック・ギターを持っていたので、おたがいに向き合って弾いていた」

その家はリヴァプール、アラートン地区のフォースリン・ロード20番地に位置し、1955年からマッカートニーと彼の両親、そして弟のマイクの住居となる。ただしミセス・マッカートニーは、一家が引っ越した1年後に亡くなった。

1920年代に地方自治体が建造したこの小さなテラス・ハウスは、マッカートニーと長年にわたる曲づくりのパートナーだったレノンが、最初期の作品に取り組んでいた場所のひとつだ。学校をサボったふたりはこの家に向かい、レノンが正面玄関で待つあいだに、雨どいを伝って、鍵のかかっていないトイレの窓からなかに入ったマッカートニーが、ふたりぶんのギターともどもパートナーを迎え入れていた。

「ぼくはよく学校をフケていたし、ジョンも美術学校を脱け出してきて、ふたりで座りこんだまま、ずっとギターをポロンポロンさせていた。そうやって一緒に曲を書いていたんだ。全部、学習帳に書きこんで、曲の上にはいつも〝レノン＝マッカートニーの新作〟というただし書きを入れていた」とマッカートニーは説明している。フォースリン・ロードの家の小さな居間で生み出された〝新作〟のなかには、〈アイ・ソー・ハー・スタンディング・ゼア〉や〈ラヴ・ミー・ドゥ〉も含まれていた――「どっちかがなにかを思いついたら、そこから先はアイデアをやり取りしていた」とマッカートニーは回想しているが、〈レット・イット・ビー〉や〈ホエン・アイム・シックスティー・フォー〉も、やはりこの家で生まれた曲だった。

フォースリン・ロードの隣人のひとりが仕立職人で、彼は1960年、はじめてハンブルクに向かうザ・ビートルズのために、初期のステージ衣裳――ライラック色のジャケット5着――を仕立て上げた。「自分たちで見つけてきた布地を持って行って、ジャケットにしてもらったんだ。ほかのメンバーも採寸をするために、みんなぼくの家にやって来た」

マッカートニーの実家は、マイク・マクギアと名乗っていた弟のマイクが、スキャッフォルドを結成するロジャー・マッゴー、ジョン・ゴーマンとミーティングをしていた場所でもある。ザ・ビートルズの人気が上昇するにつれて、ファンがこの家のまわりに集まり、路上で野宿をするようになった。おかげでマッカートニー家は引っ越しをせざるを得なくなり、ロンドンに移り住んでいたポール・マッカートニーは、25マイル離れた場所に父親の新居を購入した。最終的にフォースリン・ロードは、1995年にナショナル・トラストが5万5000ポンドで買い取っている。彼らはさらに4万7000ポンドを費やしてこの家を改装し、1998年に〝ザ・ビートルズが生まれた場所〟として一般に公開した。ただしマッカートニーは今も存命なので、ナショナル・トラストの〝ブルー・プラーク〟は使われていない。

（上）50年代、60年代にポール・マッカートニーが暮らしていたリヴァプールの通りの標識。

（右）ポール・マッカートニーの少年時代の家。ここで彼はジョン・レノンとともに、最初期のビートルズ・ナンバーの一部を生み出した。

THE NATIONAL TRUST
20 Forthlin Road - childhood
home of Paul McCartney
No direct entry.
For information about tours and to book
tickets visit www.nationaltrust.org.uk/beatles
or phone 0151 427 7231
Registered charity 205846

カイザーケラーの契約書

皇帝の地下室へ

ハンブルクのインドラ・クラブが閉鎖されると、地元のプロモーター、ブルーノ・コシュミダーと契約を結んでいたザ・ビートルズ――そのなかには街から40キロ以内にある、それ以外の店での演奏を禁じる条項が含まれていた――はすぐさま、このドイツ人ビジネスマンが経営する別のクラブに移籍させられた。

音楽にはさほど関心がなかった――「ブルーノはいわゆる若手のロックンロール起業家タイプじゃなかったし……音楽のこともあまり知らなかった」とハリスンはコメントしている――ものの、この元サーカスの道化師兼火食い芸人はハンブルクの盛況なクラブ・シーンの中心人物で、1960年10月4日、広大なステージがあるカイザーケラーにザ・ビートルズを移籍させた。8週間のブッキング期間中、その間彼らはずっと同じリヴァプールのバンド、ロリー・ストーム＆ザ・ハリケーンズとステージを分け合っていた。「カイザーケラーは最高だった――とりあえず、ダンスフロアがあったからだ」とハリスンは、グループの新しい仕事場を評している。

この間に地元民のあいだでザ・ビートルズの人気が上昇し、メンバーにビールをおごったり、アメリカのロックンロールをうたえとけしかけたりするようになるが、一方でアルコールや覚醒剤の影響下にあったグループは、広大なステージの上でふざけまわり、脚の悪いロック・スター、ジーン・ヴィンセントの物真似をしたり、時にはハイル・ヒトラーの敬礼をすることすらあった。「何時間も何時間も、ぶっつづけでプレイしなきゃならなかった」とレノンは説明している。「だからどの曲も20分あったし、ソロが20回入っていたんだ。ひと晩に8時間とか、10時間プレイするのも普通だった。おかげで演奏の腕は上がったけど」

ザ・ビートルズとハリケーンズは、どちらのグループが先にクラブの腐りかけていたステージを壊せるかという賭けをしていた。最初に板を踏み抜いたのはロリー・ストームで、彼はその損害を賠償するために、コシュミダーから65マルクの罰金を科せられている。

契約上、1960年の末まで延々とカイザーケラーに出演しなければならなかったザ・ビートルズは、1961年に入ると別のクラブに移籍するプランを練りはじめた。しかし彼らが近所のライヴァル店、トップ・テン・クラブに出たがっているのを知ったコシュミダーは、自分の許しなしに市内の別の店でプレイするのは御法度だ、とあらためて念を押した。この警告をよそに、グループはトップ・テン・クラブでますます多くの時間を過ごすようになり、時にはイギリス人シンガー、トニー・シェリダンのステージに飛び入りして演奏することもあった。

コシュミダーがザ・ビートルズ（とロリー・ストーム）との契約打ち切りを決めたというニュースがシェリダンの耳に届くのとほぼ同時に、なぜか地元の当局は、ハリスンがまだ17歳にしかならないことを察知した。西ドイツの法律では、真夜中過ぎにナイトクラブにいることが禁じられている年齢である。むろんロックンロール・グループのメンバーとして、そこでプレイをするなどもってのほかだった。11月1日、コシュミダーはハリスンとザ・ビートルズに、11月30日までの出国を命じる通達を送りつけた。

実際にハリスンがドイツを出たのは1960年11月21日のことで、レノン、マッカートニー、ピート・ベスト、スチュアート・サトクリフは契約を完了するために居残った。だがカイザーケラーへの出演は、11月30日に58夜目で幕となる。寝泊まりしていたバンビ・キノという映画館で、ワンルームの〝家〟の壁紙に火をつけたマッカートニーとベストが放火罪で告発され、国外退去となってしまったのだ。

（右）カイザーケラーでの3か月公演を告知する1960年のポスター。ロリー・ストーム＆ザ・ハリケーンズの下に、ザ・ビートルズの名前が入っている。

（次見開き）ザ・ビートルズがカイザーケラーで演奏する時間を細かく定めたクラブ・オーナー、ブルーノ・コシュミダーの契約書。彼らが1961年に移籍するライヴァル店、トップ・テン・クラブの名前も書き足されている。

KAISERKELLER
Tanzpalast der Jugend
HAMBURG - ST. PAULI
FESTIVAL DER ROCK'n ROLL FANS
IM MONAT OCTOBER - NOVEMBER - DEZEMBER
Präsentiert Bruno Koschmider
ORIGINAL
Rock'n Roll
BANDS
Rory Storm
AND HIS
HVRICAN
und
The Beatles
ENGLAND - LIVERPOOL

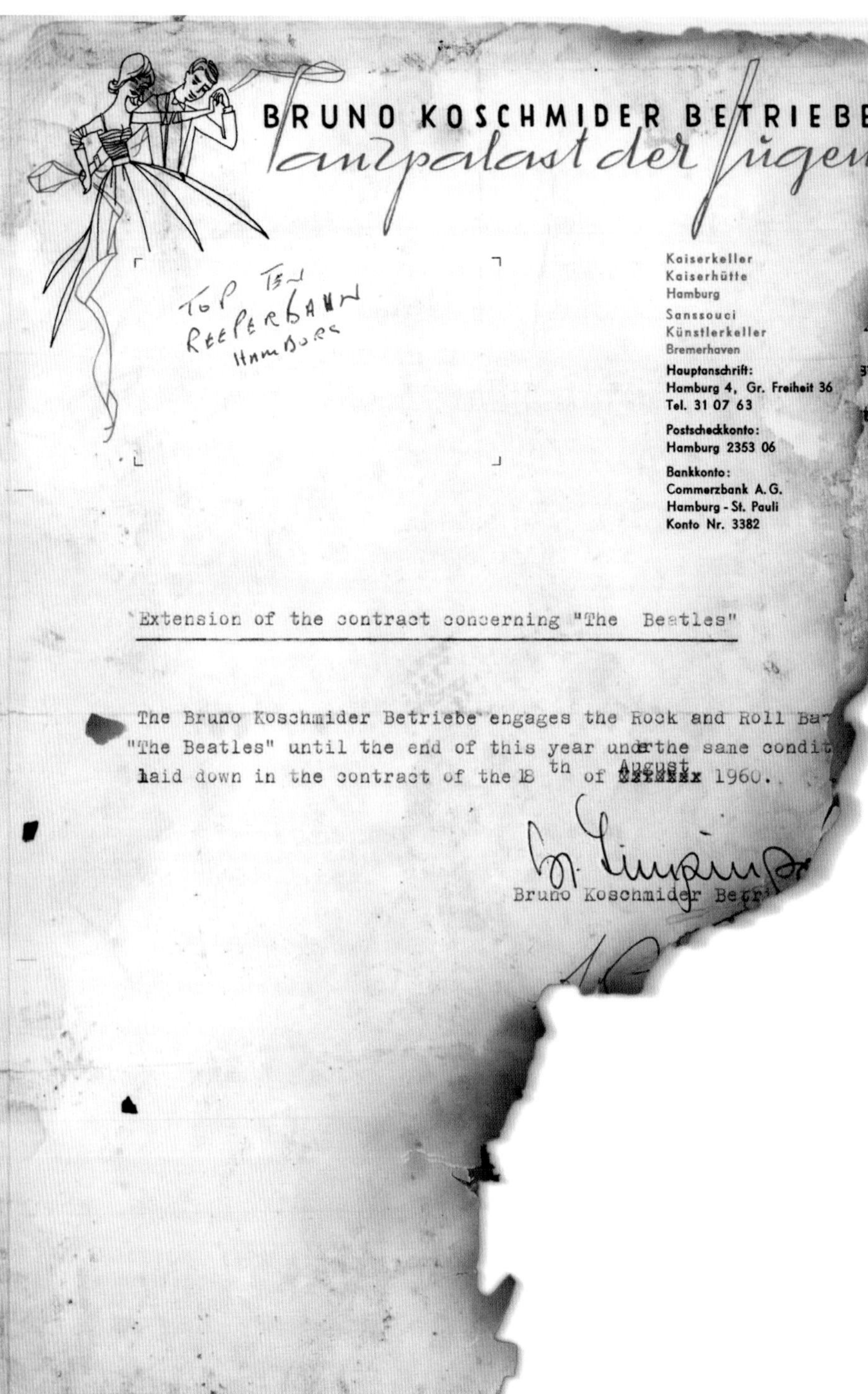

BRUNO KOSCHMIDER BETRIEBE

Tanzpalast der Jugend

TOP TEN
REEPERBAHN
HAMBURG

Kaiserkeller
Kaiserhütte
Hamburg
Sanssouci
Künstlerkeller
Bremerhaven
Hauptanschrift:
Hamburg 4, Gr. Freiheit 36
Tel. 31 07 63
Postscheckkonto:
Hamburg 2353 06
Bankkonto:
Commerzbank A.G.
Hamburg - St. Pauli
Konto Nr. 3382

Extension of the contract concerning "The Beatles"

The Bruno Koschmider Betriebe engages the Rock and Roll Ba
"The Beatles" until the end of this year under the same condit
laid down in the contract of the 18 th of August 1960.

Bruno Koschmider Betri

ADDITIONAL CLAUSES

1) Should ~~either~~ The Beatles bŕeak the contracht they will compensate Mr. Koschmider in full

2) Should Mr. Koschnider break the contract he will be held liable to pay the full fee of engagement for tour.

3) Mr. Koschmider to set working permits for The Beatles.

PLAYING TIMES

sday to Friday playing times 41/2 hours
pm to 9-30 pm, break 1/2 hour. 10-00 pm to 11-00 pm break 1/2 hour
-30 to 12-30 am break 1/2 hour. 1 00 am to 2 am.

turday playing times 6 hours
00 pm to 8-30 pm break 1/2 hour. 9-00 pm to 10-00 pm break 1/2 hour
-30 pm to 11-30 pm break 1/2 hour. 12-00 to 1-00 am break 1/2 hour
0 am to 3 00 am.

day playing times 6 houres
pm to 6-00 pm break 1/2 hour. 6-30 to 7-30 pm 1/2 hour break.
to 9-00 pm break 1/2 hour. 9-30 to 10-30 pm break 1/2 hour.
to 12.00 pm break 1/2 hour. 12-30 to 1-30 am

agree to aside to the conditions laid out in
e contract.

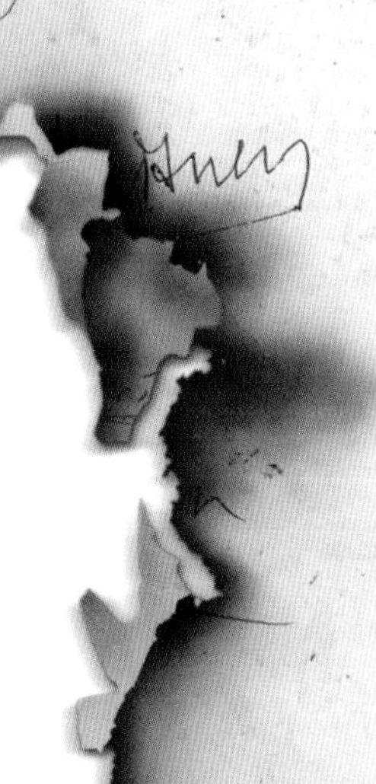

ジョン・レノンのリッケンバッカー
夢のギター

ジョン・レノンが楽器に手を染めることになったのは、ザ・ビートルズの仲間たちと同様、リヴァプールでのティーンエイジャー時代に、ロックンロールを発見したのがきっかけだった。「ロックンロールにぶち当たるまでは、一度も音楽で生きていこうと考えたことはなかった。オレがプレイする気になったのは、あの音楽のおかげなんだ」とは彼の回想である。別居していた実母のジュリアからバンジョーの手ほどきを受けた若きレノンは、雑誌の広告を見て最初のギターを注文し、母親の家に届けさせた。

10 ポンドの代金を誰が実際に支払ったのは定かでないが、レノンがギャロトーン・チャンピオンというアコースティック・ギターを手に入れたのは、1954 年ごろのことだった。「ちょっと安っぽかったけど､四六時中弾いてたし、練習もたっぷりやった」と彼は語っている。ギターをバンジョーのように弾く独特のスタイルで、レノンは〈エイント・ザット・ア・シェイム〉や〈ザットル・ビー・ザ・デイ〉といった初期のロック・クラシックを覚えた。

数年後、レノンと同居していたミミ伯母さんが、リヴァプールのホワイトチャペル地区にあったヘッシー楽器店で、クラブ 40 ヘフナーという新品のギターを購入する。彼女は頭金の 17 ポンドを気前よく支払い、残りの 23 ポンドは分割払いにした。そしてそのギターをミュージシャン志望の少年に与え、その際にこんな警告を残した。「ギターも趣味なら構わないけど、それじゃ絶対に食べていけませんからね」

ザ・クオリーメン、ジョニー＆ザ・ムーンドッグズ、ザ・シルヴァー・ビートルズ、そしてザ・ビートルズ時代になってもずっとそのギターを弾きつづけていたレノンは、1960 年にとうとう夢のギターを見つけ出す。リッケンバッカーの 325 カプリ・モデルは、1931 年にカリフォルニアで設立されたアメリカの楽器会社、ロー・パット・イン・コーポレーションが売り出したギターだった。

リッケンバッカーはもともとハワイアン・ギターをつくっていたこの会社が、エレクトリック・ギターとベース・ギターをラインナップに加えたあとで導入したブランド・ネームだ。325 カプリ・シリーズがデビューしたのは 1958 年のことで、イギリスではまだ、第二次世界大戦後のアメリカ製品に対する禁輸措置が解かれていなかった。

レノンがハンブルクのセルマー楽器店、ないしはムジークハウス・ロトホフでリッケンバッカーのギターとめぐり合ったのは、ザ・ビートルズが現地のクラブで全 106 回のステージをこなしていた時期―― 1960 年 8 月から 11 月にかけて――のことだ。当時、このギターはアメリカで、270 ドル前後（100 ポンドに相当する）の値段がつけられていたが、レノンには「ドイツで分割払いで買った」記憶しかない。「いくらだったにしても、とにかくあの当時のオレにとって、死ぬほど大金だったのは間違いない」

以後 4 年間、レノンはステージでもスタジオでもリッケンバッカーを愛用しつづけ、「最高に美しいギターで……弦高がありえないぐらい低いんだ」と絶賛した。

ジョージ・シアリング・カルテットで、アメリカ人ミュージシャンのトゥーツ・シールマンスが弾くリッケンバッカーを聴いたレノンがこのギターを買った時、アルダー材を使ったボディはナチュラル仕上げになっていたが、彼は黒で仕上げ直し、コントロール・ノブの位置を動かすとともに、ビグスビー・ヴィブラート・テールピースをつけ加えた。

1965 年のインタヴューで、レノンはギターをもっとも大切な財産のひとつに挙げた。もしかすると彼はその時点で、オリジナルの 1958 年後期型リッケンバッカーがレア・アイテム化し、コレクターの垂涎の的となるのを予見していたのかもしれない。

（左）〝美しい〟リッケンバッカー・ギターを抱えてステージに立つジョン・レノン。

（右）1960 年末にジョン・レノンがドイツで分割払いで買ったアメリカ産のリッケンバッカー・ギター。

Rickenbacker

ジョージの革ジャン
ロックンロール・ルック

1961年のある時、ザ・ビートルズは新しいステージ衣裳を採り入れた――黒い革のパンツに黒いTシャツ、そしてその上に黒い革ジャン。ハリスンによると、彼らがこのファッションを採り入れたのは、1960年代はじめのハンブルク巡業中に、革のパンツに目を留めたことがきっかけだった。「で、その革パンツを見たぼくらは、『ワオ、オレたちもぜひ手に入れようぜ』となったんだ」

バンドのメンバー、スチュアート・サトクリフのガールフレンドだったアストリット・キルヒヘアの助けを借りて、じきに4人のメンバーは全員、ドイツ人のテーラーがつくった黒い革のパンツを手に入れ、その後、アメリカ産のカウボーイ・ブーツを衣装につけ加えた。上半身はTシャツにジャンパー、そして〝トワット〔＊馬鹿、女性器などの意味がある〕・ハット〟と名づけられたピンク色の奇妙なキャップ。「それがぼくらのバンドのユニフォームになった」とハリスンは説明している。「カウボーイ・ブーツにトワット・ハット、それに黒いレザーの上下がね」

ザ・ビートルズの新しいユニフォームに対するレノンの意見は、「オレたちはまるで、ジーン・ヴィンセントが4人いるみたいだった――ちょっとだけ若かったけど」。たしかにアメリカ人ロックンロール・シンガーのヴィンセントは、ザ・ビートルズに多大な影響を与えていた。それはおもに〈いい娘じゃないか〉や〈ビー・バップ・ア・ルーラ〉のようなレコード――ザ・ビートルズは2曲とも、初期のステージ・レパートリーに加えていた――を通じてだったが、バイクを乗りまわすロッカー族のあいだで人気を博していた革製の衣装に対する好みも、やはり彼らに受け継がれていた。

しかしながら1962年1月にエプスタインがザ・ビートルズの新しいマネージャーに就任すると、グループの〝革ジャン・ルック〟には厳しい目が向けられるようになった。レノンもこう認めている。「リヴァプール以外の場所、たとえば南部に革の衣装で行くと、ダンス・ホールのプロモーターは本気でオレたちのことを嫌がった。ゴロツキの集団みたいに見えると思われていたんだ」。ハリスンがつけ加えて、「黒のTシャツに黒革の衣装で汗にまみれていると、たしかにチンピラにしか見えなかった」

エプスタインも懸念を抱いていたが、それでも最初のプロフェッショナルなフォト・セッションでは――撮影したのはリヴァプールのカメラマン、アルバート・モリスン――グループに革の衣装を着用させ、それをバンドの宣伝写真に使った。だがじきに事情が変わりはじめた。というのもこのマネージャーが、次のように宣言したのだ。「わたしはまず、革ジャンを脱ぐように彼らをうながし、しばらくすると、ジーンズ姿でステージに立つことを禁じた」。どうやらグループのメンバーは誰ひとり、このイメージ・チェンジをとりたてて問題視しなかったようだ。それよりは仕事が増えることのほうが、彼らにとっては重要だった。

「もっと金が稼げて、もっと仕事が増やせるんなら、スーツに着替えるのもへっちゃらだった」とハリスンは説明し、一方でマッカートニーは、次のように語っている。「そこからイメージが変わりはじめ、革もときどき着てたけど、品のいい仕事の時はスーツを着るようにしていた」。全身革ずくめの〝ハード〟なイメージを捨てたザ・ビートルズは、エプスタインのアドヴァイスに従ってもっとスマートな衣装に着替え、その甲斐あってより多くの仕事を取れるようになった。マッカートニーはその変化を、「ハンブルク時代が終わったようなもの」と表現している。

(上) キャヴァーン・クラブのステージに立つ1961年のザ・ビートルズ。

(右) ジョージ・ハリスンの革ジャン。「カウボーイ・ブーツにトワット・ハット、それに黒い革の上下」という往年の衣装の一部だが、彼はそのおかげで自分たちが、〝チンピラ〟に見えると思っていた。

ザ・トップ・テン・クラブの給料明細書

ハンブルクでの3番目の店

1960年11月の末にイギリスに送り返される直前、ザ・ビートルズはどうにか新しい契約を結び、そのおかげで翌年中にハンブルクに戻ってくることが可能になった。突然、予定に反してリヴァプールに帰らざるを得なくなる前に、ザ・トップ・テン・クラブのオーナー、ペーター・エクホルンに会った彼らは、1961年4月から、1か月にわたって出演することに合意した――ドイツへの再入国が許可された場合に限り、という条件で。

もともとはエクホルンの父親が経営するザ・ヒッポドロームというトップレス・クラブだったザ・トップ・テン・クラブが、音楽を聴かせる店として、有名なレーパーバーン地区で新装開店したのは1960年10月のことで、ペーター・エクホルン・ジュニアはトニー・シェリダン&ザ・ジェッツをメインの呼び物としてブッキングしていた。しかし彼はシェリダンのステージに飛び入りで参加したザ・ビートルズにもかなりの感銘を受け、出演陣に加えたいと考えるようになった。

以前、彼らのブッキング・エージェントをしていたアラン・ウィリアムズの手はいっさい借りずに交渉された新しい契約によると、ザ・ビートルズは3月27日から7月2日にかけて、このクラブに出演する予定になっていたが、ペーター・エクホルンはその前に西ドイツ当局と交渉し、マッカートニーとベストの再入国を認めてもらう必要があった。ザ・トップ・テン・クラブのオーナーが158マルク――前年の11月にこのふたりを、イギリスに送還した際の経費――を支払ったおかげで、ベーシストとドラマーは再入国を許され、1961年2月18日に18歳になったハリスンも、晴れてグループに復帰することができた。

1960年12月にザ・ビートルズがイギリスに帰ったあとも、サトクリフは美術に専念するために、新しいガールフレンドのアストリット・キルヒヘアとハンブルクに居残っていた。もうじきザ・ビートルズのメンバーではなくなる彼には、ザ・トップ・テン・クラブとの契約はザ・ビートルズが独力で結んだものなので、手数料を支払うつもりはない、とウィリアムズに伝える役割が託された。

明細書を見ると、クラブ・オーナーのエクホルンは、4人のビートルズとトニー・シェリダンに週決めでギャラを支払っていたようだ。それによると彼らはひとりあたり245マルクのギャラから30マルクを控除され、正味で215マルクを受け取っている。そして彼らは全員で、この明細書にサインする必要があった。

午後7時から午前2時まで、1時間ごとに15分の休憩をはさみながら演奏していたザ・ビートルズは、急速に強力なライヴ・バンドとなり、ファンの数を増やしていった。「ぼくらはまるでイカれた連中の集団みたいにプレイした。いったんコツをつかんだら、もうなんの問題もなくなったし、最高に楽しめた」とハリスンは回想し、一方でマッカートニーは、次のように説明している。「単純に実験ができたということだけでも、ある意味、あれは驚異的な体験だった」。サトクリフがついにグループを脱退し、ベーシストの役目をマッカートニーに引き継いだのは、彼らがザ・トップ・テン・クラブに出演していた時期のことだ。

(上) ザ・トップ・テン・クラブのステージに立つ1961年のジョン・レノン

(右) ザ・ビートルズのメンバー5人とトニー・シェリダンの給与明細書。ザ・トップ・テン・クラブで1週間働いた報酬は、6人合わせて1200マルクだった。

Musiker-Gehälter v. 15.-21.4.61 248

Georg Harrison 7 Tage à 35,- = DM 245,-
./. à cto. Lohn- u. Kirchensteuer " 30.- 215,-

George Harrison.

Paul Mc. Cartney 7 Tage à 35,- = DM 245,-
./. à cto. Lohn- u. Kirchensteuer " 30.- 215,-

Paul McCartney.

John Lennon 7 Tage à 35,- = DM 245,-
./. à cto. Lohn- u. Kirchensteuer " 30.- 215,-

J W Lennon.

Stuart Sutcliffe 7 Tage à 35,- = DM 245,-
./. à cto. Lohn- u. Kirchensteuer " 30.- 215,-

S Sutcliffe.

Peter Best 7 Tage à 35,- = DM 245,-
./. à cto. Lohn- u. Kirchensteuer " 30.- 215,-

Peter Best

Tony Sheridan 7 Tage à 35,- = DM 245,-
./. à cto. Lohn- u. Kirchensteuer " 30.- 215,-

Tony Sheridan

1290,-

ポールのヘフナー・ベース
〝ヴァイオリン〟・ギター

現在もなお、世界一有名なグループの左利きベーシストとして広く認知されているポール・マッカートニーだが、のちに仲間のビートルとなるジョン・レノンに紹介された時の彼は、エディ・コクランの〈トウェンティ・フライト・ロック〉のコードと歌詞を全部知っている、将来有望なギタリストだった。

マッカートニーが1957年に加入したザ・クオリーメンは、その後の数年間でザ・シルヴァー・ビートルズ、そしてザ・ビートルズとなり、そのころにはハリスン、ベスト、サトクリフがメンバーに加わっていた。ベースはサトクリフが弾いていたが、1960年にグループがハンブルクのクラブで初舞台を踏んだのちに、彼がドイツに居残ることを決意すると、グループは新しいベーシストを探しはじめた。

一時はチャス・ニュービーがベースを弾いていたが、どうやら1961年の初頭には、マッカートニーがその役割を引き継いでいたようだ。ただしその前にハリスンは、リード・ギターからスイッチしてはどうかというレノンの提案を撥ねつけていた。当初はサトクリフのヘフナー333ベースを、やむなく上下逆さまにして弾いていたマッカートニーは、やがて自分用のベースを探しはじめるが、メーカーは先代のままで行くことにした。

1887年にドイツで設立されたヘフナーは、70年近く弦楽器の製造業者として成功を収めてきたのちに、ホロウボディのヴァイオリン型エレクトリック・ベース・ギター、ヘフナー500/1を1956年のフランクフルト・ミュージック・フェアーに出品した。1961年、ザ・ビートルズがハンブルクで演奏していた時期にマッカートニーの注意を惹いたのは、そのうちの1本だった。

「ハンブルクの中心部に小洒落た店があって……ぼくはウィンドウに飾ってあったこのベース、ヴァイオリンの形をしたこのヘフナーのベースに目を留めた」と彼は語っている。その形状に惹きつけられた――左利きのマッカートニーが逆さまにひっくり返しても、左右対称のままだった――若きミュージシャンは、その店でギターを購入した。当時の店員は分割払いだったと証言するが、マッカートニーの記憶は異なっている。「即金で買った。だいたい30ポンドぐらいで、当時としてもかなり安かった」

1960年代の初頭には、どんな楽器でも左利き用のモデルはほとんど流通していなかったため、マッカートニーの最初のヘフナー・ベースは実のところ、彼用にカスタムメイドされていたのではないかという説もある。いずれにせよヘフナー500/1ヴァイオリン・ベースは、自国と海外の両方で急速にザ・ビートルズのステージに欠かせない要素となり、やがては〝ビートルズ・ベース〟、そして〝キャヴァーン・ベース〟の異名を取るようになった。マッカートニー自身の言葉によると、それはすばらしい関係のはじまりだった――「あれで決まりだった。あそこからはじまって、一種のトレードマークになったんだ」

1963年、ヘフナーから2本目の500/1ベースを贈られたマッカートニーは、それを《ウィズ・ザ・ビートルズ》で弾き、1966年に彼らがライヴから〝引退〟するまで、ずっとステージでも弾きつづけた。一説によると、彼が最初に手に入れたヘフナーのベースは映画『レット・イット・ビー』の撮影中に盗難に遭い、サヴィル・ロウにある彼らのオフィスの屋上でおこなわれた伝説のライヴ・セッションでは、やむなく1963年に贈られたモデル――彼はこのベースをソロのコンサートやレコーディングでも使いつづけている――が使用されたと言われている。

（右）マッカートニーが1961年に約30ポンドで購入し、〝一種のトレードマーク〟となったお気に入りのヘフナー・ベース・ギター。

（次見開き）アビイ・ロードのEMIレコーディング・スタジオでヘフナー・ベース・ギターのチューニングをするポール・マッカートニー。1963年7月。

Hofner

〈マイ・ボニー〉
ザ・ビートルズの初レコーディング

ドイツ人プロデューサーのベルト・ケンプフェルトがトニー・シェリダンのレコーディングを思い立った時点で、このイギリス人シンガーはすでにバック・バンドのザ・ジェッツと袂を分かち、ハンブルクのザ・トップ・テン・クラブに出演する際には、雑多なグループやミュージシャンに伴奏を任せていた——たとえばザ・ビートルズのような。

1961年3月にドイツに戻ってきたグループは、ハリスンが回想しているように、一度ならずシェリダンのバッキングを務めた。「トップ・テンじゃいろんな連中の伴奏をした。シンガーのトニー・シェリダンもいて……ぼくらはよく彼の伴奏をやった。ぼくらより年上だったし、まだこの世界に入ったばかりで、元気はあったけどナイーヴだったぼくらに比べると、ずっとビジネスに通じていた」

ケンプフェルトと彼のバンドは、1961年1月、映画『星空のブルース』の主題曲で全米チャートの首位を獲得し、同年8月にはジョー・ダウェルが、彼が共作した〈さらばふるさと〉でやはり全米ナンバー1に輝いていた。同時にドイツのレコード会社、ポリドールにプロデューサーとして雇われた彼は、ロックとポップのレコードに進出するべく、シェリダンをこのレーベルと契約させた。

自前のバック・バンドがなかったシェリダンは、友人のザ・ビートルズを雇い、レコーディング・セッションに参加させてはどうかとプロデューサーに提案した。日付についてはいくつか食い違いがあるが、そのセッションはどうやら1961年6月22日と23日に、ハンブルク・フリードリヒ・エバート・ハレで実現したようだ。サトクリフがバンドを抜け、マッカートニーがベースにスイッチしていたザ・ビートルズは、シェリダンがうたう〈マイ・ボニー〉、〈ザ・セインツ〉、〈ホワイ〉のバッキングを務め、印税ではなく定額のギャラを受け取った。

しかしこのシングルをドイツでリリースする段になると、ケンプフェルトはザ・ビートルズというバンド名に、いくばくかの懸念を抱いた。ペニスをあらわすドイツ語——ピードルズ（Peedles）——と、あまりに発音が似通っていたからだ。そこで彼は、グループの名前を変更することにした。「実際にはトニー・シェリダン・ウント・ディー・ビート・ブラザーズだった」とマッカートニーは回想している。「連中はぼくらの名前が気に入らなくて、『ザ・ビート・ブラザーズに変えろ。このほうがドイツ人に馴染みやすい』と言ってきた。ぼくらは黙って従った——レコードが出したかったからだ」

レノンの酷評——「あれはうたってるトニー・シェリダンのうしろで、オレたちが音を鳴らしてるだけのレコードだ。ひどいもんさ。べつにオレたちじゃなくてもよかったわけで」——とはうらはらに、シングルはドイツのチャートを32位まで上昇、12週にわたってランクインをつづけ、プロデューサーによると10万枚以上を売り上げた。イギリスでも1963年に〝トニー・シェリダン&ザ・ビートルズ〟名義でリリースされ、チャートの48位に入っている。

おそらくは一種の好意として、ケンプフェルトは1961年6月におこなわれたセッションの最後の1時間をザ・ビートルズのために割き、シェリダン抜きで数曲をレコーディングさせた。彼らは〈いい娘じゃないか〉と、ジョンとジョージが書いたインストゥルメンタル〈クライ・フォー・ア・シャドウ〉を選んだが、これといった反響は得られなかった。ただし彼らはこのドイツ人レコード・プロデューサーから1年間のレコーディング契約—— 1961年5月から発効する——を持ちかけられ、契約書にサインしている。

（右）ドイツでのリリースから2年後の1963年、〈マイ・ボニー〉はイギリスでもザ・ビートルズ名義でリリースされた。

（次見開き）1961年にドイツのハンブルクで、シンガー、トニー・シェリダンのバッキングを務めるジョージ・ハリスン（左）とジョン・レノン。

polydor
M 45
MFD. BY DEUTSCHE GRAMMOPHON (GREAT BRITAIN) LTD ALL RIGHTS OF THE MANUFACTURER AND OF THE OWNER OF THE RECORDED WORK RESERVED UNAUTHORISED PUBLIC PERFORMANCE BROADCASTING AND COPYING OF THIS RECORD PROHIBITED
polydor
RECORDING FIRST PUBLISHED 1961
Progressive Music Ltd.
MADE IN ENGLAND
M 45
NH 66833
66833 A
MY BONNIE
(Trad. arr. Sheridan)
TONY SHERIDAN & THE BEATLES
ÜBERSPIELUNG
auch von Schallplatten, die vom Rundfunk gesendet werden
VERBOTEN

ブライアン・エプスタインの日記

7月の2日間

「ブライアン・エプスタインはNEMSという店をやっていて……ぼくらがレコードを買うのは、いつも決まってその店だった」。ザ・ビートルズのキャリアを本格的に始動させ、グループが最大の成功を収めた年月にその指揮を取っていた男を、マッカートニーはこう評している。1962年のはじめに彼らのマネージャー業を引き継いだエプスタインは、世界一有名なグループのレコード、映画、音楽出版、公演の契約をまとめていくうちに、いちレコード店のオーナーから世界的な起業家にのし上がっていた。

1950年代末、エプスタインの一族は、楽譜やピアノも売る家具店をリヴァプールのウォルトン・ロードで経営していた。客のひとりがマッカートニーの父親のジムで、息子によると彼は「最初のピアノをハリー・エプスタイン〔ブライアンの父親〕から買っていた。その後、一族が家電のビジネスに進出し、グレート・シャーロット・ストリートに店を開くと、ブライアンもそれに伴い、レコード部門の担当となった。

つづいてエプスタインはリヴァプールの中心にあるホワイトチャペルに居を移し、NEMS（ノース・エンド・ミュージック・ストアーズ）ミュージック・ショップの2号店を取り仕切るようになる。この店のオープンには、スター・シンガーのアンソニー・ニューリーが花を添えていた。エプスタインはリヴァプールの少年たちの購買欲をそそるレコードをたくみに見抜き、店は早々に繁盛した――そしてそんな店の客のなかには、たとえばマッカートニーのような、希望にあふれる若手のミュージシャンもいた。「あそこ〔NEMS〕はほしいレコードが見つかる店のひとつで、けっこうなたまり場になっていた」

1961年10月に、ザ・ビートルズというグループの〈マイ・ボニー〉というレコードを探していたレイモンド・ジョーンズが足を踏み入れたのは、シャーロット・ストリートのNEMSストアだった。レコードを在庫していなかったエプスタインは、少しばかりの探偵仕事をへて、それがドイツ産のレコードであることを突きとめ、25枚入りのボックスを輸入して、〝ビートルズのレコード入荷〟という看板をウィンドウに掲げた。ビル・ハリーが1961年7月に「マージー・ビート」紙を創刊すると、NEMSはその販売を引き受け、エプスタインは次第に地元の〝ビート・シーン〟、そしてとりわけひとつのバンドに対する、関心の高まりを意識するようになった――ザ・ビートルズである。

1961年11月、近隣のキャヴァーン・クラブに足を運んだエプスタインは、ますますこのグループに強く惹かれるようになり、ついにはミーティングを持つために、彼らをNEMSストアの2階にあった自分のオフィスに招いた。「ある晩、ぼくらはNEMSの店に行って」とマッカートニーは回想している。「契約を結ぶために、ブライアンのオフィスに上がっていった。そのゲームを知っていたぼくは、彼を言い負かそうとした。そうやってマネージャーの取り分を、少なくしようとしていたんだ」

しかしエプスタインは頑として譲らず、自分の専門知識と助力に対する見返りとして、グループの収入の25パーセントを要求した。ザ・ビートルズは最終的に、この条件を受け入れる。「彼は25パーセントという数字にこだわった。『それで十分だ、さあ、きみたちのマネージャーをやらせてくれ』と言われて、ぼくらもうなずいた。父親からのアドヴァイスもあったし――たしか、マネージャーはユダヤ人にしろと言われたんだと思う――その条件とも合っていたので、ブライアン・エプスタインがぼくらのマネージャーになったんだ」とはマッカートニーの回想だ。

最初にNEMSショップで合意されたエプスタインとザ・ビートルズの契約は1962年2月1日に発効し、以後5年間有効だった。その間にエプスタインは、弟のクライヴをパートナーに迎えてNEMSエンタープライズを設立し、やがては自分のNEMS帝国を、まるごとロンドンに移転させている。1968年の時点で、そこには80人以上の雇用者がいた。

〝ビートルマニア〟の全盛期に書かれたエプスタインの日記から、1963年6月6日と7日――おりしもグループはアメリカのスター、ロイ・オービソンともに、3度目の全英ツアーに出ていた――の2日間に関する2ページの項目を見ると、彼は馘首されたドラマーのピート・ベストに会い、ジョージ・マーティンが関わる問題に対処し、創刊間近だった「ビートルズ・マンスリー」誌との契約について考えている。なかでも興味深いのは〝ミート・ザ・ビートルズについて〟（6月7日金曜日の午後12時30分）という項目で、これはキャピトルがアメリカで出す、最初のザ・ビートルズのアルバムのタイトルになっている――ただし実際にリリースされたのは、1964年1月のことだった。

（右上）ザ・ビートルズのマネージャー、ブライアン・エプスタインがつけていた日記。1963年6月の2日間をあつかっている。

（右下）ブライアン・エプスタインの1961年の名刺。

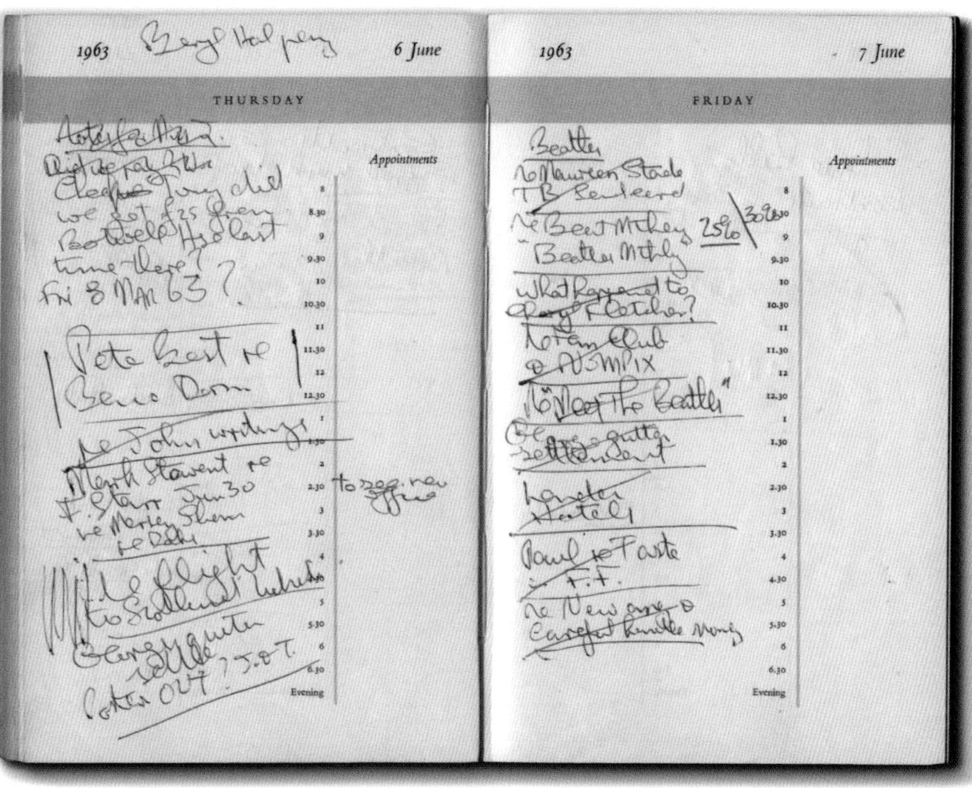

The Beatles

Business & Personal Manager:
BRIAN EPSTEIN
12-14 WHITECHAPEL
LIVERPOOL 1
ROYal 7895

（右）1966年7月に日本とフィリピンをまわるツアーからイギリスに帰国したブライアン・エプスタイン（左）とザ・ビートルズ。

磁石で遊ぶ髪型のゲーム

モップ頭

リヴァプールにいた初期の時代から、ハンブルクのクラブに出ていた日々を通じて、ザ・ビートルズはテディ・ボーイや、エルヴィス・プレスリー、エディ・コクラン、バディ・ホリーといった彼らのアイドルたちがしていたロックンロールのヘアスタイルを、なんのてらいもなく採り入れていた。それは長めの前髪を――大量のグリースで持ち上げ、うしろはDA ――いわゆる〝アヒルのケツ(ダックズ・アース)〟ルックと呼ばれる形に固めるスタイルだった。

最初にこのスタイルをやめたのはバンド・メンバーのサトクリフで、それはどうやらガールフレンドのアストリット・キルヒヘアが、彼のグリース臭いロッカー・ルックにうんざりしたことが理由だったようだ。彼女は「櫛で前髪を全部下ろし、ちょこちょこ鋏を入れて、小ぎれいにした」。数日はからかいの種にされていたものの、まずはハリスン、次いでマッカートニーが同じスタイルを採り入れた。ただしレノンにはもう少し、説得の時間が必要だった。ベストだけは髪型の変更を拒み、ザ・ビートルズを去る日までずっと、テディ・ボーイ・ルックを守りつづけた。

だがザ・ビートルズに強い影響を与えたサトクリフのガールフレンドが手ずからバンドの髪を切り、新しいスタイルに変えさせたという説に、ユルゲン・フォルマーは異議を唱える。ハンブルクで彼らと親しくなり、サトクリフとキルヒヘアの両人とも知り合いだった学生兼カメラマンのフォルマーは、のちにザ・ビートルズのアルバム《リボルバー》のジャケットをデザインするクラウス・フォアマンとともに、前髪を額に垂らしたフリンジ・スタイルを採り入れていた。レノンとマッカートニーがこの髪型を採り入れることにしたのは、1960年にパリに移った彼のもとを訪ねてきた時のことではないかとフォルマーは主張し、「ぼくは滞在していた左岸のホテルで、あのふたりに初の〝ビートルズ〟ヘアカットをほどこした」と語っている。

グループの新しいヘアスタイルは一般にも受け入れられるようになるが、注目を浴びたのは、彼らがはじめて受けたロンドンの新聞とのインタヴューで触れられてからのことだ。「イヴニング・スタンダード」紙のモウリーン・クリーヴは、彼らの「風変わりなヘアスタイル――髪の毛を前向きにブラッシングしたフランス風のスタイリング」に着目した。どうやらそのスタイルは、フレンチ・カットと呼ばれていたようだ。ただしドイツでもティーンエイジャーたちが長年その髪型を採り入れ、スウェーデンでは〝ヘルメット〟という呼び名がついていた。

1964年にザ・ビートルズがアメリカ上陸を果たすと、このスタイルは大きな反響を呼び、「ニューヨーク・タイムズ」紙が「額をおおうモップ頭効果」と評したことを受けて、グループは〝モップトップス〟と呼ばれるようになる。各誌が〝ビートルの髪型〟をものにする秘訣を掲載し、某ゲームメーカーは、夜に時間をつぶす新奇な方法を考え出した。アメリカでは〝ウィッグ旋風〟も巻き起こり、新聞社やラジオ局は〝ビートルウィッグ〟をつけた読者やリスナーを巻きこんだコンテストを主催。またウィッグメーカーは数十万単位で〝ビートルウィッグ〟を生産し、アメリカ全土で売りさばいた。

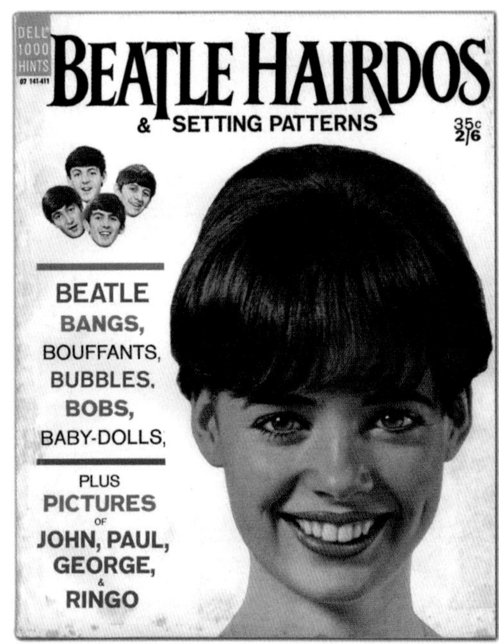

(上)ザ・ビートルズの〝フレンチ・カット〟・ヘアスタイルに便乗した雑誌。

(右) NEMSの認可を受けてイギリスで製造された、この磁石で遊ぶビートルズの髪型ゲームには、虫をかたどったグループの初期のロゴがあしらわれていた。

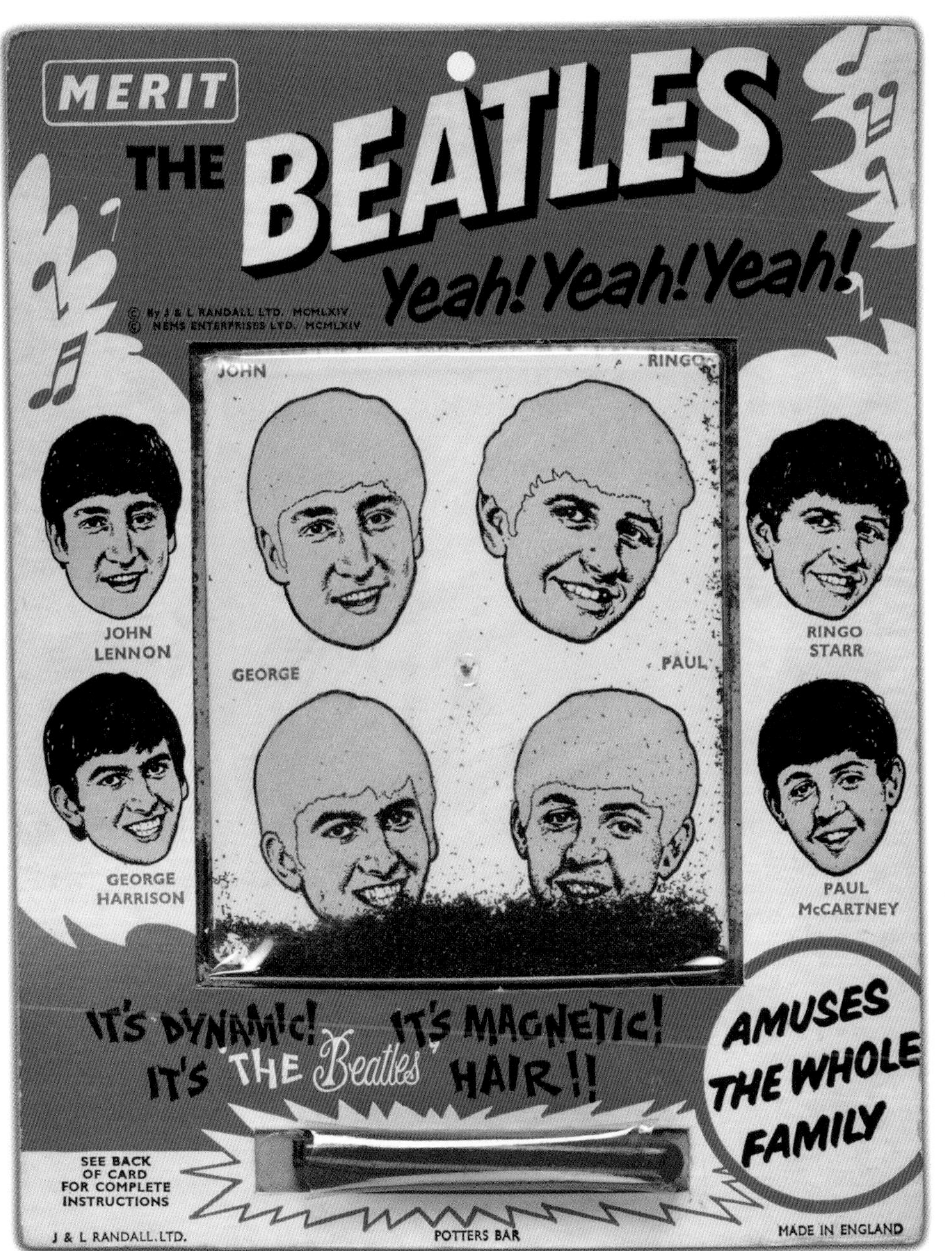
MERIT
THE BEATLES
Yeah! Yeah! Yeah!
© By J & L RANDALL LTD. MCMLXIV
© NEMS ENTERPRISES LTD. MCMLXIV
JOHN
RINGO
GEORGE
PAUL
JOHN LENNON
RINGO STARR
GEORGE HARRISON
PAUL McCARTNEY
IT'S DYNAMIC! IT'S MAGNETIC!
IT'S "THE Beatles" HAIR!!
AMUSES THE WHOLE FAMILY
SEE BACK OF CARD FOR COMPLETE INSTRUCTIONS
J & L RANDALL.LTD.
POTTERS BAR
MADE IN ENGLAND

リンゴの葉書
きみも一緒だったらなぁ

1962年11月14日、リンゴ・スターがこの葉書を、ハンブルクからリヴァプール8のポールトン・ストリートに暮らすロイ・トラフォードに送った時点で、ザ・ビートルズは音楽的に多大な影響を受けたアーティストふたりと共演し、友人になっていた——ジーン・ヴィンセントとリトル・リチャードである。

1962年11月1日にハンブルク入りしたザ・ビートルズは、1960年8月にドイツで初舞台を踏んで以来、彼らにとっては3番目の店となるこの街のスター・クラブで、14夜にわたってステージに立つ。リトル・リチャードと共演することこそなかったものの、彼らはほぼ間違いなく、生意気ぶったスターが葉書のなかで「デブ」呼ばわりしたこのアメリカ人ロックンロール・シンガーと旧交を温めていた。

ザ・ビートルズはこの年の早い時期に、ハンブルクの同じ店で7週間にわたって演奏しており、そのうちの2週間は、リトル・リチャードとの共演だった。当時のザ・ビートルズのライヴでは、〈グッド・ゴリー・ミス・モリー〉、〈ロング・トール・サリー〉、〈ルシール〉、〈トゥッティ・フルッティ〉といったリトル・リチャード・ナンバーが定期的に演奏されていた。ただしさすがにこの時期の出番で、リチャードの曲を取り上げるような真似はしなかったと思われる。

11月にスター・クラブの仕事で旅立つ直前、彼らは10月12日にニューブライトンのタワー・ボールルーム、そして10月25日にはリヴァプールのエンパイア・シアターで2度にわたってリトル・リチャードの前座を務めた。このアメリカ人シンガーは、ジャーナリストにこんなコメントを残している。「あらもう、ビートルズって最高ね。白人だなんて夢にも思わなかった。あの子たちのニグロ・サウンドはホンモノよ」

ジーン・ヴィンセントもザ・ビートルズに影響を与えたアメリカ人ロック・スターのひとりで、ジョン・レノン、ポール・マッカートニー、ジョージ・ハリスンとスチュアート・サトクリフは1960年5月、ヴィンセントとの共演を果たすずっと前に、リヴァプール・スタジアムで彼のステージを観ていた。さらにその以前から、ザ・ビートルズは——ジョニー&ザ・ムーンドッグズやザ・シルヴァー・ビートルズ名義で——定期的に〈いい娘じゃないか〉、〈ビー・バップ・ア・ルーラ〉、そして〈虹の彼方に〉といったヴィンセントのヒット曲を自分たちなりに演奏していた。彼らが念願叶ってヴィンセントと同じステージに立てたのは、スター・クラブに出演していた時期—— 1962年の4月から5月にかけて——のことで、彼はこうコメントしている。「いいバッキング・バンドがついてくれてね。ザ・ビートルズという名前だった」

1962年6月1日、ヴィンセントはリヴァプールのキャヴァーン・クラブで1度限りのステージに立ち、自分たちのヒーローに合わせて、黒の革ジャンに身を包んだザ・ビートルズと共演した。

（右）リンゴ・スターが1962年にハンブルクからリヴァプールに送った葉書。天気とリトル・リチャードに触れている。

Hi Roy and Family
Arrwill hear OK
Having a good
time plenty to
drink the weather
is cold we are
with Little Richard
he is fab se
you Sunday
Ringo - Richy
XXXX

HAMBURG, Hafen
T. S. "Hanseatic" an der Überseebrücke

Made in Western Germany

KRÜGER
926/47

DEUTSCHE BUNDES POST 20

Mr R TRAFFORD
7 PAULTON ST
LIVERPOOL 8
ENGLAND

「マージー・ビート」紙
3ペンスですべてが読める

1961年、リヴァプールの美術学生だったビル・ハリーが、盛り上がりを見せていたこの街のロックンロール・シーンを取り上げ、後押しする音楽紙の創刊を思い立つ。〝ビート〟はあまり耳に馴染みのなかった音楽用語だが、地元の警官が巡回する区域という意味もあり、そこからハリーは新たな音楽紙を「マージー・ビート」と名づけることにした。

1961年7月5日に発行された創刊号の印刷部数は5000部で、購読者のひとりに地元のNEMSミュージック・ストアを経営するブライアン・エプスタインがいた。ザ・ビートルズという地元のバンドが1号目で記事になり、2号目では表紙を飾っていた——「ビートルズがレコーディング契約を結ぶ」という見出しの下で——ことから考えると、のちに自分がマネージャーとなるグループにエプスタインが注意を惹かれたのは、「マージー・ビート」の紙面と、彼らがドイツでマイク・シェリダンとレコーディングしたという記事経由だった公算が大きい。

実のところエプスタインは、「マージー・ビート」にレコード評を寄稿し、定期的にNEMSストアの広告を打っていた。一方でレノンと同じ大学に通っていたハリーは、かつてのクラスメイトに物語や詩や絵の寄稿を依頼し、ザ・ビートルズのほかのメンバーたちも、レインショウ・ストリートにあった編集部に顔を出して、電話を取ったり、時にはタイピングを手伝ったりすることもあった。

レノンが「マージー・ビート」に載せた作品の大半には、〝ビートカーマー（Beatcomber）〟〔＊波止場暮らしのホームレスを意味する〝ビーチカーマー（Beachcomber）〟のもじり〕という通しタイトルがつけられていた——「ビートカーマーってのを書いていたけど、それはオレが「デイリー・エクスプレス」に載ってたビーチカーマーのコラムのファンだったからだ」とレノンは説明している。若きビートルはまた、紙面に順不同で掲載されることを見越した上で、この新聞に5本の自費広告を打った。それは次のような内容だった——「熱い唇、きみが恋しかった金曜日／赤い鼻、赤い鼻、きみが恋しかった金曜日、熱い唇／アクリントンは熱い唇と赤い鼻を歓迎します／口笛吹きで騎手のレノンが、熱い唇と連絡を取りたがっている／赤いスカンソープが騎手の熱いアクリントンとしたがっている」

新しいグループが次々にリヴァプールから登場するようになると、「マージー・ビート」は地元限定の人気投票を開催した。ザ・ビートルズは1962年1月、（ジェリー＆ザ・ペースメイカーズとレモ・フォーを抑えて）初の首位に輝いている。ただし彼らは自分たちでも、投票用のクーポンに名前を書きこんでいた。同紙は新譜のリストのほかにも、チャートやライヴの案内を掲載し、やがてはマンチェスター、バーミンガム、ニューキャッスルといった都市も対象とするようになる。ハリーはまた、プリシラ・ホワイトという新進気鋭のリヴァプールのシンガーを雇い、ファッション・コラムを書かせていたが、伝えられるところによると、彼女の名前が思い出せなくなった時——色だということはわかっていた——その場で適当な名前をでっち上げた。「ブラックになったのは、『マージー・ビート』という地元の新聞のミスプリントがきっかけでした。わたしの名字が色だったところまでは正解でしたが、ヤマが外れてしまったんです！」と全英ナンバー1ヒット・シンガーのシラ・ブラックは、のちにふり返っている。

1964年、エプスタインに説得されたハリーは、「マージー・ビート」を「ミュージック・エコー」という新たな全国版の音楽紙と合併させるために、ロンドンに居を移した。だが思うようにことは運ばず、辞職した彼はザ・キンクス、ザ・ホリーズ、デイヴィッド・ボウイ、レッド・ツェッペリン、コックニー・レベル、キム・ワイルドといったアーティストの広報担当を務め、その後はビートルズ関連の書籍を数多く執筆している。一方で「マージー・ビート」は結局「ミュージック・エコー」の誌名で「ディスク」誌のオーナーに買い取られ、合併して「ディスク＆ミュージック・エコー」という新雑誌になった——まるで「マージー・ビート」など、存在しなかったかのように。

（右）1962年に刊行された、ザ・ビートルズの勝利を伝える「マージー・ビート」の人気投票特集号。マネージャーを務めるブライアン・エプスタインの店、NEMSミュージック・ストアの広告も掲載されている。

ERSEYSIDE'S OWN ENTERTAINMENTS PAPER

CRANES

The name for Records, Amplifiers Transistor Radios Also Pianos and Organs

HANOVER STREET, LIVERPOOL 1

MERSEY BEAT

NEMS

WHITECHAPEL AND GREAT CHARLOTTE STREET

THE FINEST RECORD SELECTIONS IN THE NORTH

Open until 6-0 p.m. each day (Thursday and Saturday 6-30 p.m.)

Vol. 1 No. 13 | JANUARY 4-18, 1962 | Price THREEPENCE

Beatles Top Poll!

FULL RESULTS INSIDE

JOHN LENNON | GEORGE HARRISON | PAUL McARTREY | PETE BEST

Ivamar Promotions wish all readers A HAPPY DANCING NEW YEAR

IN THIS ISSUE

CLUBLAND

PERSONALITIES

JAZZ

FEATURES

ALSO

POLL RESULTS

3 JACK O' CLUBS
3 N.U.R. No. 5 SOCIAL CLUB
7 ODD SPOT OPENS

ALEX POWER
BERT DONN
TOM HARTLEY
JOHNNY SANDON

6 LEO RUTHERFORD
8 MERSEYSIDE JAZZ

2 EDITORIAL
5 NEMS TOP TEN

ARTISTES DIRECTORY
CLASSIFIED ADVERTISEMENTS
MERSEY ROUNDABOUT

AK PROMOTIONS

BILLY KRAMER AND THE COASTERS
THE SORRELS
THE SILHOETTES
THE SENIORS
THE M.I.5

WALTON LANE SOCIAL CLUB

THE PULSE OF CLUBLAND

N.U.R. No. 5 Social Club

DEANE ROAD, LIVERPOOL

THE HAPPY CLUB

MERSEYSIDE CLUBS ASSOCIATION

Walton Lane Social Club

THE BEST AUDITION SERVICE ON MERSEYSIDE

OPEN TO ALL BONA FIDE CLUB REPRESENTATIVES

ビートルズ・ファン・クラブの会員証

10年の歴史と8万人のメンバー

急速に盛り上がっていたリヴァプール音楽シーンの動向を伝える「マージー・ビート」に何か月か先んじて、バーナード・ボイルがマージーサイドとその周辺で話題をまいていたグループのために非公式の〝愛好会〟をスタートさせ、おかげでザ・ビートルズにはすでに、独自のファン・クラブがついていた。

1961年9月にスタートしたこの会は、1962年までつづいたが、この年に入るとロバータ・ブラウンが公式のファン・クラブを発足させ、ウォラシーの自宅から運営しはじめた。運営はその後、キャヴァーンの常連だったフリーダ・ケリーに受け継がれる。やがて彼女はマネージャーのブライアン・エプスタインに雇われ、NEMSで職を与えられた——ファン・クラブの主導権は、彼に委ねるという条件で。「エピーはファン・クラブの会費と引き換えに、経費を負担しようと言ってくれました」と彼女はその取り決めを説明している。

ザ・ビートルズの知名度が増し、英国全土でファンがつきはじめると、全国的なファン・クラブの運営には、モンマス・ストリートにあるエプスタインのロンドン・オフィスで、ロンドン在住の秘書が当たることになった。フリーダ・ケリーは北部担当の秘書をつづけ、ロンドン・オフィスのトップにはアン・コリンガムが任命されたが、実のところ彼女は実在せず、便箋に名前が載るだけの存在だった。しかしビートルズのファンから届く膨大な郵便物を処理するために、少なくとも5人の（実在する）従業員がフルタイムで働いていた。

ザ・ビートルズ・ファン・クラブに入会したメンバーは、会員証、会報、そして会員限定のレコードや、キャヴァーンでのファン・クラブ限定ライヴといった特典を受け取った。1963年12月14日の土曜日にはそのうちの3000人がウィンブルドン・パレに集まり、南部地区ファン・クラブ大会を開催する。ファンはそこでファブ・フォーのひとりひとりと会い、サインをもらい、キスをするチャンスまで与えられ、その後、〝ファン限定〟の特別なライヴを観た。

1965年になると8万人を超えるビートルズ・ファンが会費を支払っていたが、それでもまだクラブは黒字にならず、リヴァプールにいたケリーが全国的な運営を引き継いだ時も、依然としてエプスタインと彼の会社から財政的な援助を受けていた。ザ・ビートルズの公式なファン・クラブは結局、1972年3月に閉鎖されている。

1960年代の初頭におけるザ・ビートルズの大々的な成功を背景に、1963年8月、出版業者のシーン・オマハニーは、「ザ・ビートルズ・ブック」ないしは「ビートルズ・マンスリー」と呼ばれる雑誌を創刊する。エプスタインとグループの認可を受けて刊行されたこの雑誌は、8万部でスタートし、この年の終わりには30万部の大台を超えていた。ビートルズのローディーを務めるニール・アスピノールとマル・エヴァンズが記事を寄せる一方で、この雑誌には毎号、ファン・クラブのセクションが設けられ、のちにグループのアルバム《マジカル・ミステリー・ツアー》でイラストを担当するボブ・ギブソンが、ひとコマ漫画を連載していた。

「ザ・ビートルズ・ブック」は1969年12月、トータルで77号を刊行して廃刊になるが、1976年に復活を遂げ、オリジナルの全号が再刊されている。最終的に刊行を終えたのは、2003年のことだった。

（右）リヴァプールで発行された初代のファン・クラブ会員証と、ロンドンのアドレスが入った後期版。こちらにはアン・コリンハムという、架空の人物が署名している。

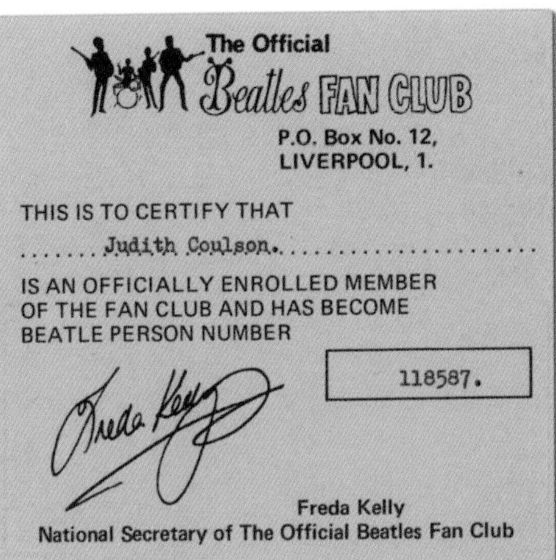

The Official
Beatles FAN CLUB
P.O. Box No. 12,
LIVERPOOL, 1.

THIS IS TO CERTIFY THAT

Judith Coulson.

IS AN OFFICIALLY ENROLLED MEMBER OF THE FAN CLUB AND HAS BECOME BEATLE PERSON NUMBER 118587.

Freda Kelly

Freda Kelly
National Secretary of The Official Beatles Fan Club

The Official
Beatles FAN CLUB
First Floor, Service House,
13 Monmouth Street, London, W.C.2

THIS IS TO CERTIFY THAT

Hazel Darbishire

IS AN OFFICIALLY ENROLLED MEMBER OF THE FAN CLUB AND HAS BECOME BEATLE PERSON NUMBER 102500

Bettina Rose Anne Collingham

BETTINA ROSE, ANNE COLLINGHAM,
Joint National Secretaries of The Official Beatles Fan Club

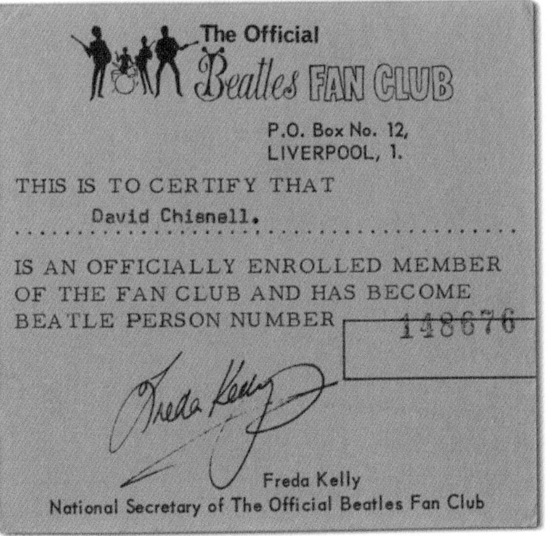

The Official
Beatles FAN CLUB
P.O. Box No. 12,
LIVERPOOL, 1.

THIS IS TO CERTIFY THAT

David Chisnell.

IS AN OFFICIALLY ENROLLED MEMBER OF THE FAN CLUB AND HAS BECOME BEATLE PERSON NUMBER 148676

Freda Kelly

Freda Kelly
National Secretary of The Official Beatles Fan Club

The Official
Beatles FAN CLUB
First Floor, Service House,
13 Monmouth Street, London W.C.2.
Telephone: COVent Garden 2332

THIS IS TO CERTIFY THAT

Sheila de Boer

IS AN OFFICIALLY ENROLLED MEMBER OF THE FAN CLUB AND HAS BECOME BEATLE PERSON NUMBER 111068

Anne Collingham

ANNE COLLINGHAM
National Secretary of The Official Beatles Fan Club

タワー・ボールルームのポスター
大舞台へ

ザ・ビートルズは1961年11月10日に、結成以来、おそらく最大のライヴを経験する。この日、彼らはニューブライトンで、5000人を収容する広大なタワー・ボールルームに出演した。満員にはならなかったものの、〝オペレーション・ビッグ・ビート〟と銘打たれ、リヴァプールのグループがこぞって参加したこのコンサートには、3000人を超える観客が詰めかけた。

地元のプロモーター、サム・リーチが企画したこのコンサートに、ザ・ビートルズはまず午後8時、そして午後11時半にも再度出演し、空き時間には近隣のノッティ・アッシュに急行して、村のホールで演奏した。2週間後にも彼らはまた〝オペレーション・ビッグ・ビート2〟でタワー・ボールルームのステージに立ち、ロリー・ストーム&ザ・ハリケーンズ、ジェリー&ザ・ペースメイカーズ、ザ・レモ・フォーといった出演陣のトリを取る。コンサートにはヒットを連発していたシンガーのエミール・フォードがサプライズ・ゲストで登場し、ハリケーンズのステージに飛び入りした。チケット代は30ペンス。認可を受けたバーが3店営業し、コンサートは午前2時までつづけられた。

タワー・ボールルームはマージーサイドのウォラシー地区に属する海辺の町、ニューブライトンのウィラル半島に位置していた。1900年に建てられた当時、このタワーはヨーロッパでもっとも高い鉄製の建築物で、1921年にタワーが壊されたあとも、舞踏場（ボールルーム）は繁盛しつづけた。

ザ・ビートルズが3度目にタワー・ボールルームのステージに立ったのは12月8日のことで、彼らはその前にキャヴァーンで、ランチタイムの出番を済ませていた。どちらの会場でも彼らはシンガーのデイヴィー・ジョーンズにバッキングをつけ、出演陣には土壇場で南アフリカのシンガー、ダニー・ウィリアムズが追加された。12月15日にも彼らはこの会場に戻り、カス&ザ・カサノヴァズと共演している。

1962年に入ると、ザ・ビートルズは1月12日にタワー・ボールルームでトリを取り——これはリーチが〝ザ・グレーテスト・ショウ・オン・マージーサイド〟の売り文句で宣伝していたコンサートを、スクリーミング・ロード・サッチがすっぽかしたおかげだった——1月から4月にかけて、さらに5回そのステージに立つ。次にタワー・ボールルームで演奏した時—— 1962年6月21日——彼らをブッキングしたのはマネージャーのブライアン・エプスタインで、彼はトリを取るアメリカのヒット・シンガー、ブルース・チャネルのひとつ前の出番を選んだ。

6月29日、今や〝パーロフォン・レコーディング・アーティスト〟と謳われていたザ・ビートルズは、リーチの〝オペレーション・ビッグ・ビートⅢ〟でトリを飾り、エプスタインが主催した7月27日の〝NEMSエンタープライズ〟コンサートでは、ジョー・ブラウン&ヒズ・ブルーヴァーズの前座を務めた。3週間後にザ・ビートルズがタワー・ボールルームに戻ってきた時、ドラマーのピート・ベストはすでに馘首され、ビッグ・スリーのジョニー・ハッチンソンが一時的に代役を務めていた。

9月のザ・ビートルズは〝オペレーション・ビッグ・ビートⅤ〟と、ロリー・ストームの誕生日を祝う特別なコンサートで2度タワーに出演し、その後、1962年10月12日にエプスタインのお膳立てで、ロックンロール・スターのリトル・リチャードと共演する。リチャードの出演料は500ポンドだった。「ブライアンは自分でライヴを企画しはじめた。そうすれば自分のバンドを出せるからだ」とローディーのニール・アスピノールは回想している。「タワー・ボールルームを押さえて、イギリスをツアーしていたリトル・リチャードのようなスターを呼ぶ。でもザ・ビートルズの出番はいつも、外からやって来るビッグ・スターのひとつ前だった」

11月23日、ロンドンでおこなわれたBBC-TVのオーディションから大急ぎで戻ってきたザ・ビートルズは、タワーで開催された第12回ランカシャー&シェシャー・アーツ・ボールでビリー・クレイマー&ザ・ダコタスと共演。12月1日には7組のアーティストが出演するコンサートに、土壇場で追加されて出演した。

1963年6月14日、半年ぶりにタワー・ボールルームに戻ってきたザ・ビートルズは、NEMSとマネージャーのエプスタインが主催する〝マージービート・ショウケース〟でトリを取る。最初に彼らを、1969年に火事で焼失するタワー・ボールルームにブッキングしたのはリーチだったが、エプスタインは少しずつ彼を脇に追いやっていた。

（右）1962年のポスターを見ると、ライヴァル的なリヴァプールのバンドが数多く出演するライヴで、ザ・ビートルズがトリを飾っているのがわかる。ビリー・クレイマーの名前もあるが、まだミドルネームの〝J〟は入っておらず、バッキング・グループも〝ザ・ダコタス〟に改名する前だった。

LEACH ENTERTAINMENTS PRESENT

OPERATION BIG BEAT - 5TH

AT THE

TOWER BALLROOM NEW BRIGHTON

FRI. 14TH SEPT. 7·30 - 1·0 A.M.

FEATURING AN ALL STAR 6 GROUP LINE UP · STARRING THE NORTH'S TOP ROCK COMBO. APPEARING AT 10·30 PROMPT

The BEATLES

RORY STORM WITH THE Hurricanes

GERRY AND THE PACEMAKERS

THE 4 JAYS

BILLY KRAMER WITH THE COASTERS

THE MERSEY BEATS

* LICENSED BARS (UNTIL 12·15 A.M.)
* LATE TRANSPORT (ALL AREAS L'POOL & WIRRAL) COACHES LEAVE ST. JOHNS LANE/LIME ST. 7.00-8.30 P.M.

FROM

RUSHWORTHS · NEMS · CRANES · STROTHERS

LEWIS'S · TOP HAT RECORD BAR · TOWER BALLROOM

ニール・アスピノールの名刺

クラスメイトから会社のボスに

ウェルシュ生まれのニール・アスピノールが母親とリヴァプールに戻ってきたのは、第二次世界大戦中のことで、その後、リヴァプール・インスティチュートに進んだ彼は、そこでまずクラスメイトのポール・マッカートニー、そして1学年下のジョージ・ハリスンと出会った。

「学校の防空壕の裏が喫煙エリアになっていて、ニールとはそこではじめて顔を合わせた」とはハリスンの回想だ。一方でアスピノールは、マッカートニーの家に向かう途中、リヴァプールのペニー・レインではじめてジョン・レノンに会ったとふり返っている。会計士の仕事に就いたアスピノールはベスト家に下宿し、そこでモナ・ベストが所有するカスバ・クラブに出演していたザ・ビートルズと関わりを持つようになった。

リヴァプールとその周辺から仕事が次々に舞いこんでくるようになると、ザ・ビートルズは車の運転ができる人間、そしてなんらかの交通手段を持ち、自分たちの楽器を運ぶことができる人間を探しはじめる。灰色と栗色に塗り分けられたコマー・ヴァンを持っていたアスピノールは、まさしくうってつけの男だった。1961年に彼らを乗せて、あちこちを走りまわった——そしてライヴのたびに各メンバーから25ペンスを受け取っていた——アスピノールは、翌年になると会計士の仕事を辞め、ザ・ビートルズ初の正式なロード・マネージャーになった。ジョン・レノンものちにこう認めている。「ニールはオレたちのパーソナル・マネージャーだ。あいつは最初から一緒にいた——ポールやジョージと同じ学校に通っていたんだ」

1963年、アスピノールは同じロード・マネージャーのマル・エヴァンズとともに、ザ・ビートルズを追ってロンドンに移り——「フラットに住めたのは、わたしたちがいちばん最後だった。とてもそんな余裕はなかったからです」——彼らの身近で働きつづけるうちに、徐々にグループの個人マネージャー的存在になっていく。1967年にザ・ビートルズがのちにアップル・コア社となるビートルズ&カンパニーという会社を設立すると、マネージャーのブライアン・エプスタインの逝去を受けて、アスピノールは同社の代表取締役に就任した。「結局ニールは会社を引き継ぎ、アップルの経営者になった」とジョージ・マーティンは回想している。「でも当時の彼にはあまり影響力がなくて……あれはとてもむずかしい時期だった」

アラン・クラインが登場し、アップルを牛耳るようになってもなお、会社を離れなかったアスピノールはやがて、ザ・ビートルズに関連するもろもろの忠実にして思慮深い管理人という役割を担うようになる。4人のメンバーは袂を分かってからも、アップルのオフィスや業務を通じてつながりを保っていた。アスピノールはクライン、EMI、アップル・コンピュータに対する訴訟で会社を代表し、1990年代には健康不良が原因で限られた関わりしか持てなかったものの、映像、レコード、書籍にまたがるザ・ビートルズの〝アンソロジー〟プロジェクトについては、その立案からリリースまでを見届けている。ヴァンを運転し、4人のビートル全員の面倒を見たばかりか、〈ビーイング・フォー・ザ・ベネフィット・オブ・ミスター・カイト〉でハーモニカ、〈マジカル・ミステリー・ツアー〉ではパーカッションまでプレイした男は、残念ながら2008年に逝去した。

（右）ビートルズのロード・マネージャー、ニール・アスピノールの名刺。1963年8月にNEMSが移転したリヴァプールのオフィスの住所が記され、裏面には曲順が手書きされている。

NEIL ASPINALL

NEMS ENTERPRISES LTD · 24 Moorfields · Liverpool.2 · CENtral 0793

BEETHOVEN
PLEASE PLEASE ME
SAW HER STANDING
FROM ME TO YOU
TASTE OF HONEY
BOYS
SHE LOVES YOU
TWIST AND SHOUT.

（右）1964年、「サンク・ユア・ラッキー・スターズ」の撮影のために、テディントンのTVスタジオに向かうザ・ビートルズのかたわらで〝業務〟に勤しむニール・アスピノール（左）。

デッカのオーディション・テープ

「グループはもう流行らない」

1961年の大みそか、ザ・ビートルズ――レノン、マッカートニー、ハリスン、ベスト――は、英国第2位のレコード会社、デッカで新たに編成された制作チームのオーディションを受けるために、長年のローディー、ニール・アスピノールが運転するヴァンでロンドンに向かっていた。

マネージャーのブライアン・エプスタイン――彼らとは別に、列車でリヴァプールを旅立った――はすでに何度か、A&Rチーフのディック・ロウやプロデューサーのマイク・スミスといったこの会社のお偉方と会見し、ようやくロンドン北部のハンプステッドにあるブロードハースト・ガーデンズのデッカ・スタジオで、テスト的なレコーディング・セッションをおこなう手はずを整えていた。

ラッセル・スクエアのロイヤル・ホテルで一夜を過ごしたザ・ビートルズは、元日の午前11時にオーディション会場に到着し、ライヴのレパートリーから〈サーチン〉、〈ティル・ゼア・ウォズ・ユー〉、〈マネー〉、〈セプテンバー・イン・ザ・レイン〉、〈メンフィス〉、〈クライング・ホーピング・ウェイティング〉といったアメリカ産の名曲のほかに、レノン&マッカートニー作の〈夢のように〉、〈ラヴ・オブ・ザ・ラヴド〉、〈ハロー・リトル・ガール〉を含む15曲を緊張しながらプレイした。

オーディションは午後2時前に終わり、エプスタインとグループは食事に出る。その後、ザ・ビートルズとアスピノールは、ふたたび車でリヴァプールに戻った。スミスはエプスタインに励ましの言葉をかけ、だが最終的な決定権はロウにあると説明した。結果は広く知られている通りで、ロウとスミスとデッカは同じ日にテストした別のグループ、ブライアン・プール&ザ・トレメローズを選んだ。エプスタインによると、ロウは彼にこう告げていた。「あの子たちのサウンドはいただけないな。グループはもう流行らない。ギターを抱えた4人組のバンドなんて、とくにお先まっ暗だ」

デッカとの契約は叶わなかったものの、エプスタインはオーディション・テープのコピーと、それをザ・ビートルズのレコード契約獲得のために使ってもかまわないという許しを得た。デッカがこのテープを正式にリリースしたことは一度もない。だが1970年代、80年代に入ると、オーディションの演奏曲がブートレッグの形で流出しはじめた。

2012年には、1962年1月1日のオーディション時に作成されたオリジナルのセーフティ（予備用）・マスターというふれこみのテープが市場に出た。12インチのテープに10曲が収められたこのデモは、最初に所有していたエプスタインから譲り受けたEMIの重役が、2002年になって音楽関連のメモラビリア・コレクターに売却したものと考えられている。2012年にロンドンで開かれたオークションでは、日本人のコレクターがこのテープを3万5000ポンドで落札した。

（右）ザ・ビートルズが1962年にデッカ・レコードで受けたオーディションの〝セーフティ・マスター・テープ〟。全10曲が収録され、2012年にオークションで売却された。

TIME	TITLE
	TONES N.R.OUT 1K, 10K, 70HZ, DOLBY TONE 2TRACK MON
	– SIDE 1 –
2:29	LIKE DREAMERS DO BSR-1111-A
2:17	MONEY
2:19	TAKE GOOD CARE OF MY BABY
2:17	THREE COOL CATS
1:57	SURE TO FALL 11:39 = T
	— SIDE 2 —
1:46	LOVE OF THE LOVED BSR-1111-B
2:14	MEMPHIS
1:57	CRYIN' WAITIN' HOPIN'
2:50	TIL THERE WAS YOU
2:57	SEARCHIN'

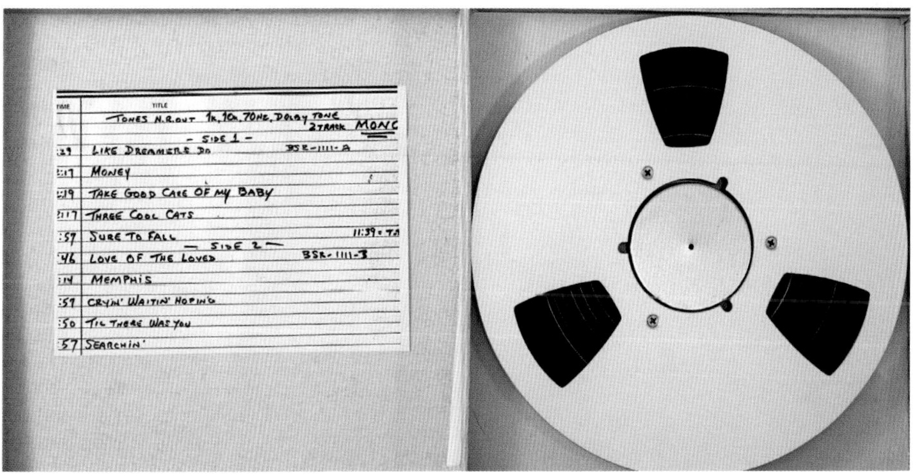
TIME TITLE
TONES N.R.OUT 1K, 10K, 70HZ, DOLBY TONE 2TRACK MONO
– SIDE 1 –
LIKE DREAMERS DO BSR-1111-A
MONEY
TAKE GOOD CARE OF MY BABY
THREE COOL CATS
SURE TO FALL 11:39 = T
— SIDE 2 —
LOVE OF THE LOVED BSR-1111-B
MEMPHIS
CRYIN' WAITIN' HOPIN'
TIL THERE WAS YOU
SEARCHIN'

ビートルズのブーツ

カッコよく踏み出そう

新しい衣装に着替えたザ・ビートルズは、自分たちのフットウェアにも重要な変更を加えた。アネーロ＆ダヴィデというロンドンのシューズ・メーカーがつくる、チェルシー・ブーツを履くようになったのだ。このメーカーは俳優やシンガーの履く靴から、バレエやタップ・ダンス専用のシューズまで、エンターテインメント業界用のフットウェアを幅広く手がけていた。

1922年に設立されたアネーロ＆ダヴィデは、マリリン・モンロー、ピーター・ユスティノフ、オーソン・ウェルズ、ジェーン・フォンダ、デヴィッド・ニーヴンといった俳優たちのご用達で、ほかにも「キャッツ」や「マンマ・ミーア」といったミュージカルのキャスト、さらには映画『オズの魔法使』のジュディ・ガーランドにもフットウェアを提供していた。

実際にザ・ビートルズのどのメンバー、あるいは彼らの〝内輪〟のひとりが、コヴェント・ガーデンの靴店のウィンドウで、爪先の尖ったタイトフィットのアンクル・ブーツを見かけたのかは、時の霧に紛れてわからなくなっている。だが長年にわたるグループの腹心で、のちにはアップル・コア社の社長となるアスピノールは、1962年はじめのある出来事を記憶していた。それによるとグループが元日にデッカ・レコードでオーディションを受けたあと、「わたしたちはシャフツベリー・アヴェニューあたりに出向き、こんなものが売っているのかと目を丸くしました。その一角に、アネーロ＆ダヴィデのブーツ店があったんです」

ハリスンはハリスンで、同じ1962年1月1日のロンドン訪問と新たなフットウェアとの最初の出会いを、次のように回想している。「最初にあのブーツを目にしたのは、あの旅に出た時だ。サイドゴアつきのブーツで、ぼくはそれがチャリング・クロス・ロードにあるアネーロ＆ダヴィデという店でつくられていることを知った」

ほかにパリ旅行から戻る途中で、ロンドンに立ち寄ったレノンとマッカートニーが、同じ店でチェルシー・ブーツを買い、リヴァプールに帰ってハリスンとベストに見せたところ、ふたりとも大急ぎで注文したという説もある。

いずれにせよザ・ビートルズはその後——ロイ・オービソンやマーク・ボランのようなスターに先がけて——キューバン・ヒール付きのチェルシー・ブーツを4足、アネーロ＆ダヴィデに注文した。この改良ヴァージョンは〝ビートル・ブーツ〟として歴史に刻まれ、現在では子牛の革のブーツを1足、125ポンドで買うことができる。

（右）ジッパーとキューバン・ヒールがついたアネーロ＆ダヴィデの黒革ブーツ。

（右ページ）1962年にロンドンで見つけ、世界中に広めた〝ビートル・ブーツ〟を履いているポール・マッカートニー、ジョージ・ハリスン、ジョン・レノン。

レノンのドイツ就労ビザ

ドイツ……再び

ハンブルクのインドラ、カイザーケラー、そしてトップ・テン・クラブに出演してきたザ・ビートルズは、1962年にもまたドイツに戻るつもりでいた。このころにはブライアン・エプスタインがグループのマネージャー候補として浮上しており、彼はさっそくトップ・テン・クラブのオーナー、ペーター・エクホルンとの交渉に駆り出された。

翌年の出演陣を決めるために、1961年の末にリヴァプールに旅したドイツの起業家は、ザ・ビートルズにアプローチした際に、グループとマネジメント契約を結ぶ寸前だったエプスタインを紹介されていた。エクホルンは当初、メンバーひとりひとりに週200マルク前後のギャラを提示したが、エプスタインは週に500マルクを要求し、最終的には450マルクで手を打つことに同意した。

ところがその成り行きを見ていたマンフレト・ワイスレダーという新しいクラブのオーナーが、ザ・ビートルズをまだ名前のなかった開業前のロック・クラブに引き抜くために、配下のマネージャーをリヴァプールに送りこんだ。結局1962年1月にエプスタインとワイスレダーのあいだで契約が結ばれ、1972年4月13日からはじまる7週間の出演期間中、ザ・ビートルズはひとりひとりが週に500マルクを受け取ることになった。

ザ・ビートルズがハンブルクに飛んだ時点で、新しいクラブ——レーパーバーンともほど近い、この街の悪名高いザンクト・パウリ地区にあった——はすでにザ・スター・クラブの名で営業を開始していたが、到着するやいなやグループは、元メンバーのサトクリフが脳腫瘍で亡くなったことを知らされた。それでも彼らは4時間演奏した翌晩に3時間演奏することもあった、厳しいスケジュールを最後まで守り抜く。そしてポール・マッカートニーによると、ドイツの主要な港町で起こったさまざまな出来事は、ザ・ビートルズの物語に欠かせない要素となった。「ハンブルクはまちがいなく、若かりし日々のすばらしい思い出だ。でもなんだって時間がたてば、よく思えてくるものだからね。たしかにすごくエキサイティングだったけど、少したって、ぼくらのレコードがある程度売れはじめてからのほうが、もっと楽しくふり返られるようになった気がする」

ザ・スター・クラブへの初出演後、ジョン・レノンは〝ドイツに入国し、国内を移動する〟許可を得るために、新たなビザ取得の手続きを取らなければならなくなる。メンローヴ・アヴェニューの家の住所と、ホワイトチャペルにあるブライアン・エプスタインのNEMSストアの住所を併記したレノンは、1962年8月30日にビザを申請し、さらに2回、バンド仲間とともに西ドイツへと旅立った。

(右) 1962年、スター・クラブの舞台裏で、アメリカ人ロッカーのジーン・ヴィンセント（右）と写真に収まるザ・ビートルズ。

(右ページ) ジョン・レノンのビザ申請書。そのビザのおかげで彼は、ザ・ビートルズがスター・クラブで最後のステージに立つ1962年の11月と12月にドイツに戻ることができた。

Antrag

auf Erteilung eines Sichtvermerks zur Einreise nach — zur Durchreise durch — Deutschland

Application for a Visa to enter — to travel through — Germany

Demande de délivrance d'un visa d'entrée en — de transit par — l'Allemagne

An d__ Botschaft — Gesandtschaft — Generalkonsulat der Bundesrepublik Deutschland

To the Embassy — Legation — Consulate-General of the Federal Republic of Germany

Ambassade — Légation — Consulat Général de la République fédérale d'Allemagne

in / in / à __________

1. **Familien- und Vornamen** (bei Frauen auch Geburtsname) 1. Surname and Christian names (in the case of married women state also maiden name) 1. Nom de famille et prénoms pour les femmes, nom de jeune fille)	Lennon (Familienname) (Surname) (Nom de famille) John Winston (Vornamen, Rufname unterstreichen) (Christian names, underline name by which usually known) (prénoms, souligner le prénom usuel)
2. **Geburtstag und Geburtsort** (Kreis, Land) 2. Date and place of birth (county, country) 2. Date et lieu de naissance (département, pays)	geboren am / Born on / né le 9.10.40 in / in / à Liverpool, England (Kreis (county (département — Land) country) pays)
3. **Wohnsitz oder dauernder Aufenthaltsort, Sitz der gewerblichen Niederlassung, genaue Anschrift und Geschäftsadresse** 3. Domicile or permanent residence, and seat of business establishment, exact private and business address 3. Domicile ou lieu de résidence permanente, siège de l'entreprise, adresse exacte privée et commerciale	251, Menlove Avenue, Woolton, Liverpool 25. 12-14, Whitechapel, Liverpool 1 Entry Visa
4. **Familienstand** 4. Marital Status 4. Situation de famille	ledig / Single / célibataire Single **verheiratet, verwitwet, geschieden seit** ______ Married, widowed, divorced since ______ marié, veuf, divorcé depuis ______
5. **Staatsangehörigkeit** (bei Doppelstaatern auch die weitere) 5. Nationality (in case of dual nationality state second nationality) 5. Nationalité (en cas de double nationalité, indiquer aussi la seconde)	jetzige / Present nationality / actuelle British frühere / Former nationality / d'origine ______ zweite Staatsangehörigkeit / Second nationality / seconde nationalité ______
6. **Beruf** 6. Trade or profession 6. Profession 30th August 1962	Musician.

Kons. 11
20000 11. 61 Gebr. Meilinger-Beuel-Bonn

4人がサインしたスター・クラブのメニュー
最後のハンブルク遠征

1962年11月、2度目のザ・スター・クラブ公演のために、ザ・ビートルズがハンブルクに戻ってきた時、彼らのギャラは、ひとりあたり週600マルクまでアップしていた。今回、彼らは新しいドラマーを従えていた――8月にピート・ベストの後任として雇われたリンゴ・スターである。ロリー・ストーム＆ザ・ハリケーンズのメンバーとして、ドイツ遠征の経験もたっぷり積んでいた彼は、新しいグループとともに、11月14日まで14夜にわたってプレイした。

ザ・ビートルズは1962年12月にもハンブルクに戻ってくるが、彼らがドイツのクラブで巡業するのは、この時が最後となる。彼らは――ギャラはひとりあたり週750マルクに増額されていた―― 12月18日からステージに立ち、12月31日まで13夜にわたって（クリスマスはオフだった）プレイした。ザ・ビッグ・スリーの元メンバー、エイドリアン・バーバーがそのクラブでザ・ビートルズの演奏を非公式に録音したのもその夜のことだ。このテープは1977年に《デビュー！ビートルズ・ライヴ'62》のタイトルでリリースされ、全米チャートの111位にランクされた。

当時のポール・マッカートニーは、ドイツ遠征を、いざという時のためにいくばくかの金を残しておくためのチャンスと見なしていた。「ハンブルクではみんな、『全部が終わった時のために、ここで金を貯めておかないと』と思っていた」と彼は語っている。一方でジョージ・ハリスンは、ヨーロッパでの冒険が、彼らの出演した店にとってもいい儲けの種になったのではないかと考えていた。「あのころのハンブルクは本当に盛り上がっていたし、ああいったクラブの連中は、酒代や入場料で、けっこうな金を稼いでいた。だってひと晩に4回ライヴをやって、そのたびに客を入れ替えていたんだぜ」

しかしながらハンブルクのスター・クラブで、最後の仕事が終わるころになると――そこは客が席から食事や酒をオーダーできる、彼らが出演したロック・クラブのなかではもっとも高級な店だったにもかかわらず――ザ・ビートルズはあまりの仕事量の多さに、ほとほと嫌気がさしていた。「オレたちはいい加減、ハンブルクのステージを卒業したいと思っていて」とジョン・レノンは語っている。「最後の2回なんかはもう、みんなハンブルクに行くのを嫌がっていた」

1964年6月、オリジナルのザ・スター・クラブは閉店し、何度か復活がこころみられたものの、グローセ・フライハイト38番地の建物は、1980年代に火事で焼失した。

1960年8月から1962年12月にかけて、4つのクラブで279夜にわたってプレイしたザ・ビートルズもその後、やはり大きく変化した。ジョージ・ハリスンはこう語っている。「今にして考えると、ハンブルクはほぼ、ザ・ビートルズの全盛期だったと言わざるを得ない」

（右）ザ・ビートルズの4人全員がサインしたスター・クラブのメニューによると、コカコーラは1.20マルク、ラムの水割りは3マルクで、そこに10パーセントのサービス料が加算されていた。

（次見開き）1962年、ハンブルクのスター・クラブで、スポットライトをまっすぐ見据えながら満員の観客に向かってプレイするジョージ・ハリスンとジョン・レノン。

Rock n' Twist-Parade 1962

Hamburg-St. Pauli, Große Freiheit 39

Getränkeauswahl

Drinks Grand choix de boissons Stor sortering i drycker

Flasche Bier	0,33 l	1.50	Eierlikör	2 cl	1,50
Glas Wein		1,50	Curacao	2 cl	1.50
Rum-Grog	4 cl	3,00	Cherry Brandy	2 cl	1.50
Steinhäger	2 cl	1,60	Pfefferminzlikör	2 cl	1,50
Doornkaat	2 cl	1.50	Cacao mit Nuß	2 cl	1.50
Aquavit	2 cl	1.50	Apricot Brandy	2 cl	1.50
Gin	2 cl	1,50	Triple Sec	2 cl	1,50
[illegible]	2 cl	[illegible]	[illegible]-Likör	2 cl	[illegible]
Reiner Weinbrand	2 cl	1.60	Cordial-Medoc	2 cl	1.50
Flensburger Dokator	2 cl	1,50	[illegible]-Kaffee	2 cl	1,50
Underberg	2 cl	1.50	Bärenfang	2 cl	1,50
Wodka	2 cl	1.50	Jägermeister	2 cl	1,50
Whisky nach Wahl	2 cl	2,50	Mampe Halb und Halb	2 cl	1,50
Orig. Franz. Cognac	2 cl	2,50	Cointreau, orig. franz.	2 cl	2,50
Orig. Pernod Fils	2 cl	2,50	Chartreuse, orig. franz.	2 cl	2,50

dazu Soda . . . . DM 0,50

Coca-Cola	1,20	Zitronenlimonade	1,20
Fanta	1,20		

Preise zuzüglich 10 % Personalzuschlag.

Extra charge for staff 10 %.

Supplement pour personnel 10 %.

Till priserna räknas 10 % Personalavgift.

Das Personal ist angewiesen, Rechnung zu erteilen, auf den Pfennig abzurechnen und berechtigt, sofort zu kassieren.
Waiters are instructed to submit accounts, they must not round off amounts and they are authorized to collect accounts immediately.
Le personnel est tenu de remettre une note en rendant compte par addition jusqu'au pfennig, et est autorisée à demander un règlement immédiat.
Personalen är anvisad att lämna en nota och räkna mycket noga samt berättigad att genast inkassera beloppet.

Flaschenware umseitig. For bottled beverages see reverse side.
Tarif des boissons en bouteilles au verso. Drycker i flaskor se omstaende sida.

4人がサインしたパーロフォンのプロモ・カード

生涯のレーベル

英国最大のレコード会社２社―― EMIとデッカ――から袖にされた結果、ザ・ビートルズは1960年代初頭の英国産ポップ・ミュージックを牛耳っていた大手の半分から、門戸を閉ざされる格好になる。残されていたのはパイとフィリップスの２社だけ。それだけにブライアン・エプスタインが、パーロフォンという〝３番手〟の傘下レーベルを運営する男のおかげで、最大のレコード会社―― EMI ――から２度目のチャンスをもらえたのは、僥倖以外のなにものでもなかった。

ザ・ビートルズ以降にパーロフォンが収める桁違いの成功は、第一次世界大戦前のドイツで、レコード製造業者のカール・リンドストロムがもっぱらクラシックのレコーディングのために設立したという、このレーベルの出自と著しい対照を成していた。1927年、英国に拠点を置くコロムビア・グラモフォン社が、パーロフォンを含むリンドストロムの事業を買収する。このレーベルは当時、ドイツ文字の〝L〟をロゴに使っていたが、有名な〝£〟のロゴは、そこから発展したものだ。

グラモフォン・カンパニーとコロムビアの合併を受けて、1931年にEMIが設立されると、パーロフォンは英国の新たな大手レコード会社に組みこまれ、ナット・ゴネラやデューク・エリントンのようなアメリカ人スターの本拠となるが、同時にレスリー・ハッチンソンやヴィクター・シルヴェスターのようなスターのレコーディングもリリースしていた。しかしながらこうしたイギリス人アーティストは第二次世界大戦中にレーベルを離れ、残されたスターはリチャード・タウバー―― 1938年にドイツを脱出したオーストリア系ユダヤ人――だけになる。おかげでこのレーベルは、〝タウバーフォン〟として知られるようになった。

ギルドホール音楽院を卒業したジョージ・マーティンが、イギリス人アーティストの開拓に躍起になっていたレーベルに雇われたのは1950年のことで、彼はディック・ジェイムズ、イーモン・アンドリュース、チャーリー・ドレイク、ジョニー・ダンクワースといったアーティストのヒット・レコードに関わった。1962年になると、パーロフォンの運営はマーティンに任されていたが、このレーベルは、ルビー・マレー、ラス・コンウェイ、クリフ・リチャード、ザ・シャドウズ、ヘレン・シャピロ、アルマ・コーガン、ジョニー・キッド＆ザ・パイレーツ、ジョン・レイトン、そしてダニー・ウィリアムズらを擁するコロムビアとHMVの影で、細々と稼働している状態だった。

マーティンに言わせると「ちょっと労働党のような感じで、わきにやられていた」パーロフォンにも、スコットランドのジミー・シャンド、ドイツのオーベルンキルヘン少女合唱団、トランペッターのハンフリー・リトルトン、スキッフル・グループのザ・ヴァイパーズ、コメディアンのピーター・セラーズ、ピアニストのミセス・ミルズ、ロック・シンガーのアダム・フェイス、そしてザ・テンペランス・セヴンのように、ヒットを出したアーティストが何組かいることはいた。

当時、EMI会長のサー・ジョーゼフ・ロックウッドが「年に何度かのまぐれ当たり」と評したこれらのヒットが、最終的には1962年6月に、AB面のシングルが1枚売れるごとに1ペニー（新ペンスに換算すると0.41ペンス）という条件で、マーティンがザ・ビートルズに1年間のレコーディング契約を申し出る決め手となる。その契約によるとパーロフォンには3回、ザ・ビートルズとの1年契約を更新する権利があり、1ペニーの印税は、4人のメンバーとマネージャーのブライアン・エプスタインで分割することになっていた。

この契約の話が持ち上がったのは、どうやらいつまでたっても電話を返してこないレコード会社に業を煮やしたエプスタインが、彼の経営するNEMSショップから、EMI傘下のHMV、パーロフォン、コロムビア製品をすべて引き上げると脅しをかけたあとだったようだ。一方マーティンはマーティンで、次のように認めていた。「わたしが賭けに出たと言ったら、言い過ぎになってしまうだろう。連中に申し出た契約は、かなり劣悪な内容だったからだ」

しかしパーロフォンからリリースしたレコードが早々と好成績を収めたおかげで、ザ・ビートルズは1963年6月、もっと好条件の契約を結ぶことができた。印税はレコード１枚あたり２ペンス――当時のシングルの価格は33ペンス――に引き上げられ、このレーベルからはほかにもシラ・ブラック、ビリー・J・クレイマー、ザ・ホリーズといったスターたちが誕生した。

ザ・ビートルズは1969年までに、記録破りとなる17枚の全英ナンバー１シングルを放ち……発売元はすべてパーロフォンだった。

(右)メンバーのサインが入ったパーロフォンのプロモーション・カード。裏面には1962年のザ・ビートルズのセットリストが書きこまれている。1963年になると、〈Rhythm and Blues〉（〈ア・ショット・オブ・リズム・アンド・ブルース〉）と〈Fool of Somebody〉（〈イフ・ユー・ガッタ・メイク・ア・フール・オブ・サムバディ〉）はどちらもライヴから外された。

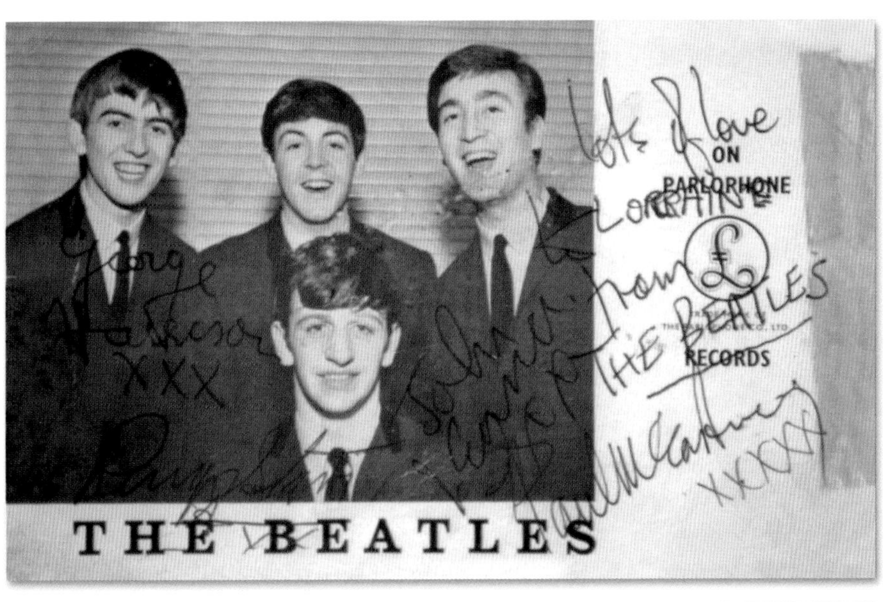

SAW HER STANDING THERE.
RHYTHM & BLUES.
DO YOU WANNA KNOW A SECRET.
BEAUTIFUL DREAMER.
ANNA.
THANK YOU GIRL
FOOL OF SOMEBODY.
SWEET LITTLE 16.
FROM ME TO YOU.
LONG TALL SALLY.

リンゴが使ったアビイ・ロードの灰皿

135ポンドで売却

ザ・ビートルズのセッション中に、アビイ・ロードのスタジオ2で〝必須〟だったアイテムのひとつがスタンド付きの灰皿で、バンドのレコーディングでリンゴ・スターがドラムを叩くあいだは、彼のドラム・キットの隣が定位置だった。

1960年代にはまだスタジオ内での喫煙が当たり前のようにおこなわれ、ザ・ビートルズも4人全員が喫煙者だったため、灰皿はセッションに欠かせない〝機材〟のひとつとなるが、スターが愛用した〝お皿〟は実のところ、スタジオの最初期にまでさかのぼる由緒正しい品だった。

アビイ・ロードのスタジオが開業したのは1931年11月12日、1931年の夏にEMIができてからまだ半年もたっていなかったころのことで、元々は1830年、セント・ジョンズ・ウッドというロンドンの格式高い郊外の敷地に建てられた、19の寝室がある屋敷だった。その後も個人宅として用いられていたが、それを1929年に地元の建築業者、フフンシス・マイヤーズが1万2000ポンドで購入し、グラモフォン・カンパニーに1万6500ポンドで転売したのである。

すると1962年の夏に、リヴァプール出身の4人組が、そのスタジオでプロデューサーのジョージ・マーティンと顔を合わせた。「アビイ・ロードに行った時は、夢のような気分だった」とポール・マッカートニーは語り、「レコーディング・スタジオではたいていの場合、かなり緊張していた」とつけ加えている。

この灰皿——高さはおよそ75センチ——は〝リンゴの灰皿〟として知られるようになるが、実際には1930年代からドラマーやピアニストたちに愛用され、人気ピアニストのミセス・ミルズも、スタジオではしばしばピアノの横に置いていた。それどころか1960年代に入院した時も、ベッドサイドに置きたいからと、この灰皿を所望している。退院後、彼女は灰皿をスタジオに返却した。

1970年代末に禁煙のルールがスタジオに導入されると、灰皿は倉庫にしまいこまれ、最終的には1980年10月にアビイ・ロードで開催されたスタジオ機材のオークションで売りに出された。灰皿はとある女性が135ポンドで落札するが、数年後、やはりこの灰皿に入札していたスタジオ・マネージャーのケン・タウンゼントと連絡を取り、同額で譲渡した。

ブライアン・エプスタインの著書『ビートルズ神話』——ザ・ビートルズとジョージ・マーティンのサイン入り——もやはり、その日に210ポンドで売却され、アルバム《サージェント・ペパーズ・ロンリー・ハーツ・クラブ・バンド》で使用されたメロトロンは、ミュージシャンのマイク・オールドフィールドが1000ポンドで買い入れている。タウンゼントがテクニカル・マネージャーに昇進した時、ザ・ビートルズが彼にプレゼントした、〝EMI〟の押印があるトイレットペーパーのロールにも買い手がついた。「スタジオの件で深刻な苦情が出ていると言われて、スタジオ2までザ・ビートルズに会いに行ったんです」とタウンゼントは回想する。「グループはミキシングの卓の向こうに立っていて、ジョン・レノンがトイレットペーパーのロールを差し出しました。彼は『堅くてツルツルしすぎている』と言い、EMIと印刷してあるのは、会社がスタッフを信用していない証拠だと主張しました。そしてそのロールを手渡したんですが、それが冗談だったことに気づかなかったわたしは、スタジオ・マネージャーに報告し、その日の午後のうちにアビイ・ロードのトイレットペーパーを全部、柔らかいものに変更したんです」

トイレットペーパーのロールは2011年の9月11日に、85ポンドで落札した男の息子がBBC-TVの「アンティークズ・ロードショウ」に持ちこみ、TV出演を果たしている。

ザ・ビートルズがアビイ・ロードで過ごした日々が伝説と化し、スタジオと横断歩道の両方が観光名所となったおかげで、観光客は最後のアルバムの有名なジャケットを再現しようと路上に群れ集り、壁に落書きをスプレーし、あげくはアビイ・ロードの道路標識を、壁から引きはがす者まであらわれた。2010年にはスタジオの建物がグレードⅡのイギリス指定建造物に選ばれ、横断歩道も同じ年に指定建造物になっている。

（右）オークションで売却されるまで、アビイ・ロードのスタジオで50年以上にわたり、ドラマーやピアニストたちに愛用されていたリンゴ・スターの有名な灰皿。

ヒューム・ホールのチケット

新ドラマーの登場

ポート・サンライトには、いくつも自慢の種がある。もともとはレスター・ブラザーズの石鹸工場で働く労働者のためにつくられたモデル村だったことがひとつ。そしてリンゴ・スターがはじめてザ・ビートルズの正式なメンバーとして、舞台に立った場所だったこともそのひとつだ。

ヒューム・ホールはポート・サンライトにある小バコで、収容人数はわずかに450人。ダンス大会やパーティーが定期的に開催され、リヴァプールのグループが、マージー川を越えてしばしば出演していた。ザ・ビートルズ――ドラマーはピート・ベスト――は1962年7月7日に地元のゴルフ・クラブが主催するダンス・パーティーで演奏していたが、8月18日に現地の園芸クラブが主催するダンス大会のために戻ってきた時、ドラマーの席に座っていたのはリンゴ・スターだった。

ザ・ビートルズに加入する以前、リンゴ・スターはダークタウン・スキッフル・グループとアル・コールドウェルズ・テキサンズでドラムを叩いていた。テキサンズはやがてロリー・ストーム＆ザ・ハリケーンズとなる。キャヴァーンを含むリヴァプール・ライヴ・シーンの常連だったハリケーンズは、ハンブルクでもステージのトリを取り、スターはそこでトニー・シェリダンのバッキング・バンドに加入した。だが結局はハリケーンズに復帰し、夏季巡業でスケグネスのバトリンズ・ホリデイ・キャンプに出かけていた時、ジョン・レノンとポール・マッカートニーから、週25ポンドでザ・ビートルズに入らないかという誘いを受けたのである。

スター加入後の初ステージ――午後7時45分から11時30分までで、チケット代は30ペンス――を告知するポスターによると、ダンス・パーティーで演奏するのは「北部一のロック・コンボ、現在パーロフォンでレコーディング中のイカしたビートルズ」。ザ・ビートルズは契約上、最低でも1時間演奏しなければならず――ただし80分を超えてはならない――ギャラはグループで30ポンドだった。

（左）1962年10月、ヒューム・ホールで、地元の病院内放送用に初のラジオ・インタヴューを録音するザ・ビートルズ。

（右）1962年8月18日にヒューム・ホールで開催された〝アフター・ショウ・ダンス〟のチケット。リンゴ・スターはこの時、ザ・ビートルズとしての初舞台を踏む。ピート・ベストが馘首されたのは、そのわずか3日前のことだった。

THE PORT SUNLIGHT HORTICULTURAL SOCIETY

After Show Dance

will be held in

HULME HALL, Port Sunlight

on

SATURDAY, 18th AUGUST, 1962

THE FABULOUS BEATLES BAND
SUPPORTED BY THE 4 JAYS

SPOT PRIZES **BUFFET**

Dancing 7.45 p.m. to 11.30 p.m. *Tickets* **6/-**

TAXIS—Phone Rock Ferry 1135 or 3077

ビートルズ・ハーモニカ

製造はされたが未発売

ザ・ビートルズのメンバーが最初に覚えた楽器は、どうやらジョン・レノンがリヴァプールの小学生時代に吹きはじめたハーモニカだったようだ。彼はミミ伯母さんが下宿させていた学生のひとりがハーモニカを持っていて、幼い自分と一種の賭けをしたと回想している。「もし翌朝までに1曲覚えられたら、ひとつ買ってやろうと言われたんだ。それで2曲覚えてね。8歳から12歳のあいだのいつだったかは覚えてないけど、とにかく半ズボンをはいていた」。エディンバラの伯母を訪ねた時も、レノンはその新しい楽器を持参していた。「バスのなかではずっと、ハーモニカを吹いていた……〈スウェーデン狂詩曲〉とか〈ムーラン・ルージュ〉とか〈グリーンスリーヴス〉みたいな曲を」

するとスコットランドに向かうバスの運転手が、どうやら幼いレノンの技量にすっかり惚れこんだらしく、彼にもっと上等なハーモニカを買い与えた。「すごくいいやつをくれて――こっちも本気になった」とは彼の回想だ。後年、ポール・マッカートニーと共作をするようになると、レノンはハーモニカを使って曲を書き、初期のライヴで吹くこともあったが、この楽器がはじめて大きくフィーチャーされたのは、1962年9月、彼らがパーロフォンで初のシングルをレコーディングすることになった時だった。

実のところレノンは〈ラヴ・ミー・ドゥ〉にハーモニカを使って、この目立たない楽器をポップの世界で大々的にブレイクさせてやろうと目論んでいた。だが1962年7月にフランク・アイフィールドがこの楽器を使った〈アイ・リメンバー・ユー〉でチャートの首位を獲得し、彼は出鼻をくじかれてしまう。1962年9月4日にアビイ・ロードでおこなわれたセッションでホーナー・マリン・バンド・ハーモニカを吹き、のちにレコーディングする〈プリーズ・プリーズ・ミー〉や〈恋するふたり〉でもこの楽器を用いたレノンは、後年、次のようにふり返っていた。「〈ラヴ・ミー・ドゥ〉はロックンロールで、かなりファンキーだ。ポイントはハーモニカだった」

1857年にドイツで楽器の製造をはじめたホーナーは、アコーディオン、カズー、フルート、バンジョー、ウクレレをつくっていたが、専門はハーモニカで、一時は年に100万台を超える生産量を誇っていた。10穴で20リードプレートのマリン・バンド・ハーモニカは、プロ・ミュージシャンにも人気のモデルで、レノンはとりわけ、ブルース・チャネルの1962年3月のヒット〈ヘイ・ベイビー〉でデルバート・マクリントンが吹いたソロに感銘を受け、そればかりか1962年6月、ザ・ビートルズがチャネルと同じステージに立った際には、このアメリカ人プレイヤーから直接コツを教わっている。

マッカートニーは以前、ビートルズ初のヒット・シングルでレノンが吹いたハーモニカを「最高」と評し、「ジョンはハーモニカが上手かった」とつけ加えていた。一方でレノンはザ・ローリング・ストーンズのハーモニカ奏者、ブライアン・ジョーンズとの会話を覚えており、そこでは〈ラヴ・ミー・ドゥ〉でボタンつきのハーモニカを使った理由を、「ブルース・ハープじゃ〈ヘイ・ベイビー〉のフレーズは吹けなかったからだ」と説明した、とふり返っている。

1964年、バンドが初の全米ツアーに出る直前に、ホーナーはザ・ビートルズのマネージャー、ブライアン・エプスタインと、ビートルズ・ハーモニカを2ドル98セントで売り出す契約を結んだ。広告のなかでホーナーは、次のように謳っている。「ザ・ビートルズ・ブランドのハーモニカは、このモップ頭のエンターテイナーの名前を使ったその他の商品と同様、ベストセラーとなるでしょう。ホーナーは十分な量の商品をご用意して参ります」

すべては順調に進んでいたが、ひとつだけミスがあった。パッケージにはメンバー4人の写真とサインが使用されていたのだが、ドイツの会社のデザイン部門は、マッカートニーの写真にハリスンのサインを組み合わせていたのだ。その結果、この商品は、ついに発売されずに終わった。

ビートルズ初のヒット・レコードに、レノンのハーモニカ・ソロが登場してから50年近くをへて、ホーナーはヨーコ・オノと組み、レノンが描いたマンガ調の自画像とサインをあしらったジョン・レノン・シグニチャー・ハーモニカを世に送り出す。この白いハーモニカは2012年4月に、99ドルの価格で店頭に並べられた。

（右）ホーナーがつくった2ドル98セントのビートルズ・ハーモニカ。この会社は箱の写真の下に、ポール・マッカートニーとジョージ・ハリスンのサインを入れ違えて印刷するというミスを犯した。

THE BEATLES
HARMONICA
M. HOHNER
MADE IN GERMANY
M. HOHNER
Made in Germany
1
2
3
4
5
6
7
8
9
10

4人がサインした〈ラヴ・ミー・ドゥ〉のシングル
店頭でのサイン会

ザ・ビートルズがEMIのパーロフォン・レーベルとレコーディング契約を結んだのちに、はじめてリリースしたレコードは、レノンとマッカートニーがどちらもリヴァプールのティーンエイジャーだったころに書いた曲だった。それはまた、グループがもっとも早い時期にステージで取り上げた自作曲のひとつでもあった。

実のところ〈ラヴ・ミー・ドゥ〉は1962年のうちに、北ロンドンのセント・ジョンズ・ウッド地区にあるアビイ・ロードのEMIスタジオで、3度にわたってレコーディングされている。6月6日にレノン、マッカートニー、ハリスン、ベストは、プロデューサーのジョージ・マーティンとロン・リチャーズに加え、エンジニアのノーマン・スミスが見守るなか、午後6時からはじまるセッションでこの曲をレコーディングした。マーティンが食堂までお茶を飲みに行っているあいだに、グループは4曲――〈ベサメ・ムーチョ〉と〈ラヴ・ミー・ドゥ〉、〈P.S.アイ・ラヴ・ユー〉、〈アスク・ミー・ホワイ〉というレノン=マッカートニー作品3曲――を録り終えた。

呼び戻されてセッションを引き継いだマーティンは、通常のレコーディング契約書を用意するように指示を出す。だがその日付は奇妙なことに、実際より前の1962年6月4日になっていた。9月4日にザ・ビートルズが戻ってきた時点で、ベストはリンゴ・スターと交代していたが、この午後7時から10時までのセッションで焦点が当てられたのは、もっぱらグループの初シングルとしてリリースされる曲だった。

ミッチ・マリーが書いた〈ハウ・ドゥ・ユー・ドゥ・イット〉という曲が〈ラヴ・ミー・ドゥ〉と一緒にレコーディングされたが、最終的な決定はマーティンが下した。「わたしは〈ハウ・ドゥ・ユー・ドゥ・イット〉を強く推していたが、結局は〈ラヴ・ミー・ドゥ〉でいくことにした。あれはかなり出来のいいレコードだった」。そのレコーディングにひとつだけ不満な点があったマーティンは、9月11日の最終セッションで、そこを手直しすることにした。

「ジョージ〔・マーティン〕はリンゴが気に入らなかった」とマッカートニーは回想している。「当時のリンゴはまだリズムがふらついていて、ジョージからすると、セッション・マンほど正確じゃなかったんだ」。その結果、マーティンはトップ・セッション・ドラマーのアンディ・ホワイトを招き入れ、午前10時から午後1時までのセッションでは、彼が〈P.S.アイ・ラヴ・ユー〉のドラムを叩く。一方でスターは、マラカスを担当した。〈ラヴ・ミー・ドゥ〉の新たなテイクでも、ドラムを叩いたのはホワイトで――スターは今回、タンバリンにまわった。

ザ・ビートルズ初の正式なリリースには〈ラヴ・ミー・ドゥ〉が選ばれたが、1962年10月5日にパーロフォン45-R4949の品番で世に出された時、誰がどのヴァージョンでドラムを叩いているのかについてはまだ混乱が残っていた。1963年以前にプレスされた盤では、9月4日のセッションから、スターをドラムに起用したテイクが使われていたが、それ以降の盤では、9月11日のセッションから、ホワイトがドラムを叩いたテイクが使われている。どうやらその変更は、1963年9月にリリースされたEP〈ザ・ビートルズ・ヒッツ〉にホワイトのテイクが使われたことがきっかけだったようで、それ以降にプレスされる〈ラヴ・ミー・ドゥ〉には、すべてこのヴァージョンが使われることになった。

シングルのリリース時に生じた混乱は、それだけではない。ラジオ局や音楽紙に配布された初期のプロモーション盤では、作詞作曲のクレジットで、マッカートニー(McCartney)の名前がマカートニー(McArtney)と誤記されていた。ただし一般発売用のレコードでは、最初のプレスから訂正されている。

ザ・ビートルズ初の正式なレコーディングが発売されるにあたっては、「レコード・リテイラー」誌と「マージー・ビート」紙に広告が打たれ、地元での支持を広げるために、エプスタインは自分の経営するNEMSストアではなく、チェシャー州のウィドネス――リヴァプールからはマージー川をはさんで15マイルの距離――にあるドーソンズ・ミュージック・ショップを、リリースの翌日に開催されるグループ初のサイン会の会場に選んだ。

夕刻、ヒューム・ホールでプレイする予定があったザ・ビートルズは午後4時に到着し、メンバーのひとりひとりが、赤いレーベルのパーロフォンのシングル――リンゴ・スターがドラムを叩いているヴァージョン――に1時間にわたってサインした。

マネージャーのエプスタインがてこ入れのために、1万枚ものレコードを買い取ったという噂も飛び交うなか、〈ラヴ・ミー・ドゥ〉はチャートを17位まで上昇し、1964年5月には、グループ4枚目の全米ナンバー1シングルとなっている。

(右)チェシャー州で開かれた店頭でのサイン会で、ザ・ビートルズは赤いパーロフォンのレーベルでリリースされた〈ラヴ・ミー・ドゥ〉の初期盤にサインした。

The Parlophone Co. Ltd. All rights of the Manufacturer and of the Owner of the recorded work reserved
PARLOPHONE
ARDMORE & BEECHWOOD LTD.
TRADE MARK
MADE IN GT. BRITAIN
7XCE 17144 45
45-R 4949
LOVE ME DO
(Lennon—McCartney)
THE BEATLES
Unauthorised public performance, broadcasting and copying of this record prohibited

アードモア&ビーチウッドとの契約書
前払い金は1シリング

ポップ・ミュージックの初期の時代——ラジオとTVがヒット・レコードとアーティスト両方の創出に、重要な役割を果たしはじめたころ——レコードを電波に乗せるために必要とされる仕事の大部分をこなしていたのは、音楽出版業者だった。

レコードが一般的になる以前、曲を楽譜の形で売っていた出版業者は、曲を見つけ、その権利を買い、時間と金の両方を費やして売りこみをした。そのためブライアン・エプスタインの新グループ、ザ・ビートルズのメンバーふたりが作曲家として頭角をあらわしはじめると、マネージャーはレコーディング契約のほかに、出版契約についても頭を悩ませることになった。

ザ・ビートルズがEMIのパーロフォン・レーベルと契約を結び、最初のレコードが1962年10月にリリースされる運びになると、エプスタイン——のちに彼は、「出版権の意味なんてこれぽっちも知らなかった」と認めている——は安易な道を選び、レノンとマッカートニーの最初の2曲を、EMIと直接つながりのある会社に委ねることにした。

アードモア&ビーチウッドは1958年に、EMIがアメリカで経営するビーチウッド・ミュージックの小規模な子会社として設立され、EMIがオックスフォード・ストリートに所有するHMVショップの2階にオフィスを構えていた。会社の責任者はシド・コールマンで、1962年5月8日、ザ・ビートルズのオーディション・テープをレコード化する目的でエプスタインがHMVショップに足を運んだ時、店のエンジニアはコールマンに連絡を取り、エプスタインと会って、出版権の話をしてみてはどうかと提案した。

コールマンはレノンとマッカートニーのオリジナル曲に感銘を受けたが、グループのためにレコーディング契約を取ろうと躍起になっていたエプスタインは、パーロフォンとの契約後になって、ようやく〈ラヴ・ミー・ドゥ〉と〈P.S.アイ・ラヴ・ユー〉という、最初の2曲の出版権に注意を向けた。レコーディングと音楽出版の両方でEMIと契約するのは、いたって常識的な行為であり、アードモア&ビーチウッドが申し出た出版契約も、ザ・ビートルズがシングルの両面に対して、1枚あたり1ペニーを受け取る——そしてそれを4人のメンバーとエプスタインで分ける——というレコーディング契約と、ほぼ似たり寄ったりの内容だった。

アードモア&ビーチウッドとの契約には、1962年9月7日にエプスタインがレノンとマッカートニーの代理でサインし、ふたりの作曲家には、「あらゆる国での」全著作権と引き換えに、1シリング(5ペンス)が印税との相殺で前払いされることになった。契約の条件によると、作曲家のふたりは、イギリスで最初に500枚売れたあとの楽譜については印税の10パーセント、イギリスで売れたすべてのレコードについては印税の50パーセント、演奏権保護協会(PRS)から受け取る料金については全額の50パーセント、そして〝他国の領土〟で出版された曲から得られる海外の印税については、その50パーセントを受け取ることになっていた。

音楽出版業者として、アードモア&ビーチウッドには最初のザ・ビートルズのレコーディングをラジオの電波に乗せ、グループのTV出演のお膳立てをする役割が期待されたが、その点では出版社もレコード会社も、期待を裏切る働きしか見せなかった。EMIの代表取締役を務めるL・G・ウッドは、レコードは「うまくいかなかった」と語り、1万7000枚のセールスについても「決してよくはない」という評価を下した。

そしてグループのデビュー・シングルは、チャートを17位まで上昇したにもかかわらず、エプスタインは音楽出版社の仕事ぶりになおのこと失望を覚え、ザ・ビートルズのプロデューサー、ジョージ・マーティンに自分の気持ちを伝えた。「ブライアンは〈ラヴ・ミー・ドゥ〉でまともな仕事をしなかったアードモア&ビーチウッドに激怒し、レノン=マッカートニーの曲はこれ以上、連中に任せないことにした」

レノンとマッカートニーの曲のなかで、奇妙なことに〈ラヴ・ミー・ドゥ〉と〈P.S.アイ・ラヴ・ユー〉の2曲だけは、マッカートニーが単独で著作権を持っているが、これは1980年代なかばにCBSレコードからキャピトル・レコードに復帰した時、その再契約交渉の一環として、マッカートニーがキャピトル——アードモア&ビーチウッドのオーナーだった——から、この2曲の著作権を取得したからだった。

(右)ジョン・レノンとポール・マッカートニーが書いた曲のために、1962年9月にブライアン・エプスタインが交渉し、署名した最初の音楽出版契約書。

An Agreement made this 7th day of September 1962

BETWEEN BRIAN EPSTEIN for and on behalf of "LENNON/McCARTNEY"

of

(hereinafter referred to as "the Composer") of the one part and Ardmore & Beechwood Limited

363, Oxford Street, London, W.1.

in the County of London (hereinafter referred to as "the Publishers") of the other part

WHEREBY IT IS AGREED as follows :—

1. In consideration of the sum of £ 1/-d on account of the royalties hereinafter made payable paid to the Composer by the Publishers (the receipt of which sum of £ is hereby acknowledged) the Composer hereby assigns to the Publishers THE FULL COPYRIGHT FOR ALL COUNTRIES in the musical composition ENTITLED

LOVE ME DO and P.S. I LOVE YOU

including the title, words and music thereof in all Countries for the period of copyright as far as it is assignable by law, together with all rights therein which he now has or may hereafter become entitled to whether now or hereafter known and any renewals thereof, where the initial copyright subsists in a specific Country the laws of which provide for such renewals of copyright, including the publishing rights, the performing rights, the synchronisation rights, the television rights the right to use the same for mechanical reproduction and the right to make, publish, perform and reproduce any arrangement, alteration or adaptation of the same.

2. The Composer hereby warrants that the said composition is an original work and that he is the owner of the copyright therein and that he has not granted, transferred or assigned any interest in the copyright hereby assigned or any part thereof to any person and that the said composition has not been published with his consent or acquiescence.

3. The Publishers will pay to the Composer the following royalties subject as hereinafter provided :

(a) 10% upon each complete copy of the said composition over and above the first 500 copies sold by the Publishers in the United Kingdom of Great Britain and Northern Ireland and

(b) 50% of royalties received from gramophone records, excluding medley records (less cost of collection) for sale to and use by the general public in the United Kingdom of Great Britain and Northern Ireland

(c) 50% of all royalties received from persons authorised to publish the said composition in foreign territories.

(d) 50% of all fees received from the Performing Right Society Ltd., until such time as the writers become members of that Society.

4. The Publishers shall be under no obligation to pay any other sums whatsoever except as in this agreement provided, and no royalties shall be paid upon the following : complimentary copies of the said composition, copies sold but not paid for, copies sold and returned to the Publishers, copies given away as new issues or for advertising purposes, copies published in selections, albums, newspapers, magazines and other periodicals.

5. The Publishers will render to the Composer statements showing the monies derived from the use of said composition for which payment is to be made to the Composer as provided in this agreement, for each six months period ending 30th June and 31st December in each year, within ninety (90) days after each of said dates.

6. The Composer hereby undertakes to indemnify the Publishers against all claims, damages and demands and against all costs and expenses incurred in the institution or defence of any action or proceeding relating to the right, title and interest of the Publishers in and to the said composition.

7. The Composer hereby agrees that he will not transfer or assign the benefit of this Agreement or any part thereof without the written consent of the Publishers first had and obtained

8. It is also understood and agreed that the Publishers shall have the right to transfer and assign any and all rights under this agreement, providing all the terms of this Agreement are observed.

9. The Publishers shall have the right to make and publish new adaptations and arrangements of said composition and to make such additions and adaptations and alterations in and to the words and/or music of said composition that it may desire, and to provide and translate the lyric thereof in any and all languages of the licensed territory.

10. The Composer will upon the Publishers request at any time execute for the Publishers any assignments or any other documentary evidence or papers in connection with the establishing and maintaining of the Publishers said ownership and rights in the said composition.

11. That were sheet music, records, publicity etc. is concerned credit will be given to "LENNON/McCARTNEY"

In Witness whereof the Composer and Publishers have set their hands the day and year first before written.

McCARTNEY/LENNON

COMPOSER Brian Epstein

ARDMORE & BEECHWOOD LIMITED.

ヴォックスAC30

ザ・ビートルズのサウンドを増幅

1962年6月にザ・ビートルズがアビイ・ロードにあるEMIスタジオでの初レコーディングを終えた直後、グループのマネージャーは、彼らに新しい機材を提供してくれるメーカーを探しはじめた。

7月、ブライアン・エプスタインはヴォックスAC30アンプ一式の供与契約を求めて、ロンドンのチャリング・クロス・ロードにあるジェニングズ・ミュージカル・インダストリーズ・ストアに足を運ぶ。ジェニングズはケント州のダートフォードにある工場でつくられていたヴォックス・アンプの製造販売元だった。ライヴの仕事が急増した結果、グループの機材を刷新する必要が生じたため、ヴォックスからアンプ一式の提供を受けたいと考えたエプスタインは、ジェニングズの人々に、ザ・ビートルズは「きっとビッグになりますし、(ヴォックスも) 1000倍の宣伝効果が得られるでしょう」と説明した。

契約でジェニングズはザ・ビートルズの古いアンプを引き取り、引き換えに普通なら1台あたり100ポンド前後はするタン・カラーのヴォックスAC30を2台提供することになった。ヴォックスのエンジニアたちは、ザ・ビートルズのアンプ用に追加のトレブル・ブースト装置をつくり出し、その後もずっとAC30の機能を拡張しつづけた。おかげでこのアンプは急速に、英国のビート・ブームを形づくる新進のグループには〝必携〟の機材となる。

ザ・ビートルズが最初にタン・カラーの新しいヴォックスAC30を使ったのは7月27日、ニューブライトンのタワー・ボールルームに出演した時のことで、ショウを主催したのはエプスタイン、そしてトリを取ったのはジョー・ブラウンだった。同社のどんな宣伝活動にも喜んで協力するというエプスタインの約束もむなしく、グループはヴォックスがリストアップした1962年のトップ20アーティスト――1位はザ・シャドウズ――にランクインしなかった。しかし1963年になると、彼らもヴォックスが新聞に打つ〝正確な音を出す機材〟の広告に登場しはじめた。

1963年7月にマーゲイトのウィンター・ガーデンで6夜公演をおこなったザ・ビートルズは、ヴォックスのダートフォード工場を訪問し、ジョン・レノンとジョージ・ハリスンは新たに持ち手がつけられた黒のAC30を1台ずつ、そしてポール・マッカートニーは、新品のAC30ベース・アンプを手に入れた。ヴォックスの重役はのちに、「向こうがほしがるものは、なんだろうと無条件で提供していた」とコメントしている。

1964年7月の時点で、ザ・ビートルズはAC30アンプから1台あたり250ポンド前後する新たなAC50アンプに鞍替えし、マッカートニーはAC100ベース・アンプを使っていた。アメリカに到着する8月までに、彼らはAC100ギター・アンプにアップグレードする。だが、この初の全米ツアーでは、ビートルズの機材ビジネスに参入をもくろむライヴァルの機材メーカーも、エプスタインを追いまわしはじめた。その急先鋒がフェンダーで、ヴォックスはそれに対抗して業界誌に「アメリカの音楽業界に宛てたメッセージ」という広告を打ち、次のように宣言した。「みなさんはヴォックスの機材を使う英国産のグループから次々に侵略を受けていますが、その先駆けがザ・ビートルズだったのです」

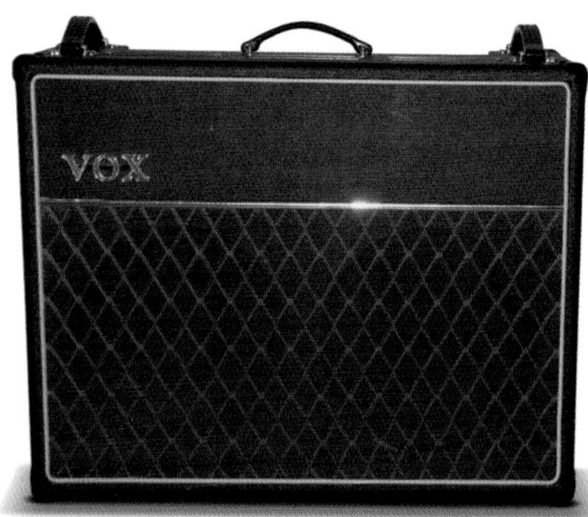

(上) ザ・ビートルズが5年以上にわたり、ステージとスタジオで使いつづけたヴォックスのアンプ。

(右) ザ・ビートルズはブライアン・エプスタインがヴォックス・アンプと結んだ契約に従い、定期的に同社の広告に登場していた。

Vox:
it's
what's
happening
VOX
THE
BEATLES

（右）1963年7月にアビイ・ロードのスタジオでおこなわれたレコーディング・セッションで、2台のヴォックス・アンプのあいだに立ってギターをチューニングするジョージ・ハリスン。

GRETSCH
GRETSCH
VOX

〈プリーズ・プリーズ・ミー〉
決め手のシングル

レコードの売り上げに対して英国レコード産業協会(BPI) が公式に賞を出すようになる以前、判定を下していたのは、その時々のポップ・ミュージックに焦点を当て、この国の若い読者の注目を求めて、「レコード・ミラー」紙と直接しのぎを削っていた音楽紙の「ディスク」だった。

1958年に創刊された「ディスク」(のちに「ディスク&ミュージック・エコー」となる)は、1959年に売上達成賞を導入し、レコード会社から提供された数字をもとに、25万枚のセールスにはシルヴァー・ディスク、そして100万枚を超えるセールスに対しては、ゴールド・ディスクを授与していた。ザ・ビートルズは1963年にはじめて、ディスクの形をした売上達成賞——セカンド・シングルの〈プリーズ・プリーズ・ミー〉が25万枚のセールスをあげたことに対する、シルヴァー・ディスクを獲得した。

〈ラヴ・ミー・ドゥ〉につづくグループのシングルは、プロデューサー、ジョージ・マーティンの指揮の下、1962年11月26日にアビイ・ロードのスタジオで、午後7時から午後10時にかけておこなわれたセッションのあいだにレコーディングされた。レコードやクレジットではジョン・レノンとポール・マッカートニーの共作となっている——ただしアルバムのジャケットには、〝マッカートニー/レノン〟とクレジットされた——ものの、これはおもにレノンが書いた曲だった。マッカートニーも「〈プリーズ・プリーズ・ミー〉は、ぼくというよりジョンの曲だ」と認めているが、レノンは1971年、「メロディ・メイカー」紙に送ったメモ書きで、これは自分の曲だとより明確に主張した。

1963年1月11日に〈プリーズ・プリーズ・ミー〉がリリースされると、マネージャーのブライアン・エプスタインはフリーランスのPRマン、トニー・コールダー(のちにアンドルー・ルーグ・オールダムとイミディエイト・レコードを設立)を雇い、プレス・リリースを発行させた。それは「ザ・ビートルズは今年最高のレコードをつくりました」と宣言し、シングルは「以後の数週間で、この非凡なヴォーカル/インストゥルメンタル・カルテットを全国的なトップ10チャートの上位に押し上げるでしょう」と予言する内容だった。

ザ・ビートルズに「テンポを変えて」、スピードを上げるように指示したプロデューサーのマーティンは、彼らがこの曲をレコーディングしたその日に「きみたちはたった今、最初のナンバー1レコードをつくったんだ」と伝え、「ニュー・ミュージカル・エクスプレス(NME)」紙も「ビートと生命力と活力でいっぱいの、心から楽しめるお皿——それになによりも、新鮮だ」と明言していた。ただし〈プリーズ・プリーズ・ミー〉が本当にグループ初の首位獲得曲だったのかという点については、いまだに議論がつづいている。

というのも「NME」、「メロディ・メイカー」、「ディスク」のレコード・チャートでは、たしかに首位に立っているものの、のちに〝公式な〟業界のチャートに認定される、独自集計の新たなトップ50を1963年1月に掲載しはじめた音楽業界誌の「レコード・リテイラー」では、フランク・アイフィールドの〈風来坊の唄〉に阻まれ、2位止まりに終わっていたのだ。

〈プリーズ・プリーズ・ミー〉がナンバー1を獲得したかどうかはともかく、ザ・ビートルズは1963年4月5日、ロンドンのマンチェスター・スクエアにあるEMIのオフィスで、マーティンからシルヴァー・ディスクを授与された。だが1963年春のザ・ビートルズはとにかく多忙で、EMI本社を訪れた——そして会社のお偉方の前で、内輪向けのライヴを披露した——あと、別のステージに立つために、西ロンドンのレイトン・ハイ・ロードにあるスイミング・バスに向かっている。

(左)1963年にパーロフォンが打った、ザ・ビートルズが「NME」紙のチャートで首位を獲得したことを祝う広告。

(右)ジョン・レノンは後年、ライターのリチャード・ウィリアムズによるジョージ・マーティンのインタヴューを読んで、〈プリーズ・プリーズ・ミー〉は彼が〝ひとり〟で書いたと説明するこのカードを「メロディ・メイカー」紙に送った。

Dear George Martin/Richard Williams

I wrote Please Please me alone. it was recorded in the exact sequence in which i wrote it.

"Remember?"

love John + Yoko

OJO

L.P. WINNER.

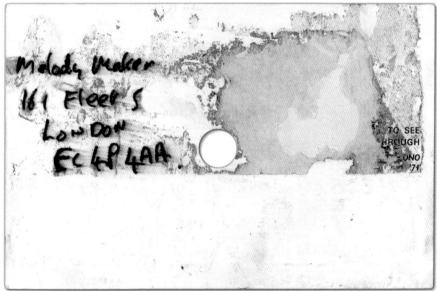

Melody Maker
161 Fleet S
LONDON
EC4P 4AA.

TO SEE
HROUGH
ONO
'71

「サンク・ユア・ラッキー・スターズ」の視聴促進カード

全国放送のTV

ザ・ビートルズのデビュー・シングル〈ラヴ・ミー・ドゥ〉がいくぶん期待はずれの結果に終わると、マネージャーのエプスタインは、グループの楽曲出版権をアードモア&ビーチウッドから取り戻さなければという思いをますます強めるようになる。そんな時、会ってみることを勧められた人物のひとりが、ディック・ジェイムズという意欲的な音楽出版業者だった。

ジェイムズはビッグ・バンドのシンガーで、ソロとしても1950年代の人気TV番組「ロビン・フッド」の主題歌をヒットさせていた。この曲はジョージ・マーティンのプロデュースで、1956年にパーロフォンからリリースされ、チャートを4位まで上昇している。1961年9月にディック・ジェイムズ・ミュージックを設立したジェイムズに会って、レノンとマッカートニーの楽曲を管理する契約について話し合ってみてはどうか、とエプスタインに助言したのもマーティンだった。

ジェイムズの息子のスティーヴンは、その当時、父親の音楽出版業が危機を迎えていたことを率直に認める。「これといってヒットは出ていませんでしたし、実際の話、資金も尽きかけていました」。つまり1962年の末に、ロンドンのソーホー地区にあるチャリング・クロス・ロード132番地のオフィスで開かれたエプスタインとのミーティングは、彼にとっても歓迎すべき機会だったわけだ。

エプスタインはザ・ビートルズのニュー・シングル〈プリーズ・プリーズ・ミー〉のアセテート盤をその席に持参し、もしこのシングルをヒットさせることができたら、レノンとマッカートニーが書いた曲の著作権をあなたの会社に任せたい、とジェイムズに告げた。それを聞くとジェイムズはすぐさま、TVの人気音楽番組「サンク・ユア・ラッキー・スターズ」のプロデューサーをしていた友人のフィリップ・ジョーンズに電話をかけ、電話越しにこの曲を聞かせた。その甲斐あってジェイムズは即座に、土曜の夜に全国で放送される番組にザ・ビートルズを出演させるという確約を得た。

「サンク・ユア・ラッキー・スターズ」はバーミンガムに拠点を置く独立系のTVネットワーク、ABC-TVが制作する番組で、ピート・マリーが司会を務め、アン・シェルトンとザ・デルタ・ボーイズをいちばんの呼び物として、1961年4月にITVネットワークが放映を開始した。1963年1月14日、ザ・ビートルズはバーミンガムのアストンにあるABCのスタジオに赴き、〈プリーズ・プリーズ・ミー〉の演奏シーンを事前に録画する。彼らはその後、チェシャー州のエレスメア・ポートに向かい、ウォルヴァートン福祉協会が主催するダンス・パーティーの会場で満員の観客を前に演奏した。全国放送のTVデビューはその5日後、「サンク・ユア・ラッキー・スターズ」が1月19日にオンエアされた時のことで、7組の出演陣のなかでは、ザ・ビートルズがいちばんの下っ端だった。

ザ・ビートルズはさらに9回「サンク・ユア・ラッキー・スターズ」に出演し、最後のスタジオ演奏は、1965年4月3日に放送された回だった。「サンク・ユア・ラッキー・スターズ」は1963年8月にスタートした「レディ・ステディ・ゴー」と並び、英国TV界を代表するポップ・ミュージック番組となるが、独立系のフランチャイズ・システムの下で、新しい会社が地方の放送権を次々に獲得しはじめると、そのあおりを受けて1966年に終了を余儀なくされてしまう。

7月25日の最終回には、「サンク・ユア・ラッキー・スターズ」ではじめて英国全土のTV画面に登場を果たしたザ・ビートルズも出演した。

214

A.B.C. TELEVISION LIMITED
(in association with Iris Productions Limited)
cordially invite you to
"THANK YOUR LUCKY STARS"
Television top "pop" music show
AT
THE TELEVISION STUDIOS, BROOM ROAD
TEDDINGTON
Sunday 17th February 1963
DOORS OPEN AT 7.45 P.M. NO ADMITTANCE AFTER 8.0 P.M.
ADMIT ONE P.T.O

(上)「サンク・ユア・ラッキー・スターズ」の視聴を勧めるカード。

(右)1964年7月1日、テディントンにあるテレヴィジョン・スタジオのステージに立ち、「サンク・ユア・ラッキー・スターズ」の出演シーン用に〈ハード・デイズ・ナイト〉を録画するザ・ビートルズ。

Ludwig
THE
BEATLES

ノーザン・ソングスの手紙

音楽出版業に進出

音楽出版業者のディック・ジェイムズに会い、彼の尽力でザ・ビートルズを全国放送のTVに出演させることができたエプスタインは、そのお返しにこの男を乏しい実績しか残せなかったアードモア&ビーチウッドの後任に選び、約束通り、レノンとマッカートニーの音楽著作権管理を任せることにした。

正式なパートナーシップを組む前に、エプスタインは〈プリーズ・プリーズ・ミー〉とそのB面曲〈アスク・ミー・ホワイ〉の出版権を、1シリングの前払い金と10パーセントの作曲家印税という条件でジェイムズに委ね、彼に感謝の意を表した。彼の会社、ディック・ジェイムズ・ミュージックには会計士のチャールズ・シルヴァーがパートナーとして籍を置き、所属する作曲家のなかには、ジョージ・マーティンという駆け出しの若手ミュージシャンもいた。

1963年2月――〈プリーズ・プリーズ・ミー〉を贈られた4か月後――ジェイムズは自分自身の会社と作家のレノン&マッカートニー、そしてエプスタインのNEMS社とのあいだでパートナーを組んで、ノーザン・ソングスを設立する。会社はジェイムズが50パーセントの権利を持ち、NEMSとふたりの作家が残りの50パーセントを分け合うという形で分割されていた。だがどうやらジェイムズとシルヴァーは、有利な立場を得るために、議決権株式をさらに1パーセント多く保持していたようだ。

1963年3月14日、ジェイムズは演奏権保護協会に手紙を書き、新会社の設立と、レノンとマッカートニーの楽曲5曲――〈ミズリー〉、〈アイ・ソー・ハー・スタンディング・ゼア〉、〈ゼアズ・ア・プレイス〉、〈ホールド・ミー・タイト〉、〈ドゥ・ユー・ウォント・トゥ・ノウ・ア・シークレット〉――の著作権が、彼の会社から新会社のノーザン・ソングスに移行したことを通知した。

年を重ねて音楽業界――そしてとりわけ音楽出版――の仕組みをより深く理解するようになると、レノンとマッカートニーは、自分たちのマネージャーがディック・ジェイムズと結んだ契約に深い失望を覚えはじめた。「オレはディック・ジェイムズが、ブライアンを軽く詐欺にかけたんじゃないかと思ってる」とレノンは語り、マッカートニーは史上もっともカヴァー・ヴァージョンの多い曲から得られた自分の稼ぎについて、次のように述懐した。「ブライアンが取り引き下手だったおかげで、ぼくらは長いあいだ、奴隷的な契約に甘んじていた。完全にひとりで書いた〈イエスタデイ〉にしても、ぼくには15パーセントの権利しかない。ブライアンが結んだ契約のせいで、いまだに15パーセントのままなんだ」

60年代なかばの所得税――最高税率は83パーセントで、高額所得者にはさらに15パーセントの付加税が課された――は懲罰的なレヴェルだったため、それを回避するために、ザ・ビートルズはノーザン・ソングスを上場し、株を一般に売り出すことにした。1965年2月15日、会社の所有する5000万株(額面は10ペンス)のうち、1250万株が売りに出され、残りの3750万株は、ジェイムズとシルヴァー(それぞれ93万7500株)、レノンとマッカートニー(それぞれ75万株)、そしてNEMS(3万7500株)が分割した。ハリスンとスターも、それぞれ4万株を取得している。

レノンとマッカートニーは株式取引所で270万ポンドの値がついた株のうち、9万4370ポンド分を現金化したが、資本利得税がまだなかったおかげで(発効するのは1965年4月)、これは非課税所得となった。1967年にエプスタインが亡くなると、ジェイムズは自分が持っていたノーザン・ソングス株の売却を決め、ザ・ビートルズの利益に反して、以前は彼のエージェントをしていたサー・ルー・グレイドおよび彼の率いるATVと手を組むことにした。彼の決断によって再度、苦い思いを味わわされたポール・マッカートニーは、ノーザン・ソングスの売却を、次のようにふり返っている。「というわけで会社は売却され、それからは売り買いできる商品になった。買ったのはルー・グレイドだ。そのおかげでジョンとぼくは、自分たちの曲なのに、その大部分の所有権をなくす羽目になった」

1980年代の初頭には2度目の入札合戦が起こり、ATVミュージックは4750万ドルで、ノーザン・ソングスと250曲以上のレノン&マッカートニー作品ごとマイケル・ジャクソンの手に落ちた。あらゆるポピュラー・ソングのなかでもっと名高く、もっとも価値の高いカタログは現在、1995年にATVミュージックと合併したソニー・ミュージックが所有している。

(右) 1963年に音楽出版業者のディック・ジェイムズが書いた、ノーザン・ソングスの設立と、ジョン・レノンとポール・マッカートニーが書いた5曲の権利が移行したことを通知する手紙。

DIRECTOR
RICHARD L. JAMES

DICK JAMES MUSIC LIMITED

SUITE TWO, 132 CHARING CROSS ROAD, LONDON, W.C.2

TELEPHONE
TEMPLE BAR 1687/8.
CABLES
DEJAMUS, LONDON-W.C.2

DJ/RD

14th March, 1963.

R. J. H. Neil Esq.,
The Performing Right Society Ltd.,
Copyright House,
29-33 Berners Street,
London, W. 1.

P. R. S. LTD.
(S)
Recd. 15 MAR 1963
Ansd.

My Dear Dick,

Re: NORTHERN SONGS LIMITED

This is to inform you of the incorporation of a music publishing company with the above name.

I will furnish you with all the information you require at the earliest possible moment. Perhaps you will be good enough to let me know all the details you will need.

It will be necessary to assign several copyrights from Dick James Music Limited to Northern Songs Limited the first of which will be:

MISERY	(John Lennon and Paul McCartney)
I SAW HER STANDING THERE	" " " " "
THERE'S A PLACE	" " " " "
HOLD ME TIGHT	" " " " "
DO YOU WANT TO KNOW A SECRET	" " " " "

ビートルズの昆虫ロゴ

ビートルにはビートルを

グループの名前を強調して、ステージでの存在感を高めようという話が出たのは、ザ・ビートルズが1963年2月にはじまる初の本格的な全英ツアー――トリを取るのはティーンエイジャーのスター歌手、ヘレン・シャピロ――に備えていたころのことだった。

1962年にザ・ビートルズに加入した時、リンゴ・スターはロリー・ストーム&ザ・ハリケーンズ時代に使っていたドラム――バスドラの表に自分の名前を大書したプレミアのキットをそのまま持ちこんでいた。誰からもバンド名はリンゴ・スター・バンドだと誤解されることのないように、そしてまたザ・ビートルズの名前をファンに強く印象づけるために、ドラム・キットの前面には、グループのロゴを入れる必要があると判断された。

まず最初にポール・マッカートニーが手を上げ、〝昆虫〟をロゴに使うというアイデアを元にした〝ラフ〟をいくつか描いてきた。このスケッチはリヴァプールの看板書きで、画家でもあったテックス・オハラの手に渡される。やはりエプスタインがマネジメントを手がけ、ザ・ビートルズとも親交があったザ・フォーモストのメンバーが彼の兄弟だったのだ。彼が描いた数種類のロゴのなかからグループがお気に入りを選び出すと、それがリネンの布にプリントされ、バスドラの表にピンと張られて、リムにクリップで固定された。その後、筆記体の〝Beatles〟の〝B〟は、昆虫の触角で飾られた。

新しい〝昆虫〟のロゴが実際にいつ完成し、ザ・ビートルズの元に届けられ、最初に使用されたのかについては、誰もはっきりしたことを覚えていないが、1963年の1月になってもまだ、スターの名前入りのドラムが使われ、だがデビュー・アルバムのレコーディングで彼らがアビイ・ロードのスタジオに入るころには、新しいロゴに代わっていたようだ。2月にATVの「サンク・ユア・ラッキー・スターズ」に出演した時も、画面には〝昆虫〟のデザインが映し出されていた。また1963年4月4日に、彼らとしてもとりわけ風変わりな場所――ストウのパブリック・スクールでおこなわれたライヴにも、このロゴは同行している。ちなみにこのライヴはリヴァプール生まれの在校生が、エプスタインに来てほしいと手紙で直訴して実現したものだった。

しかしながら昆虫スタイルのビートルズのロゴは、さほど長つづきしなかった。ただしフランスでEMIのレコードを出していたオデオンは、1964年の1月から2月にかけて、パリのオリンピア劇場でおこなわれた連続公演のプログラムに載せたレコードの広告に、このロゴを使用している。

しかしながらイギリスでは、グループが「サンク・ユア・ラッキー・スターズ」出演のために、バーミンガムに旅した1963年5月12日の時点で――彼らは5月18日の放送用に〈フロム・ミー・トゥ・ユー〉をプレイした――スターのバスドラには新しいロゴがプリントされていた。こちらは下に垂れた〝T〟と、大文字の〝B〟が特徴で、1966年にアメリカでおこなわれた彼らにとっては最後となるコンサートまで、ずっとグループに同行しつづけた。

(上) フランスでリリースされたファースト・アルバムの裏面。「フィナンシャル・タイムズ」紙の切り抜きも掲載されている。

(右) 1963年にリヴァプールでデザインされた〝昆虫〟のロゴは、《Les Beatles No.1》と改題されたフランス盤のアルバム《プリーズ・プリーズ・ミー》のジャケットに使用された。

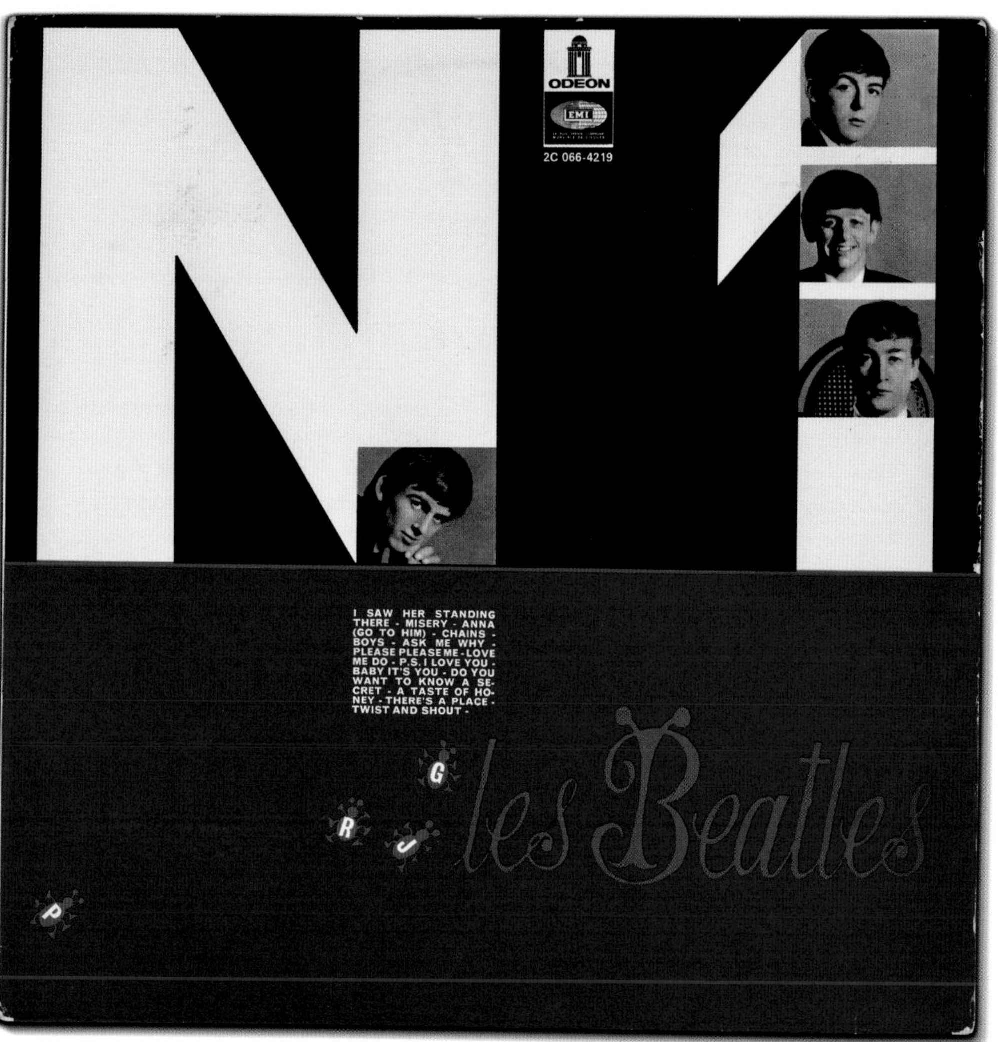
ODEON
EMI
2C 066-4219
I SAW HER STANDING THERE - MISERY - ANNA (GO TO HIM) - CHAINS - BOYS - ASK ME WHY - PLEASE PLEASE ME - LOVE ME DO - P.S. I LOVE YOU - BABY IT'S YOU - DO YOU WANT TO KNOW A SECRET - A TASTE OF HONEY - THERE'S A PLACE - TWIST AND SHOUT -
G
R
J
P
les Beatles

アルバム《プリーズ・プリーズ・ミー》
全部をたった1日で

ザ・ビートルズのファースト・アルバム《プリーズ・プリーズ・ミー》には、少なくともふたつの特筆すべき点がある。ひとつ目はそれがわずか1日のうちに、たった3度のレコーディング・セッションで完成したこと。そしてふたつ目はグループのメンバーふたりがつくった8つの曲の作詞作曲クレジットが、〝マッカートニー／レノン〟となっていることだ。

1963年2月11日、ザ・ビートルズは2か月以上ぶりにアビイ・ロードに戻り、スタジオでプロデューサーのジョージ・マーティンおよびエンジニアのノーマン・スミスと顔を合わせた。本当なら前夜はヘレン・シャピロとのツアーの一環で、ピーターバラのステージに立っていなければならなかったのだが、午前10時からはじまる最初のセッションに間に合うようにと、彼らはその仕事を免除されていた。

彼らがスタジオに到着すると、マーティンはまず、どんな曲ならすぐにレコーディングできそうかと訊ねた。答えはステージでやっている曲。スターによると、それしか手がないのはわかり切っていた。「この国のあっちやこっちでやってきた曲だったからね。全員が覚えていたし、おかげでスタジオに入っても、簡単にプレイできた」

シングル〈プリーズ・プリーズ・ミー〉のヒットを受けて、できるだけ早くアルバムを出したかったマーティンは、ザ・ビートルズなら10時間のあいだに、3度のセッションに分けて——午前10時から午後1時、午後2時半から5時半、そして午後7時半から10時45分—— 10曲をレコーディングすることは十分可能だと踏んでいた。〈ラヴ・ミー・ドゥ〉、〈P.S.アイ・ラヴ・ユー〉、〈プリーズ・プリーズ・ミー〉と〈アスク・ミー・ホワイ〉はすでに完成していたため、ザ・ビートルズは手はじめに〈ゼアズ・ア・プレイス〉と〈セヴンティーン〉（〈アイ・ソー・ハー・スタンディング・ゼア〉の仮題）を朝のセッションで取り上げ、午後になると〈密の味〉、〈ドゥ・ユー・ウォント・トゥ・ノウ・ア・シークレット〉、そして〈ミズリー〉を追加した。

最後の夜のセッションで、彼らは未使用に終わった〈ホールド・ミー・タイト〉に取り組んだあと、カヴァー曲の〈アンナ〉、〈ボーイズ〉、〈チェインズ〉、〈ベイビー・イッツ・ユー〉をプレイし、その後、午後10時ごろになって、レノンが〈ツイスト・アンド・シャウト〉を喉も裂けよとばかりに熱唱した。「ジョンは咳止めのドロップをまた何錠か飲み、ミルクで軽くうがいをした。そしてわたしたちは本番に入った」とスミスは回想している。

〈ツイスト・アンド・シャウト〉を最後まで残しておいたプロデューサーのマーティンは、次のように述懐する。「2テイク録ると、それでジョンはいっさい声が出なくなった。十分レコードになる出来だったし、そのためにはあの、リネンを引き裂くようなサウンドが欠かせなかった」

ザ・ビートルズの4枚目のシングル〈シー・ラヴズ・ユー〉がリリースされる1963年8月になると、ファースト・アルバムで——〈フロム・ミー・トゥ・ユー〉とEP〈ツイスト・アンド・シャウト〉でも——使われた作詞作曲のクレジットは、おなじみのレノン／マッカートニーに変更されていた。どうやら誰かがレノン／マッカートニーのほうが響きがいいと考えたらしく、「ぼくにはそうは思えない」というマッカートニーの有名なつっこみもむなしく、この呼称が定着した。「ぼくはマッカートニー／レノンにしたかった」と彼はつけ加えている。「でもジョンのほうがごり押しをするタイプだったから、たぶんブライアンと話をつけたんだろう」

レコードの出来には全員が満足していたものの、アンガス・マクビーンがマンチェスター・スクエアにあるEMI本社1階のバルコニーに寝そべって撮ったジャケットの写真については、メンバーの少なくともひとりが不満を漏らしていた。「《プリーズ・プリーズ・ミー》のジャケットはクズだ」とハリスンは述べている。「でもあの当時は、べつに問題にならなかった。いや、それどころかレコードになったのが嬉しくて、ぼくら、あれがひどいってことにすら気づかなかったんだ」

ジャケットが〝クズ〟かどうかはさておき、1963年3月22日にリリースされたアルバム《プリーズ・プリーズ・ミー》は、4月6日に全英アルバム・チャート入りし、5月11日には《サマー・ホリデイ》で14週連続首位を記録していたクリフ・リチャードを追い落として、ナンバー1の座についた。その座を守っていた30週のあいだに、アルバムはイギリスで50万枚以上を売り上げている。また彼らが1964年1月に、パリの高名なオリンピア劇場で19日にわたって公演したフランスや、〈抱きしめたい〉と〈シー・ラヴズ・ユー〉の現地語ヴァージョンが大ヒットを記録したドイツでも独自のジャケット・デザインでリリースされ、グループの人気確立に貢献した。

（右）初期のドイツ盤《プリーズ・プリーズ・ミー》（上）と、のちにアップルのロゴ入りで再発された日本盤。

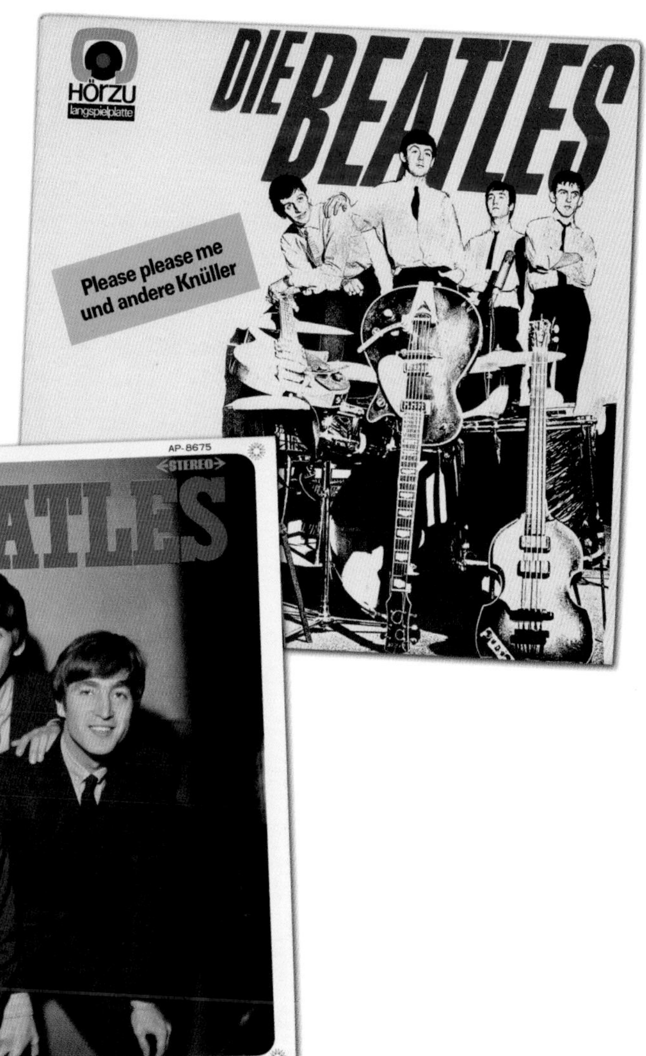
HÖRZU
langspielplatte
DIE BEATLES
Please please me
und andere Knüller
AP-8675
STEREO
please please me
the BEATLES
Apple

アメリカでコケた3曲
「忘れろ。連中はなんの見込みもない」

ザ・ビートルズの最初のレコーディングを聴いたキャピトル・レコードの重役、デイヴ・デクスターは、「髪の長いガキのグループだ。忘れろ。連中はなんの見込みもない」と同僚たちに告げ、おかげでグループのマネージャーは、アメリカで彼らのレコードを出してくれる会社をほかで探す羽目になった。

まず最初に登場したのは、創立者のヴィヴィアン・カーターとジミー・ブラッケンの頭文字を取ってヴィー・ジェイと名づけられたシカゴのレーベルで、彼らは1960年代のはじめにEMIと契約を結び、フランク・アイフィールドの〈アイ・リメンバー・ユー〉をリリースする権利を獲得するとともに、レコード1枚につき2万ドルで、ザ・ビートルズのレコーディングをアメリカで出せる立場にいた。

彼らはまず〈プリーズ・プリーズ・ミー〉のシングル――B面は〈アスク・ミー・ホワイ〉――を、2月25日、イギリスのわずか6週間後にリリースする。だがいっさい商業的な成功を収めることはできず、それどころかヴィー・ジェイは、レーベルでグループの名前を〝The Beattles〟と誤記していた。

それでもヴィー・ジェイはひるむことなく、〈フロム・ミー・トゥ・ユー〉――ザ・ビートルズとっては初となる、イギリスでの公式なナンバー1（この曲は業界誌の「レコード・リテイラー」でチャートの首位に立った）――を1963年5月27日に、〈サンキュー・ガール〉を裏面に入れてリリースした。だが地方局ではそれなりにオンエアされたものの、全米チャートでは116位止まりに終わり、それとともにエプスタインとヴィー・ジェイの関係にも終止符が打たれた。それを受けてマッカートニーは、こんなメモを残している。「〈フロム・ミー・トゥ・ユー〉がリリースされ――アメリカではコケた。向こうでリリースされた〈プリーズ・プリーズ・ミー〉――コケた」

なかなか実現してくれないアメリカでのブレイクを求めるなかで、エプスタインは次に、アメリカのDJ兼TV司会者のディック・クラークという大物が初期投資者のひとりにいたフィラデルフィアの小規模なインディ・レーベル、スワン・レコードに目を向けた。彼らは〈シー・ラヴズ・ユー〉を1963年9月16日にリリースし、その1週間後にはアメリカの音楽業界誌「ビルボード」が、ディーラーに勧める〝四つ星シングル〟リストにこの曲を入れた。同時にDJのマレー・ザ・KがニューヨークのWINS局でこの曲をかけはじめ、5枚のニュー・シングルからお気に入りを選ぶリスナーの人気投票では3位にランクされた。

それでもまだレコードはさしたる反響を呼ぶことができず、リンゴ・スターはかつて、次のようにコメントしていた。「ヴィー・ジェイとスワンから3枚出したけど、誰も買ってくれなかったし、オレたちの名前すら知らなかった」。しかしながらキャピトルがやっとのことで〈抱きしめたい〉をリリースすると、それ以前のヒットしなかった3枚のシングルも売れ行きに火がつきはじめ、〈プリーズ・プリーズ・ミー〉は結局――〈フロム・ミー・トゥ・ユー〉をB面にして―― 1964年3月に全米3位を獲得。そして〈シー・ラヴズ・ユー〉は1964年3月21位にチャートの首位に立ち、スワン・レコードに唯一の全米ナンバー1ヒットをもたらした。

（上）1963年にヴィー・ジェイからリリースされるも、トップ100入りを逃した〈フロム・ミー・トゥ・ユー〉のUSオリジナル盤。

（右）1964年にも再度ヴィー・ジェイからリリースされるが、この時は〈プリーズ・プリーズ・ミー〉のB面だった。

VJ
VEE-JAY
RECORDS
63-3218
Vocal
Gil Music Corp.
BMI
TIME: 1:49
FROM ME TO YOU
(McCartney-Lennon)
THE BEATLES
VJ 581

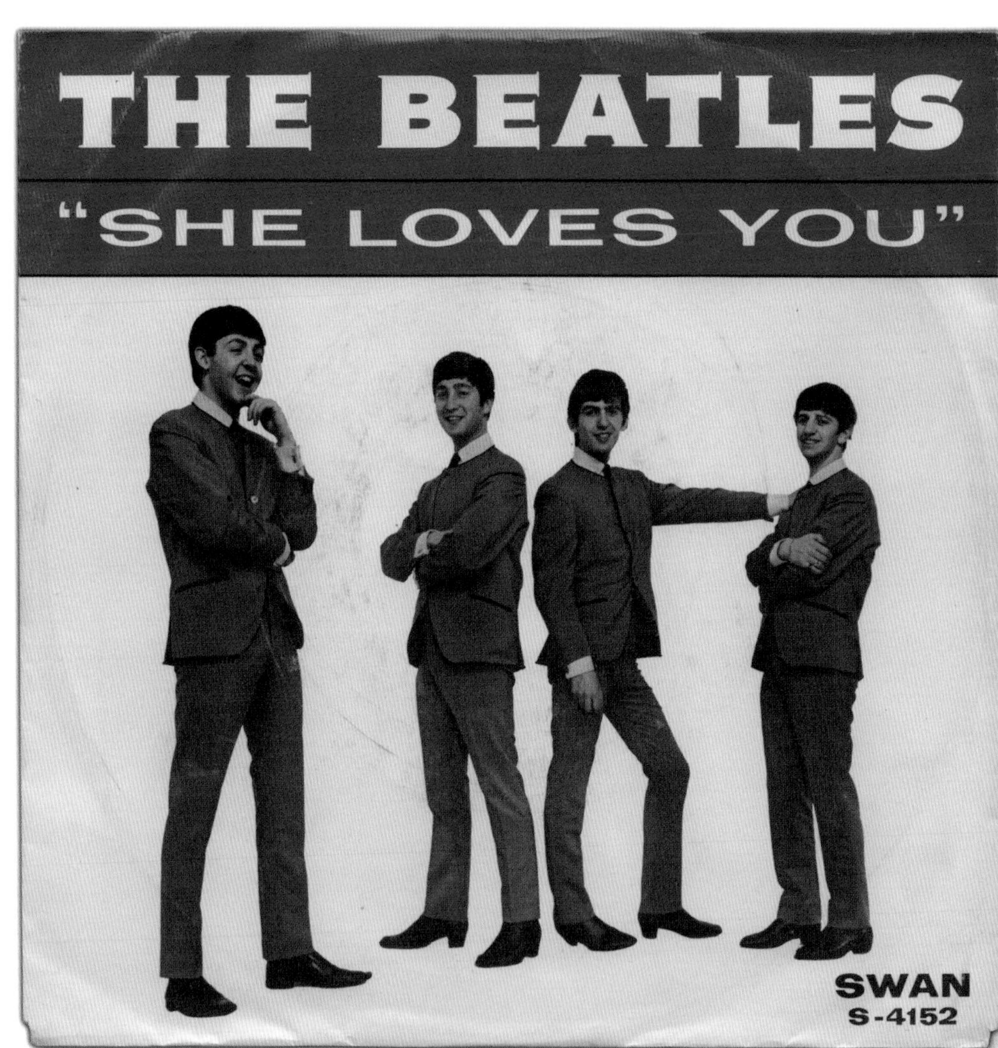

（上と右）スワン・レコードは1964年に、〈シー・ラヴズ・ユー〉で最初にして唯一の全米ナンバー１ヒットをものにする。一方でヴィー・ジェイがリリースした〈プリーズ・プリーズ・ミー〉は同年、３種類の全米チャートで最高位３位を記録した。

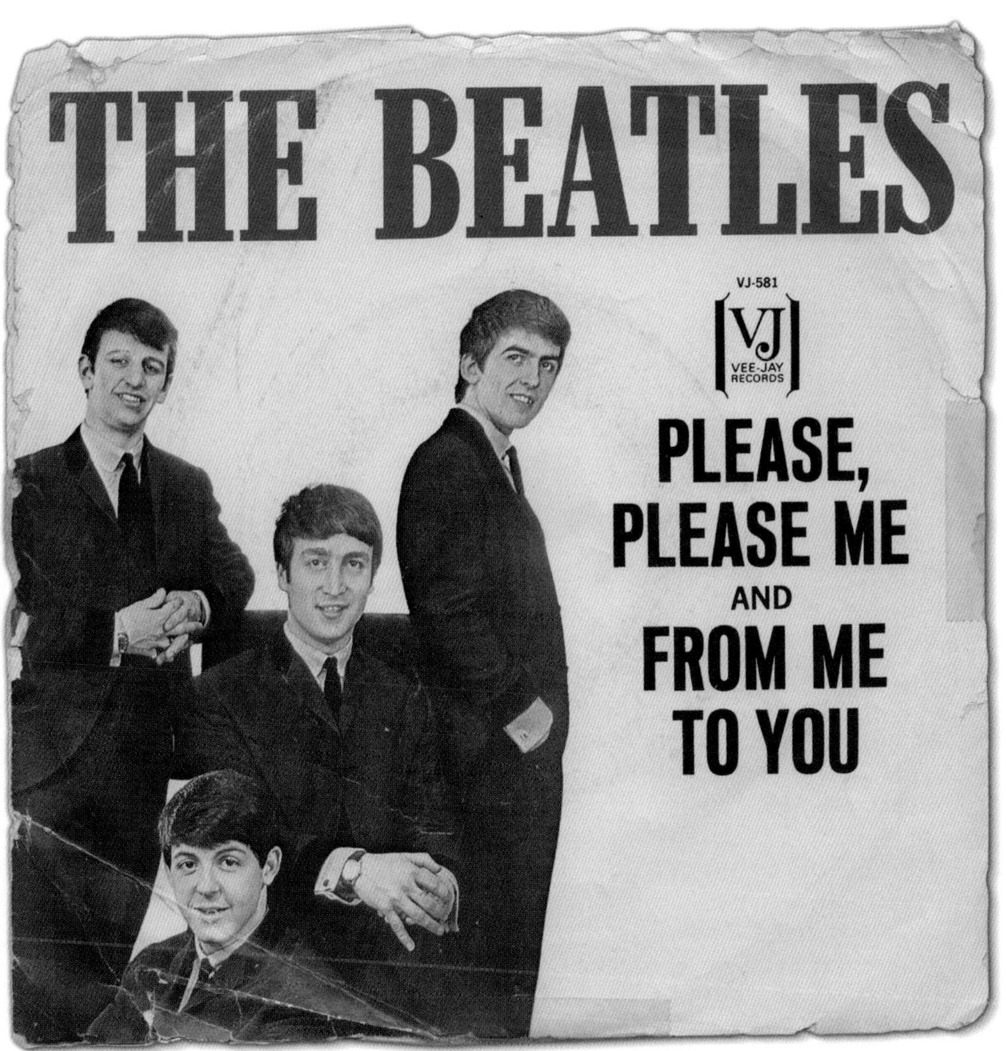
THE BEATLES
VJ-581
VJ
VEE-JAY RECORDS
PLEASE, PLEASE ME
AND
FROM ME TO YOU

〈フロム・ミー・トゥ・ユー〉のプレス・リリース
旅先で読んだ「NME」

1963年2月2日にヘレン・シャピロとのツアーに出た時、ザ・ビートルズはまだ、セカンド・シングル〈プリーズ・プリーズ・ミー〉の成功に酔っている最中だった。だが彼らのもとにはすでに、新しいシングルを求める声が届いていた。

「ブライアン・エプスタインとわたしは」とジョージ・マーティンは語っている。「いつもうまくいったわけではないが、3か月に1回ビートルズのシングルを出し、1年に2回アルバムを出すというスケジュールを立てていた」。そこで1962年10月の〈ラヴ・ミー・ドゥ〉と1963年1月の第2弾につづき、4月には次なるステップとして、サード・シングルがリリースされる運びとなる――そして彼らは今回も、期待を裏切らなかった。

「新しいヒットを頼む」とマーティンにはっぱをかけられたザ・ビートルズが次のヒットづくりのために時間を捻出したのは、シャピロのツアー――ダニー・ウィリアムズやケニー・リンチがいた6組の出演陣のなかで、彼らはいちばんの下っ端だった――が後半に入った時のことだ。レノンとマッカートニーは2月28日、ヨークからシュルーズベリーに向かうツアー・バスの車中で、額を寄せ合って〈フロム・ミー・トゥ・ユー〉をつくり出した。

「といってクソ真面目に考えてたわけじゃない――ギターで適当にふざけてただけだ」とレノンは説明している。「あの旅が終わる前に、オレたちは歌詞やらなにやらを全部、完成させていた。最初のくだりを考えたのはオレで、あの曲はそこから発展させていった」。〈フロム・ミー・トゥ・ユー〉というタイトルを思いついた時、レノンはなにが、彼と曲づくりのパートナーのインスピレーションになったのだろうと考えはじめた。

チャートの順位を確かめるために、「ニュー・ミュージカル・エクスプレス」紙を読んでいたことを思い出した彼は、次のように結論づけた。「バスであの新聞を読んだことが、曲づくりのきっかけになったんだ。ポールとオレは〝フロム・アス・トゥ・ユー〟というコラムに載っていた手紙のことを話題にしていた」。もし彼らが読んでいたのが、「NME」の2月22日号だったとしたら――その公算はかなり大きいが――その週に掲載されていた手紙は、たったの2通だけしかない。1通は「人工的な笑い声の鳴り響くレコードが、やたらと耳につくのはなぜか」(彼は〈リンボ・ロック〉と〈リンボ・ベイビー〉をその実例に挙げていた) という読者からの問いかけ、そしてもう1通は、チャートでの成功をめぐる闘いで、クリフ・リチャードはエルヴィスに勝利したのではないかと指摘する内容だった。

彼らが曲を書いたわずか5日後に――「〈フロム・ミー・トゥ・ユー〉はほぼ完全にふたりがかりで書いた曲だ」とマッカートニーはこの曲をふり返っている――アビイ・ロードのスタジオでおこなわれたレコーディングは、B面の〈サンキュー・ガール〉も含め、午後のセッション中に7テイクで完了する。シングルはスケジュール通り、4月11日にR5015の品番でリリースされた。

〈フロム・ミー・トゥ・ユー〉はザ・ビートルズを、新たな高みに押し上げた。彼らにとっては初の、どこからも文句の出ないナンバー1ヒットとなったからで、シングルは65万枚以上を売り上げ、7週にわたって首位の座をキープした。

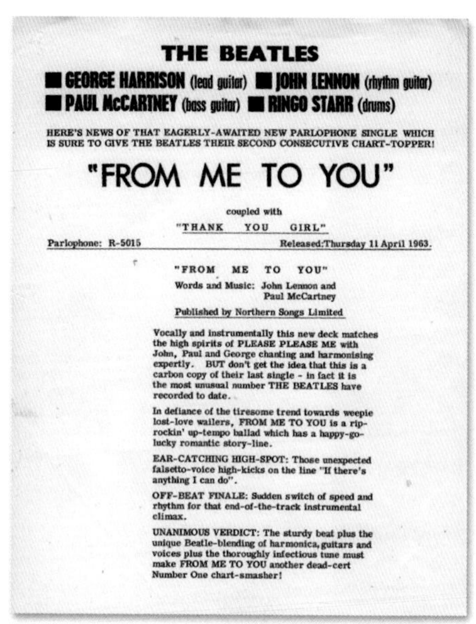

THE BEATLES

■ GEORGE HARRISON (lead guitar) ■ JOHN LENNON (rhythm guitar)
■ PAUL McCARTNEY (bass guitar) ■ RINGO STARR (drums)

HERE'S NEWS OF THAT EAGERLY-AWAITED NEW PARLOPHONE SINGLE WHICH IS SURE TO GIVE THE BEATLES THEIR SECOND CONSECUTIVE CHART-TOPPER!

"FROM ME TO YOU"

coupled with

"THANK YOU GIRL"

Parlophone: R-5015 Released:Thursday 11 April 1963.

"FROM ME TO YOU"

Words and Music: John Lennon and Paul McCartney

Published by Northern Songs Limited

Vocally and instrumentally this new deck matches the high spirits of PLEASE PLEASE ME with John, Paul and George chanting and harmonising expertly. BUT don't get the idea that this is a carbon copy of their last single - in fact it is the most unusual number THE BEATLES have recorded to date.

In defiance of the tiresome trend towards weepie lost-love wailers, FROM ME TO YOU is a rip-rockin' up-tempo ballad which has a happy-go-lucky romantic story-line.

EAR-CATCHING HIGH-SPOT: Those unexpected falsetto-voice high-kicks on the line "If there's anything I can do".

OFF-BEAT FINALE: Sudden switch of speed and rhythm for that end-of-the-track instrumental climax.

UNANIMOUS VERDICT: The sturdy beat plus the unique Beatle-blending of harmonica, guitars and voices plus the thoroughly infectious tune must make FROM ME TO YOU another dead-cert Number One chart-smasher!

(上) シングル〈フロム・ミー・トゥ・ユー〉の公式なプレス・リリース。

(右) ビートルズの記事の切り抜き。

(次見開き) 強い影響力を持つラジオとTVの司会者、ブライアン・マシューは、彼なりのザ・ビートルズとシングル〈フロム・ミー・トゥ・ユー〉に対する意見を文字にして表明した。

BEATLES WAX NINE OF THEIR TITLES

THE Beatles' first LP—now called "Please Please Me"—

NEW RECORD MIRROR. Week-ending February 9, 1963

The Beatles Challenge!

WOW! It's the Beatles all the way. Their second disc "Please Please Me" leaps to number three seriously challenging the Harris/Meehan top spot disc. And they

BEATLES MAKE THE TOP

THE Beatles — who hit the No. 1 spot in MM's Pop 50 this week with "Please please me"—are set to join the Karl Denver Trio in a new BBC radio series "Side by

series and tour for Beatles

THE BEATLES (page 12)

'Please' hits the top!

Week ending February 16, 1963

Last Week	This Week	Title	Artist	Label
3	1	Please, Please Me	The Beatles	Parlophone

BEATLES BOOKED FOR MAJOR TOUR

THE Beatles have been booked by promoter Arthur Howes for a nation-wide autumn tour with another Merseyside beat group, Gerry and the Pacemakers.

THE BEATLES

EXCLUSIVE!

You've PLEASED PLEASED us!

Page 4—MELODY MAKER. March 2, 1963

TOP FIFTY

1. (2) PLEASE PLEASE ME .... Beatles, Parlophone
   (3) THE WAYWARD WIND Frank Ifield, Columbia
   THE NIGHT HAS A THOUSAND EYES Bobby Vee, Liberty
   Jet Harris and Tony Meehan, Decca
   .... Frankie Vaughan, Philips
   .... Springfields, Philips
   Piccadilly

1963. MELODY MAKER—Page 3

Beatles cut first LP

THE Beatles — their "Please please me" raced to No. 2 in this week's MM Pop 50 — cut their first LP on Monday, and have had their big seller released in the States.

The album, appropriately called "Please please me," has 14 titles, most of which were composed by the group themselves and will be rush-released in about three or four weeks.

The recording session to complete the 14 tracks was one of the shortest ever—12 hours.

The group has been chosen to share top billing with "more than one" big U.S. name on a package tour, for three weeks commencing on May 18.

The Beatles a really

LATIONS ATLES CHARTS WITH ME

Beatles, Pace big new package

THE BEATLES, who this week win a Silver Disc "Please Please Me" nationwide Gerry and t with their d

Page 4—MELODY MAKER. March 9, 1963

TOP FIFTY

1. (1) PLEASE PLEASE ME .... Beatles, Parlophone

It's what ch!

it was their name intrigued

Group steals show

BRITAIN'S own Beatles stole the show when they joined forces with American stars Chris Montez and Tommy Roe at the start of a three-week tour last weekend. In fact, they closed the show for the second performance last Saturday at East Ham!

received, Montez and to have had very experience. With his big and "Some

Beatlewise

says Chris Roberts

pool that I spoke to guitarist-vocalist John Lennon, and bass guitarist-vocalist Paul McCartney.

"We don't play real rhythm and blues," John began. not Ray Charles style though we used to do I say like everyone of years ago. musical tastes are a little bit of

RINGO STARR

PAUL McCARTNEY

JOHN LENNON

GEORGE HARRISON

The BEATLES surround CHRIS MONTEZ (light jacket) an

SCREAMS ACCLAIM BEATLES

NME TOP THIRTY

(Wednesday, February 27, 1963)

Last Week	This Week	
1	1	PLEASE PLEASE ME Beatles (Parlophone)

HOFFMAN

FROM BRIAN MATTHEW TO YOU—

A SPECIAL PRE-RELEASE QUOTE ON THE NEXT BEATLES SINGLE

"FROM ME TO YOU"

"I'll rate this no higher than another No.1!

If I could write songs half as good as FROM ME TO YOU I'd be laughing.

I'll put my shirt on it... and my suit...and my shoes...and, certainly, my best gramophone needle!!!"

ブライアン・マシューからあなたへ

ザ・ビートルズのニュー・シングル〈フロム・ミー・トゥー・ユー〉に寄せるリリース前のスペシャル・コメント

「この曲はナンバー１以上の価値がある！
もし〈フロム・ミー・トゥー・ユー〉の半分でも出来のいい曲が書けたら、きっと笑ってしまうだろう。
シャツを賭けてもいい……スーツも……靴も……そしてもちろん、いちばんいいレコード針も！」

"Visually and musically the most exciting and accomplished group to emerge since The Shadows"

— BRIAN MATTHEW

「視覚的にも音楽的にも、ザ・シャドウズ以来もっともエキサイティングで、
完成されたグループだ」

——ブライアン・マシュー

ビートルズ・スーツ
新しいまっとうなイメージ

ザ・ビートルズがブライアン・エプスタインに説得されて革の上下一式を取り下げると、今度はこのマネージャーが影響力を行使し、新たに担当するバンドのステージ衣裳を決めることになる。1962年の3月になると、彼らはバーケンヘッドにある地元の仕立屋でエプスタインが買ったスーツを着て、ステージに立つようになっていた。

仕立屋のベノ・ドーンは、リヴァプールから見るとマージー川の向こう側に店を構えていたが、その名前はマージーサイド全域に知れ渡り、地元の新聞にも定期的に、こんなスローガンの広告を打っていた――「一分の隙もない手づくりの服をお届けする達人テーラー」。エプスタインはザ・ビートルズを連れて〝川向こう〟のドーンの店を訪れ、グレイのツイードのスーツとそれに合ったネクタイを4着、1着あたり40ポンドでオーダーした。彼らは1962年3月24日、チェシャー州のヘズウェル・ジャズ・クラブで開かれたバーンストン婦人会のためのショウで、このスーツをはじめて着用した。

結局はスーツを着たおかげで仕事が増え、そのぶん稼ぎもよくなるのだが、レノンはほかのメンバー3人以上に、この変化を嫌っていた。「というわけでブライアンはオレたちに小ぎれいなスーツを着せ、ポールもすっかり彼の味方になっていた。オレがちょっとした反抗のつもりでネクタイをゆるめ、シャツのいちばん上のボタンを開けてると、そのたびにポールのやつが、いちいち直しにきてたんだ」。スーツはザ・ビートルズにとって、抜本的な変革を意味したが――ポールは「ぼくらは全員、まっとうなイメージに鞍替えした」と語り、それがグループ全員の総意だったことを認めた――よりスマートな新しい衣装の持つ価値も、彼らにはよくわかっていた。「ちょっと黒人のアーティストっぽい、モヘアのスーツだったからね」とは、この変化に対するマッカートニーの見解だ。そのおかげで彼らは少しばかり、スモーキー・ロビンソンやマーヴィン・ゲイといった、新しいモータウンのヒーローたちに近づくことができた。

ひとたびロンドンに居を移すと、エプスタインは取り憑かれたように、〝うちの子たち(マイ・ボーイズ)〟をレコード会社やTV局や劇場のお偉方たちに強く印象づけようとしはじめた。それはより多くのスーツと、衣装部門での再考を意味した。担当のバンドが英国のもっとも新しいトップ・ポップ・スターらしく見えるようにと、エプスタインは下調べを重ね、すでに名を成していたロック・マネージャーのラリー・パーンズ（ビリー・フューリー、マーティ・ワイルド、ヴィンス・イーガーといったスターを手がけていた）にアドヴァイスを受けて、ショウビジネス専門のテーラー、ダギー・ミリングスをロンドンのソーホーにあるオールド・コンプトン・ストリートの店に訪ねた。するとクリフ・リチャード、トミー・スティール、そしてアダム・フェイスの衣装を担当した男は、即座にエプスタインと意気投合し、船の客室係が着る制服がヒントとされる襟なしのジャケットスーツを、4人のメンバーのために用意した。

興味深いことにレノンは一度、1961年のパリ旅行中に、裾の広がったズボンと丸首のジャケット姿のティーンエイジャーを見たことがあると発言していた。「それでオレも店でひとつ買って、『よし、こいつでスーツをつくってやろう』と思ったんだ。で、それがビートルズ・スーツになったのさ」

フランス人デザイナー、ピエール・カルダンのデザインを元に、ミリングスは軽いウールとモヘアの混紡素材を使った襟のないダーク・ブルーとダーク・グレイのステージ・スーツをつくり、ザ・ビートルズはまず1963年4月のNMEポール・ウィナーズ・コンサート、そして秋と冬の全英ツアーや、1964年4月の初の全米ツアーでもこのスーツを着用した。

1着あたり31ポンドだったこのスーツを、ミリングスは「ザ・ビートルズのために、500種類」つくったと主張している。どのスーツも4着が1セットで、それに加えてスペアがあり、色合いはすべて異なっていた。彼はまた、「体重の増減が激しくて、劇場から逃げ出す時、よくズボンを破っていたジョンのために、いつも余計に1着用意していた」とふり返っている。

〝ザ・ビートルズのテーラー〟の異名を取ったミリングスの手になるオリジナルのスーツ4着は、初代の〝ファブ・フォー〟人形に使用するために、ロンドンのマダム・タッソーに提供され、有名な蝋人形館で1964年4月29日から展示された。襟のない〝ビートルズ・ジャケット〟もファン必携のアイテムとなり、世界中で競うようにして購入された。レプリカのスーツは現在も、190ポンドで買うことができる。

（右）ロンドンのテーラー、ダギー・ミリングスが1963年と1964年のステージ用にデザインしたザ・ビートルズの衣装2着。

（次見開き）テーラーのD・A・ミリングス＆サンズがつくったオーダーメイドのスーツ姿で、主演映画『ハード・デイズ・ナイト』を撮影するザ・ビートルズ。

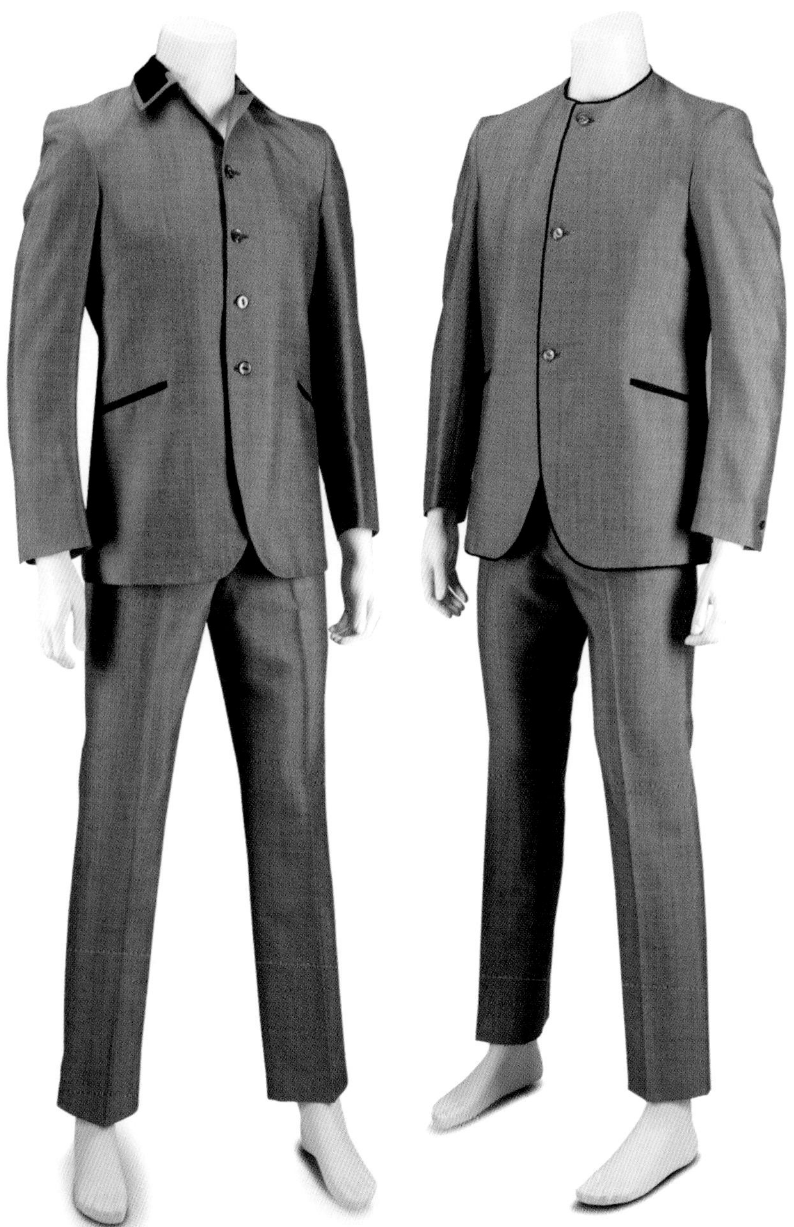

STEP

PROD: PROSCENIUM I
DIR: DICK - LESTER
SCENE
CAM: GIL - TAYLOR
TAKE
154A
1

「NME」ポール・ウィナーズのプログラム
4年間で4度のライヴ

1960年代の前半には「ニュー・ミュージカル・エクスプレス」――全国的に使われていた呼称に従うなら「NME」――が、ジャズと職を求めるミュージシャンの広告に重きを置いていたライヴァルの「メロディ・メイカー」を易々と制して、もっとも高い人気を誇る音楽紙だった。それはまた、1963年に初の大ヒットを放って音楽シーンに登場したザ・ビートルズをもっとも熱烈に支持した音楽紙でもあった。

「マージー・ビート」紙を通じてリヴァプールとつながりがあった同紙のライターふたり――アラン・スミスとクリス・ハッチンズ――は、ブライアン・エプスタインとともに、ビートルズのレコード・リリース、ライヴのスケジュール、そしてポップ・ミュージック業界におよぼす影響力の高まりをあつかっていくべきだとこの新聞に働きかけた。1963年2月1日、スミスはシングル〈プリーズ・プリーズ・ミー〉のヒットを取り上げた記事に「どうやらザ・ビートルズには輝かしい未来が待っているようだ。だがわたしの知っている彼らなら、のぼせ上がるようなことはないだろう」と書き、一方でハッチンズは、7月21日にニュー・ブライトン・タワー・ボールルームでおこなわれたコンサートの評を次のように締めくくった。「このヒットメイカーたちの成功ぶりを反映したすばらしい一夜だった」

「NME」がポール・ウィナーズ〔＊人気投票の勝者〕・コンサートをスタートさせたのは1953年、1952年3月の創刊から1年後のことで、1959年になると、毎年恒例のコンサートにはロニー・ドネガン、マーティ・ワイルド、クリフ・リチャード、ペトゥラ・クラークといった人気スターが顔をそろえるようになっていた。

1963年4月21日、ザ・ビートルズはウェンブリーのエンパイア・プールで開催されたNMEポール・ウィナーズ・コンサートに初出演を果たす。後半のパート――前半のパートにはザ・スプリングフィールズ、フランク・アイフィールド、アダム・フェイス、ジェリー＆ザ・ペースメイカーズが出演した――に登場したザ・ビートルズの出番はマイク・ベリー、ザ・トーネイドーズ、ザ・ブルック・ブラザーズ、そしてジョー・ブラウンに次ぐ5番目で、彼らの次がトリのクリフ・リチャードだった。

コンサートが開かれた時点で、実のところザ・ビートルズはまだ「NME」の賞をいっさい獲得していなかった。だがシングル〈プリーズ・プリーズ・ミー〉と〈フロム・ミー・トゥ・ユー〉のヒットを追い風に、土壇場になって最後から2番目に押しこまれ、この2曲のヒットに加えて〈ツイスト・アンド・シャウト〉と〈ロング・トール・サリー〉を、彼らからすると史上最大の観衆の前で披露したのである。コンサート後のザ・ビートルズは異例なことに、ロンドンの中心部に向かい、ピカデリーにあるファッショナブルなピガール・クラブで、サパー・クラブ向けのステージをこなした。

「NME」コンサートでの初舞台を受けて、同紙は「どうやらザ・ビートルズはこの先もずっとポール・コンサートの常連になりそうだ」と書いた。たしかに彼らは1963年から1970年にかけて人気投票の常連となり、年間最優秀シングル賞を3度（〈シー・ラヴズ・ユー〉、〈エリナー・リグビー〉と〈ヘイ・ジュード〉で）、そして年間最優秀アルバム賞を《レット・イット・ビー》で獲得したほか、英国のヴォーカル・グループ部門で8年連続（63年～70年）、また世界のヴォーカル・グループ部門では7年連続（63年～69年）で賞に輝いている。

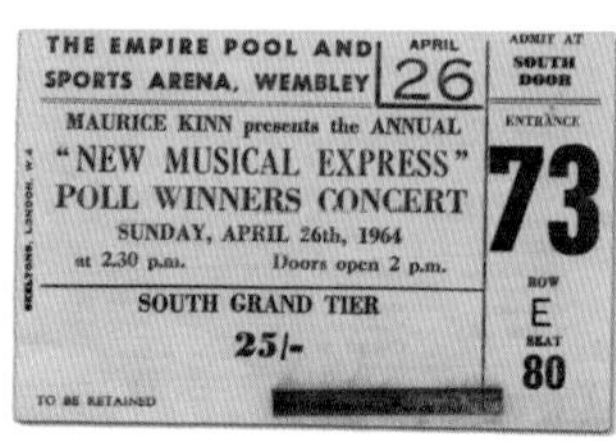

（上）NMEポール・ウィナーズ・コンサートのチケット3種。

（右）1963年に開催されたポール・ウィナーズ・コンサートのプログラム。

（次見開き）1965年のポール・ウィナーズ・コンサートで賞を受け取るザ・ビートルズと、彼らを見つめるアメリカ人シンガーのトニー・ベネット（左）。

Presented by

THE 1962-63

ANNUAL

Poll-Winners' All-Star Concert

EMPIRE POOL

WEMBLEY

Sunday, April 21st, 1963

Official Programme - - - Price 1/-

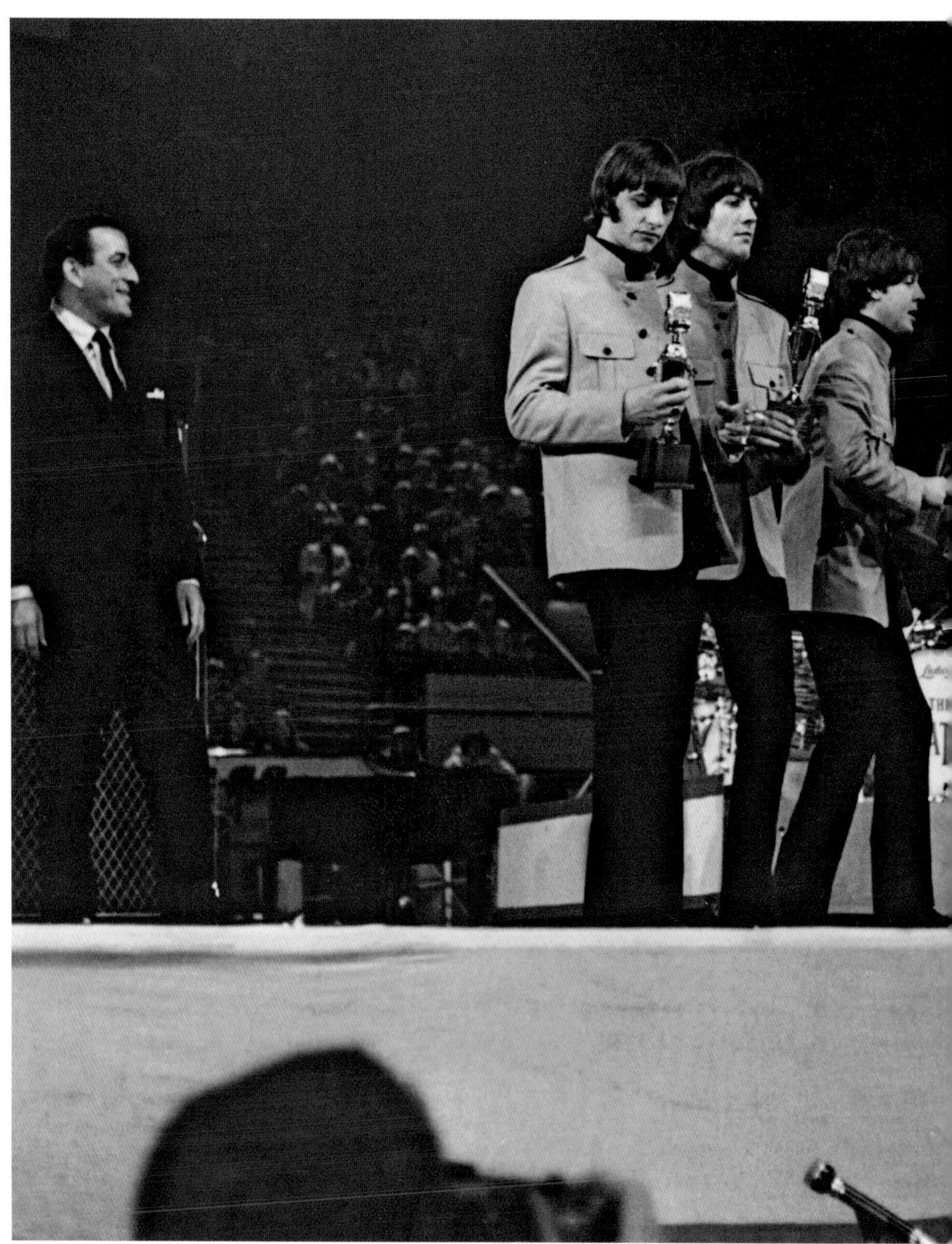

NEW MUSIC

コンサートのチラシ
いちばんの呼び物

1963年2月に、ザ・ビートルズは初の本格的な全英ツアーに出る。トリを飾るのはヘレン・シャピロで、ほかにシンガーのケニー・リンチとダニー・ウィリアムズが一緒だった。トータルで14夜——ふたつのパートに分かれていた——のコンサートが開かれたが、ザ・ビートルズは2月11日、前半のパートの最終夜をレコーディングのために欠席した。

翌月、彼らはロンドンにはじまって、シェフィールド、ニューキャッスル、レスターほかをまわる全21回公演のツアーを開始する。トリはクリス・モンテスとトミー・ロウというアメリカのスターふたりが分け合い、前者は〝アメリカのエキサイト男〟、そして後者は〝アメリカのイカした男〟と謳われていた。ザ・ビートルズはザ・ヴィスカウンツ、ザ・テリー・ヤング・シックス、そして〝妖艶な〟デビー・リーを制して前座のトップにのし上がっていたが、クリフ・リチャード、アダム・フェイス、そしてビリー・フューリーらの成功をよそに、アメリカ人のアーティストも参加する英国のパッケージ・ツアーでトリを飾った英国人アーティストは、まだひとりもいなかった。

しかしザ・ビートルズが1963年の5月にロイ・オービソンとツアーに出ると、その状況に変化が起きる。ツアーは5月18日にスラウのアデルファイ・シネマで幕を開け、グラスゴーやカーディフなど、さらに21か所で公演がおこなわれた。ジェリー&ザ・ペースメイカーズも参加していたツアーのトリは、表向きロイ・オービソンとなっていたが、実際にコンサートを締めくくっていたのは、ザ・ビートルズだったのだ。

のちにオービソンは劇場に到着したとたん、ザ・ビートルズのプラカードやポスターが目に飛びこんできたと語っている。「ぼくの名前はほとんどなかった」とその時点で9曲のヒット曲を全英チャートに送りこみ、おりしも〈イン・ドリームズ〉でトップ10にランクされていたテキサス生まれのシンガーは証言した。「ぼくはプラカードを下ろしてくれと頼んだ。ぼくのギャラは彼らの3倍だった。すると連中がやって来て、『そっちはお金を稼いでください。ライヴの締めくくりはこっちでやりますから』と言ったんだ」

「最初にやったデッカいツアーのひとつは、トリのロイ・オービソンの前が出番だったけど、あの男に追いついていくのはかなりキツかった」とレノンは回想し、次のようにつけ加えた。「本当に舞台映えするんだ……オービソンにはあのすばらしい声があった」。一方でスターはこう説明している。「ロイのあとに出るのはサイアクだった。彼に魅了された観客がもっともっとと叫んでいたからで、出番が近づくとオレたちはカーテンの陰に隠れて、『さぁみなさん、次に出るのは誰でしょう、みなさんの大好きな騒ぎ屋です』とささやき合っていた」

ツアーがシェフィールドで2週目に入ると、出番が正式に変更され、新しいプログラムの表紙でもザ・ビートルズの名前がロイ・オービソンの上に入っていた。ただし5月29日のヨーク公演を取材した地元紙の記者、ステイシー・ブルワーは、「リアルトではロイ・オービソンが、これまでに聞いたことがないほどの〝拍手〟を浴びた」と書いている。

英国人のアーティストとして、はじめてアメリカ人のスターを押さえ、トリの座についたザ・ビートルズは、自分たちがずっと尊敬していたヒーローのひとりと肩を並べ、一方でそのヒーローも、彼らの才能に負けず劣らず感銘を受けていた。「オレたちは今まで、一度もトリを取ったことがなかった」とレノンはコメントしている。「成功を計る度合いはないが、もしあるとしたら、成功を実感できたのは、ロイ・オービソンにオレたちの曲を2曲レコーディングしてもいいかと言われた時だ」

(右)1963年におこなわれた全英ツアーのポスター。この3週間のツアーで、ザ・ビートルズははじめてトリを飾った。

ON THE STAGE
GAUMONT - IPSWICH
Manager: P. LOWE
Telephone 53641
WEDNESDAY, 22nd MAY at 6.35 and 8.45
ONE DAY ONLY
Peter Walsh in association with Kennedy Street Enterprises Ltd.
and Tito Burns, presents
'PLEASE PLEASE ME'
'FROM ME TO YOU'
THE BEATLES
GERRY and the PACEMAKERS
ERKEY GRANT
IAN CRAWFORD
DAVID MACBETH
TONY MARSH
TERRY YOUNG SIX
LOUISE CORDET
From the UNITED STATES
ROY ORBISON
SEATS 10/6 9/6 8/6 7/6 6/6 5/6

リンゴのジャケット
あつらえもの

丸首の襟がない革命的なスーツをデザインし、ザ・ビートルズの衣装担当として地位を確立したあとも、マンチェスター生まれのテーラー、ダギー・A・ミリングスは、4人のメンバーにステージ衣装と〝平服〟の両方を提供しつづけた。

クリフ・リチャード、トミー・スティール、ビリー・フューリー、アダム・フェイスといった初期の英国人ロック・スターをドレスアップしてきた男は、ザ・ビートルズの関係を通じて、ザ・キンクス、ザ・ローリング・ストーンズ、そしてザ・フーの衣装デザインにも関わりを持つようになった——ザ・フーのドラマーのキース・ムーンは、1978年に亡くなった時、ミリングスのスーツを着ていたと伝えられている。

こうしたもろもろが重なって、ダギー・ミリングスと息子のゴードンは、ソーホーを横切ったグレート・プルトニー・ストリート41番地にテーラー業の拠点を移し、そこでザ・ビートルズが1964年8月に初の全米ツアーで着用する衣装をデザインした。

ミリングス＆サンはほかにも1960年から1963年にかけて、ザ・ビートルズが着用した衣装を数多く手がけている。そのひとつがリンゴの着ていた6ボタンのダブル・ジャケットで、当時の写真を見ると、ザ・ビートルズのドラマーはエドワード朝スタイルのフロックコートや、魅惑的なデザインがほどこされた6ボタン、8ボタンの小粋なジャケットをとくに好んでいたことがわかる。

全員と親しかったことから、ザ・ビートルズに〝親父（ダッド）〟と呼ばれていたミリングスは2001年に亡くなるが、服装面で彼らのために力を尽くした彼の功績は、グループのデビュー映画『ハード・デイズ・ナイト』への出演という形で報われた——苛立ったテーラーの役で。

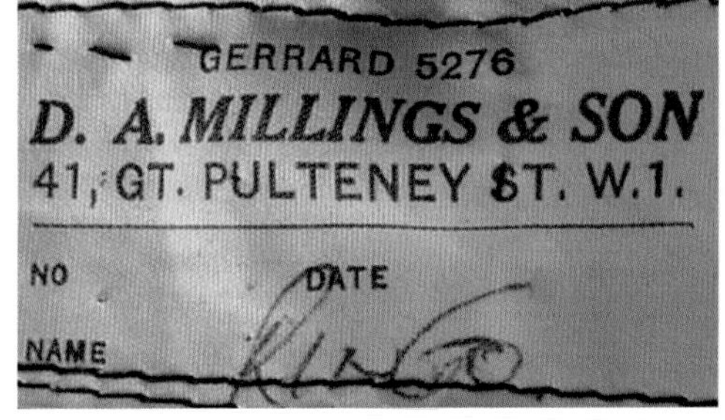

（上）ザ・ビートルズのジャケットにひとつひとつ、別個に縫いつけられていたミリングスのラベル。

（右）ザ・ビートルズのテーラーがあつらえたリンゴ・スターのダブル・ジャケット。

（右）グレート・プルトニー・ストリートにあったダギー・ミリングスの店。切り抜きやギターやザ・ビートルズの曲名のもじりを使ったユニークなウィンドウ・ディスプレイがほどこされている。

SAILMAKERS & SHIPS CHANDLERS
D. A. MILLINGS. LICENSED STITCHERS AND SHROUDMAKERS.
41
KING LEAR
RINGO · PAUL
GEORGE · JOHN
ALL MY LUGGAGE!
BANK

アルバム
《イントロデューシング……ザ・ビートルズ》
アメリカ用のLP

キャピトルがアメリカでのリリースを渋ったため、マネージャーのブライアン・エプスタインはやむなくザ・ビートルズのファースト・アルバムの権利をインディ・レーベルのヴィー・ジェイに委ね、その結果アメリカ版の《プリーズ・プリーズ・ミー》は、1963年の夏にはじめて日の目を見ることになった。

ヴィー・ジェイは1953年にシカゴのレコード店が副業としてスタートさせたレーベルで、当初はもっぱらジミー・リード、ジョン・リー・フッカー、ザ・ステイプル・シンガーズといった地元のアーティストが所属していたが、のちにはジーン・チャンドラーやザ・フォー・シーズンズのようなスターも迎え入れている。

1963年6月にリリースが決まったアルバムには、12曲しか収録しないのが通例となっていたアメリカに合わせて、大幅に変更が加えられた。《イントロデューシング……ザ・ビートルズ》と改題されたアルバムからは、英国でのタイトル曲と〈アスク・ミー・ホワイ〉が外され、ジャケットを飾ったのは、1963年に英国で出たグループのEP〈ザ・ビートルズ・ヒッツ〉に使われたアンガス・マクビーンの写真だった。

ところが自社の資金でギャンブルの借金を帳消しにしようとした社長の辞任騒ぎが起こり、ヴィー・ジェイはやむなく、このアルバムの発売を――フランク・アイフィールドやアルマ・コーガンの作品ともども――取り下げる。するとそれを不満に感じたEMIは、ヴィー・ジェイがこの英国の大会社と結んだ契約を予定よりも早く、1963年8月に打ち切った。だがザ・ビートルズがアメリカで新聞の見出しを飾りはじめると、ヴィー・ジェイは1964年1月にこのアルバムの発売を決め、だがその直後に収録曲から、〈ラヴ・ミー・ドゥ〉と〈P.S.アイ・ラヴ・ユー〉を外すように命じられた。アメリカではまだ正式にリリースされていなかったこの2曲のレノン＝マッカートニー作品に関しては、音楽出版社のアードモア＆ビーチウッドが使用を許可しなかったのだ。

リリースは2月までずれこみ、ヴィー・ジェイが発表した曲目からは漏れていることもあったものの、2番目のヴァージョンでは、〈プリーズ・プリーズ・ミー〉と〈アスク・ミー・ホワイ〉が復活を遂げていた。こうしてリリースが遅れた結果、《イントロデューシング……ザ・ビートルズ》は、アメリカのビートルズ・ファンからすると、2番目に全米チャート入りを果たしたファブ・フォーのアルバムとなる――もうひとつのやはり改題され、大幅に変更が加えられたアルバムの3週間後に。最終的に《イントロデューシング……ザ・ビートルズ》は各チャートを2位まで上昇し、その座を9週にわたってキープするが、その間にもヴィー・ジェイとキャピトルのあいだでは、アメリカにおけるビートルズのレコーディング発売権をめぐってさまざまな法廷闘争がくり広げられていた。

アメリカで130万枚を売り上げたアルバムは、1964年10月、最終的にキャピトルの手に戻り、結局アメリカでも〈ラヴ・ミー・ドゥ〉を傘下のトーリー・レーベルからリリースしたヴィー・ジェイは、2年後に破産を宣言した。

（右）1963年にリリースが予定されていたアメリカでのザ・ビートルズのファースト・アルバム。このアルバムはいったん発売中止になるが、1964年に店頭に並べられ、最終的に全米チャートを2位まで上昇した。

STEREOPHONIC
SR 1062
introducing...
THE BEATLES
ENGLANDS No.1 VOCAL GROUP
VEE JAY

〈シー・ラヴズ・ユー〉のプロモ・シングル
A面はこちら

1963年7月にザ・ビートルズの第4弾シングル〈シー・ラヴズ・ユー〉の製造オーダー数を知らされたEMIレコードの取締役社長は、同社の営業部長がリリース前にプレスを希望するレコードの枚数の多さに、思わず目を疑った。

L・G・ウッド――ジョージ・マーティンが発掘したグループをEMIのパーロフォン・レーベルと正式に契約させた男――は、8月に2週間、毎年恒例の休業に入るEMIが、その前に大きなオーダーを受けるのはむずかしいのではないかと懸念した。「営業部長は事前の注文を35万枚と見積もっていた。これは当時としては驚異的な数字だ」と彼は語っている。「多すぎるんじゃないかと言ったんだが、向こうは頑として譲らず、わたしは結局、25万枚をプレスするということで手を打った」

そしてウッドが満足げに回想しているように、「〈シー・ラヴズ・ユー〉の売り上げは、ほんの数週間で100万枚を超えた」。8月23日にリリースされたシングルはザ・ビートルズ初のミリオンセラーとなり、トータルで160万枚を超えるセールスを記録。このレノン＝マッカートニー作品は、14年以上にわたって英国最大のベストセラー・シングルの座を守りつづけた。最終的にその記録を破ったのは、マッカートニーのグループ、ウィングスが1977年にリリースした〈夢の旅人〉だった。

〈シー・ラヴズ・ユー〉がリリースされた時、新聞社やラジオ局やTV局に送られた盤のA面には赤い〝A〟の文字が大きく印刷されていた。これはレコード評の担当者や司会者やプロデューサーの注意を、B面の〈アイル・ゲット・ユー〉ではなく、正しい面に集中させるために取られた処置だった。

レノンとマッカートニーが〈シー・ラヴズ・ユー〉を書いたのは、リリースされる2か月前の1963年6月26日。場所はグループがニューカッスル・アポン・タインのマジェスティック・ボールルームでおこなわれるコンサートに備えて泊まっていたターク・ホテルの部屋だった。この曲をふり返って、マッカートニーは「きっとライヴの前に何時間か余裕があったので、『いいぞ！　じゃあ煙草を一服して1曲書こうぜ！』となったんだと思う」と語っている。バンドのベーシストはまた、「彼女、おまえ、ぼくを、ぼくが、が出てくる、人称代名詞の曲」だったと語り、「この曲のいちばん興味深い点は、メッセージ・ソングだったことだろう。主人公はメッセージを伝える誰かで、ぼくらじゃない……少しばかり距離が置けたわけで、あれはかなり興味深かった」

この曲には〝イエー・イエー・イエー〟の特徴的なコーラスもあり、それはすぐさまバンドと彼らのホームタウン、リヴァプールの両方をあらわすキャッチフレーズとなった。しかしもしマッカートニーの父親が自分の言い分を通していたら、歴史もいささか変わっていただろう。というのも彼は文法的に正確で響きもいいという理由から、コーラスを〝イエス・イエス・イエス〟に変えるべきだと主張していたのである。

レノンは〈シー・ラヴズ・ユー〉を、「ポールのアイデアだ」とふり返っている。ふたりのソングライターはツアーのオフ日だった7月27日、リヴァプールのフォースリン・ロードにあったマッカートニーの家に集まった。そこで〈シー・ラヴズ・ユー〉を仕上げた4日後、7月1日にザ・ビートルズはアビイ・ロードのスタジオに入り、午後2時半から10時にかけておこなわれた2度のセッションで、この曲とそのB面をレコーディングした。

スタジオで譜面台の歌詞を見たプロデューサーのジョージ・マーティンは、思わずたじろいだと回想している。「おいおい、なんて歌詞なんだ、これはとても好きになれそうもないな、と思ってね。でも連中がうたいだしたとたん、なんだこれは、最高じゃないか、となった」

〈シー・ラヴズ・ユー〉は英国でザ・ビートルズが放つ2曲連続のナンバー1ヒットとなるが、奇妙なことにアメリカでも、1964年3月21日に〈抱きしめたい〉と入れ替わって首位に立ち、それと同じ記録をつくっている。

アメリカでの首位は2週止まりだったものの、英国での〈シー・ラヴズ・ユー〉は4週ナンバー1になり、いったん陥落して7週トップ3にランクされたあと、ナンバー1に返り咲いて、さらに2週その座を守った。100万枚の節目を超えたのは1963年11月27日、この曲が2度目の首位に立っていた時期のことだ。

(右) 1963年に配布された、赤い〝A〟の文字が際立つ〈シー・ラヴズ・ユー〉のプロモ盤。これはどちらの面を先にかけ、レコード評で取り上げるべきなのかを知らせることが目的だった。

PARLOPHONE
PARLOPHONE
EMI
The Parlophone Co.Ltd. All rights of the Manufacturer and of the Owner of the recorded work reserved · Unauthorised public performance, broadcasting and copying of this record prohibited
TRADE MARK
PARLOPHONE
45 R.P.M.
NORTHERN SONGS LTD.
7XCE 17395
RECORDING FIRST PUBLISHED 1963
R 5055
A
SHE LOVES YOU
(Lennon—McCartney)
THE BEATLES
MADE IN Gt. BRITAIN
POINTS TO REMEMBER
Give E.M.I. Record Tokens (6/- to 50/-) exchangeable for all leading makes of records ■ For latest information on the 'POPS' read the Record Mail ■ To take good care of this record—check your stylus regularly and use 'Emitex' cleaning material.
■ THIS RECORD MUST BE PLAYED AT 45 R.P.M. ■
E.M.I. RECORDS LTD • HAYES • MIDDLESEX • ENGLAND
Made and Printed in Great Britain

「レディ・ステディ・ゴー！」の招待状
週末はここからはじまる

〝ノリノリの60年代〟を代表する英国一ヒップなロック＆ポップのTV番組、「レディ・ステディ・ゴー！」は1963年8月9日にレディフュージョン・テレヴィジョンが立ち上げ、「週末はここからはじまる」のキャッチフレーズとともに、金曜の夜、英国全土で放映されていた。

ビリー・フューリーがトリを飾った1回目の放送では、TVタレントのキース・フォーダイスとファッション・モデルのキャシー・マッゴウワンが司会を務め、2か月とたたずに初出演を果たしたザ・ビートルズは、〈ツイスト・アンド・シャウト〉、〈アイル・ゲット・ユー〉と〈シー・ラヴズ・ユー〉を口パクで披露した。グループはシンガーのダスティ・スプリングフィールドにインタヴューを受け、マッカートニーは単独で、4人の少女がブレンダ・リーの〈結婚しましょう〉に合わせて踊るコンテストの審査員を務めた。

ザ・ビートルズのベーシストから優勝の賞品を受け取ったのは、メラニー・コーというロンドンの少女だった。その後、彼女は家出をし、1967年2月に新聞の記事になっている。これは奇妙な偶然だが、マッカートニーが〈シーズ・リーヴィング・ホーム〉を書いたのは、その記事を読んだことがきっかけだった。

10月4日の番組出演前夜、アビイ・ロードのスタジオにいたザ・ビートルズは、アルバム《ウィズ・ザ・ビートルズ》の収録曲を録り終え、TVの出番が終わるとすぐさま、3夜のミニ・ツアーのために、スコットランドに向かっていた。「レディ・ステディ・ゴー！」が収録されるロンドン、キングズウェイのスタジオに〝ファブ・フォー〟が戻ってきたのは1964年3月20日のことで、午後6時15分から7時にかけてオンエアされた番組は、記録破りの視聴率を叩き出した。彼らは〈イット・ウォント・ビー・ロング〉、〈ユー・キャント・ドゥ・ザット〉と〈キャント・バイ・ミー・ラヴ〉―― 100万枚を超える予約注文を集めて、同日にリリースされた――をプレイし、番組の途中でアメリカの音楽業界誌「ビルボード」から、全米シングル・チャートのトップ3を独占したことを認定する賞を授与された。

1964年11月、ザ・ビートルズは3度目にして最後となる番組出演を果たし、〈アイ・フィール・ファイン〉と〈シーズ・ア・ウーマン〉を録画した。ただしレノンとハリスンはその後、1965年4月にウェンブリーのスタジオから放映された特番「レディ・ステディ・ゴーズ・ライヴ！」でインタヴューを受けている。

3年半にわたってオンエアされた「レディ・ステディ・ゴー！」は、1966年12月23日に最終回を迎えた。トリを飾ったのはザ・フーだが、番組の最高視聴率記録は、最後までザ・ビートルズのものだった。

（右）1963年にザ・ビートルズが初出演した「レディ・ステディ・ゴー！」のチケット（上）と、4日前の1964年11月23日に録画した演奏がオンエアされた、3度目の出演時のチケット。

（次見開き）1964年3月、ロンドンのキングズウェイにあるアソシエイテッド＝レディフュージョンのTVスタジオで「レディ・ステディ・ゴー！」のリハーサルをするザ・ビートルズ。

READY, STEADY, GO!

Rediffusion London invites you to come and see **THE BEATLES** at the Wembley Television Studios, Wembley Park Drive from 4.00 - 4.30 p.m. on Monday, 23rd November.

Doors open at 3.00 and close at 3.15 p.m. No admittance under 13 years of age.

(for conditions see back)

READY, STEADY, GO!

CALLING ALL TEENAGERS ! Associated-Rediffusion invites you to come along to your show in Studio 9, Television House, Kingsway, London, W.C.2. Friday, 4th October, 1963 6.15—7.00 p.m. Doors will be open at 5.30 p.m. No admittance under 13 years of age.

for conditions see back THE BEATLES

READY, STE

GO!
4
RSG!
LES
5
RSG!

「サタデイ・ナイト・アット・ザ・ロンドン・パレイディアム」の招待状

ビートルマニアのはじまり

格式の高いTV番組「サタデイ・ナイト・アット・ザ・ロンドン・パレイディアム」への出演について訊かれた時、ジョン・レノンは「パレイディアムからは何度か出演依頼が来てるけど、まだそのタイミングじゃない気がする。あの番組に出て、ズタボロにされた連中を何度も観てきたからね」と警戒心をあらわにした。

彼はまた、自分たちには番組でトリを飾れると「思えるだけのうぬぼれ」があるし、「それだけの成功」を収めてきた、とつけ加えている。1955年にスタートしたこの番組は、ATVによって全国的に放映され、フランク・アイフィールドとクリフ・リチャードが出演した回は、英国全土で1000万戸近くが視聴していた。

司会者のブルース・フォーサイス、コメディアンでシンガーのデズ・オコナー、そしてアメリカ人スターのブルック・ベントンとともにこの番組に出演するふた晩前、ザ・ビートルズはスタフォードシャー州のトレンサム・ガーデンズ・ボールルームでステージに立っていた。彼らが出演したTV番組にチャンネルを合わせ、〈抱きしめたい〉、〈ディス・ボーイ〉、〈オール・マイ・ラヴィング〉、〈マネー〉、そして〈ツイスト・アンド・シャウト〉のライヴ・ヴァージョンを披露する姿を目の当たりにした視聴者の数は、1500万人前後と見積もられている。

1963年10月13日にザ・ビートルズがロンドンのウエストエンドにあるアーガイル・ストリートの劇場に出演することが決まると、莫大な数のファンが群れ集まり、おかげでグレートン・モールバラ・ストリートの楽屋口は閉鎖されてしまう。新聞社の記者はその光景を表現するために〝ビートルマニア(ビートルズ旋風)〟というフレーズを使った。ロンドン・パレイディアムへの出演をふり返って、スターは「パレイディアムに出るのは、世界でいちばんデカいことだった」と語り、お決まりのフィナーレで、グループがほかの出演者たちと一緒にまわり舞台の上から手をふったことについても、「『サタデイ・ナイト・アット・ザ・ロンドン・パレイディアム』に出て、回転木馬の上に立ったんだけど、あれは最高だった」とコメントしている。

ザ・ビートルズは1964年1月12日にも再度パレイディアムのステージに立ち、シンガーのアルマ・コーガンやアイルランド人コメディアンのデイヴ・アレンと共演した。3度目にして最後の出演は1964年7月23日で、これは真夜中に開催され、俳優のローレンス・オリヴィエが司会を務めた「ナイト・オブ・ア・サウザンド・スターズ」というチャリティの特番だった。番組にはほかにザ・ザ・ガボール、ハリー・セコーム、フランキー・ハワード、ジュディ・ガーランド、シャーリー・バッシーといったスターたちが出演し、4人は〈アイム・フライング〉という曲に合わせてバレエの寸劇を演じた。ちなみにブライアン・エプスタインはその4か月前に、彼が率いるNEMS社のオフィスをロンドン・パレイディアムの向かいに移転させている。

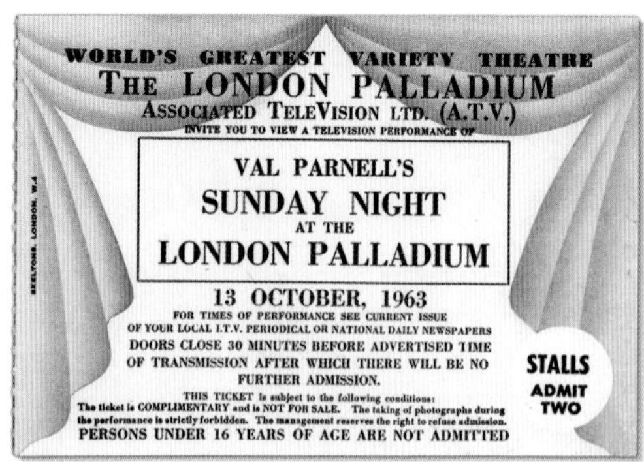

WORLD'S GREATEST VARIETY THEATRE
THE LONDON PALLADIUM
ASSOCIATED TELEVISION LTD. (A.T.V.)
INVITE YOU TO VIEW A TELEVISION PERFORMANCE OF
VAL PARNELL'S
SUNDAY NIGHT
AT THE
LONDON PALLADIUM
13 OCTOBER, 1963
FOR TIMES OF PERFORMANCE SEE CURRENT ISSUE OF YOUR LOCAL I.T.V. PERIODICAL OR NATIONAL DAILY NEWSPAPERS
DOORS CLOSE 30 MINUTES BEFORE ADVERTISED TIME OF TRANSMISSION AFTER WHICH THERE WILL BE NO FURTHER ADMISSION.
THIS TICKET is subject to the following conditions:
The ticket is COMPLIMENTARY and is NOT FOR SALE. The taking of photographs during the performance is strictly forbidden. The management reserves the right to refuse admission.
PERSONS UNDER 16 YEARS OF AGE ARE NOT ADMITTED
STALLS
ADMIT
TWO
SKELTONS, LONDON, W.4

(上)ザ・ビートルズがはじめて出演した「サタデイ・ナイト・アット・ザ・ロンドン・パレイディアム」の入場券。2名有効。

(右)ロンドン・パレイディアムでトリを飾ったザ・ビートルズは5曲を披露し、彼らの姿を目の当たりにした視聴者の数は1500万人以上にのぼった。

「ロイヤル・ヴァラエティ・ショウ」のプログラム

「宝石をジャラジャラ」

〈シー・ラヴズ・ユー〉が2週で2度目の全英ナンバー1の座——この曲はまず8週にわたって首位を記録していた——から陥落したわずか2週間後、ザ・ビートルズは王族の前で演奏を披露していた。

「ザ・ロイヤル・コマンド・パフォーマンス（御前演奏会）」（またの名を「ロイヤル・ヴァラエティ・ショウ」）のはじまりは、ジョージV世の御前で開催された1912年にさかのぼり、ロンドンのコヴェントリー・ストリートにあるプリンス・オヴ・ウェールズ・シアターで開催された1963年の演奏会の客席には、皇太后とマーガレット王女、そして夫のスノードン卿の姿があった。全20組の出演陣に名を連ねたザ・ビートルズは、ITVで放映されるショウに出演するために、リーズのオデオン・シネマとスラウのアデルファイ・シネマでおこなわれるライヴの合間に1日だけ空きを入れた。

ショウを取りまとめた興行主のバーナード・デルフォントがマレーネ・ディートリヒ、メイ・バイグレイヴズ、チャーリー・ドレイク、バディ・グレコほかの出演陣にザ・ビートルズを追加したのは、10代の娘が彼らに熱狂する姿を目の当たりにしたのがきっかけだった。彼らは〈シー・ラヴズ・ユー〉、〈ティル・ゼア・ウォズ・ユー〉、〈フロム・ミー・トゥ・ユー〉、そして〈ツイスト・アンド・シャウト〉の4曲を演奏したが、最後の曲に入る前に、ジョン・レノンがコメントを入れた。彼はそのコメントをまず、楽屋でマネージャーのブライアン・エプスタインに聞かせていた。

王室の気分を害するような真似だけはなんとしてでも避けたかったマネージャーは、その皮肉っぽいコメントから〝クソッタレな（ファッキング）〟をはずすようにレノンを説き伏せ、同意した彼は観客に、こう告げるだけに留めた。「次の曲ではみなさんにも参加してもらいたいと思います。安い席の方は手を叩いてください。それ以外の方は、宝石をジャラジャラいわせるといいでしょう」——宝石の前にわざわざ品のない言葉を入れなくても、これは十分新聞の見出しになる発言だった。「ジョンが〝宝石をジャラジャラ〟のくだりを入れたのは、観客は全部、金持ちばかりだと聞かされていたからだ」とハリスンは語っている。「たぶん彼は、なにを言ってやればいいんだろうとしばらく考えたんじゃないかな。わざと大げさにお辞儀をしたのも、やっぱりジョンのジョークだった。ああいうお辞儀みたいな芸能界っぽい仕草を、心底嫌っていたからね」

ショウが終わると、皇太后は「彼ら〔ザ・ビートルズ〕はとてもフレッシュで活き活きしていましたね。ひとことで言って、大好きです」と語ったと伝えられ、一方でマッカートニーは「皇太后に会うと、彼女は手拍子をしていた」と回想している。終演後に恒例で開かれるミート＆グリートの席で、皇太后はグループに次の公演地はどこかと訊ねた。彼らが明晩、スラウでやる予定だと答えると、彼女は「あら、うちのすぐ近所ね」とコメントした——彼女が言っていたのはバークシャー州にある王族の公邸、ウィンザー城のことだった。

「ザ・ロイヤル・ヴァラエティ・ショウ」には一度しか出演しなかったザ・ビートルズだが、また出てほしいという誘いは、その後も定期的に届いていた。だがレノンが説明しているように、彼らは毎回、断りを入れていた。「オレたちはみんなが知らないところで、ありとあらゆる申し出を断ってきた。たしかに『ロイヤル・ヴァラエティ・ショウ』には出てるし、実はそれ以降も毎年、こっそりお声がかかっていたんだが、そのたびにオレたちは『クソ食らえ』と答えていた。だから新聞には毎年のように、『なぜビートルズは女王に呼ばれないのか？』という記事が出ていたわけでね。笑えるよ。だって実際にはオレたちが断っていたのに、連中はそれを知らなかったんだ。どっちにしてもあのショウは出来が悪かったし」

（右）1963年に、ザ・ビートルズがたった一度だけ出演した「ザ・ロイヤル・ヴァラエティ・ショウ」のプログラム。このショウで彼らは、マックス・バイグレイヴズやチャーリー・ドレイクと共演した。

Royal
Performance
in the presence of
Her Majesty
The Queen Mother
on the Evening of
Monday November 4th 1963
at
The Prince of Wales Theatre,
London.

《ウィズ・ザ・ビートルズ》のゴールド・ディスク

EMIからファブ・フォーとエプスタインに授与

デビュー・アルバム《プリーズ・プリーズ・ミー》をヒットさせた——このアルバムは30週連続で全英チャートの首位に立った——ザ・ビートルズは、それにつづく作品《ウィズ・ザ・ビートルズ》を1963年の11月に送り出した。ニュー・アルバムは前作との入れ替わりで首位を獲得し、トータルで21週その座を守る——結果的にこの年の全英チャートでは、ザ・ビートルズが1週をのぞいて首位を独占することになった。

ザ・ビートルズは1963年7月18日——デビュー・アルバムのリリースからわずか4か月後にアビイ・ロードのスタジオに戻り、セカンド・アルバムの作業を開始した。こうしたスケジュールはすべて、マネージャーのブライアン・エプスタインとプロデューサーのジョージ・マーティンが立てた、毎年4枚のシングルと2枚のアルバムをリリースするプランの一環だった。ニュー・アルバムは10月に——オーストラリアのラジオ局に送るメッセージと、ビートルズ・ファン・クラブのためにつくられた初のクリスマス・レコードともども——完成し、30万枚以上の予約を集めて、11月22日にリリースされた。このアルバムは驚くべきことに、全英シングル・チャートにも7週にわたってランクされ、11位まで上昇している。

《ウィズ・ザ・ビートルズ》も8曲のレノン＝マッカートニー作品と6曲のカヴァー・ヴァージョンが入っていた前作と同様、全14曲を収録していたが、今回はレノンとマッカートニーのオリジナルが7曲とジョージ・ハリスンの手になる曲が1曲、そしてカヴァーが6曲収められていた。だがこうした内訳とは別に、ハリスンは「もっと時間がかけられて、オリジナル曲が増えたという意味では、セカンド・アルバムのほうがファーストより、ほんの少しだけ上出来だった」とコメントしている。

ジョン・レノンにいわせると、このアルバムはグループが新たなレコーディングのテクニックに目覚めた作品だった。「レコードで最初に使ったトリックが、セカンド・アルバムの時のダブル・トラッキングだ。オレたちが見つけたのか、それとも誰かに教わったのか……とにかくそれがきっかけで、ボールが転がりだしたわけだ。あのアルバムからオレたちは、自分たちの声をダブルにしはじめた」。《ウィズ・ザ・ビートルズ》の収録曲は、少なくともそのうちの3曲——〈プリーズ・ミスター・ポストマン〉、〈ユー・リアリー・ゴッタ・ホールド・オン・ミー〉、〈マネー〉——が新興のモータウン・レーベルと契約していたアーティストのカヴァーだったという点で、アメリカ的なるものすべてに対するザ・ビートルズの愛情をまたしてもあらわにしていた。「《ウィズ・ザ・ビートルズ》のカヴァー曲は、どれもその曲が好きなメンバーが選んだものだ」とスターは説明している。

ファースト・アルバムのカメラマンだったアンガス・マクビーンに代わって、ザ・ビートルズは1963年のはじめから彼らのツアーに同行していたロバート・フリーマンに、セカンド・アルバムのジャケット撮影を依頼する。彼は黒いセーターを着たメンバーの顔を、黒バックで、半分影にして、白黒で撮るというアイデアを出した。《プリーズ・プリーズ・ミー》のジャケットには批判的だったハリスンも、2作目についてはずっと好意的で、「ぼくらが『なぁ、芸術的にやってみようぜ』となった最初のやつ」と評し、「《ウィズ・ザ・ビートルズ》のジャケットは、あの10年間でいちばんコピーされたデザインのひとつになった」とつけ加えている。

アルバムのアートワークが、思わず目を見張るようなものだったとしたら—— EMIがモノクロのジャケットに、難色を示したという噂もあった——肝心な音楽は、それに輪をかけて印象的だった。「NME」にアルバム評を寄せたアラン・スミスは「英国にまだビートルズ嫌いが残っているとしても、《ウィズ・ザ・ビートルズ》を聴いたら、さすがに心を動かされるだろう。最高だ」と書き、〈オール・マイ・ラヴィング〉を「アルバムのハイライト」に選んだ。

アメリカのキャピトル・レコードは、《ウィズ・ザ・ビートルズ》に相当するアルバムとして《ミート・ザ・ビートルズ》を送り出すが、そこからはカヴァー・ヴァージョンの5曲が外され、代わりに〈抱きしめたい〉と〈アイ・ソー・ハー・スタンディング・ゼア〉が追加されていた。こうした変更をよそに、EMIのアメリカでの傘下レーベルがはじめて出したザ・ビートルズのアルバムは1964年2月に全米チャートの首位を獲得し、その座を11週守りつづけた。

(右)《ウィズ・ザ・ビートルズ》が英国で史上初のミリオンセラー・アルバムとなったことを祝して、EMIがつくった5枚の特別なゴールド・ディスクのうちの1枚。

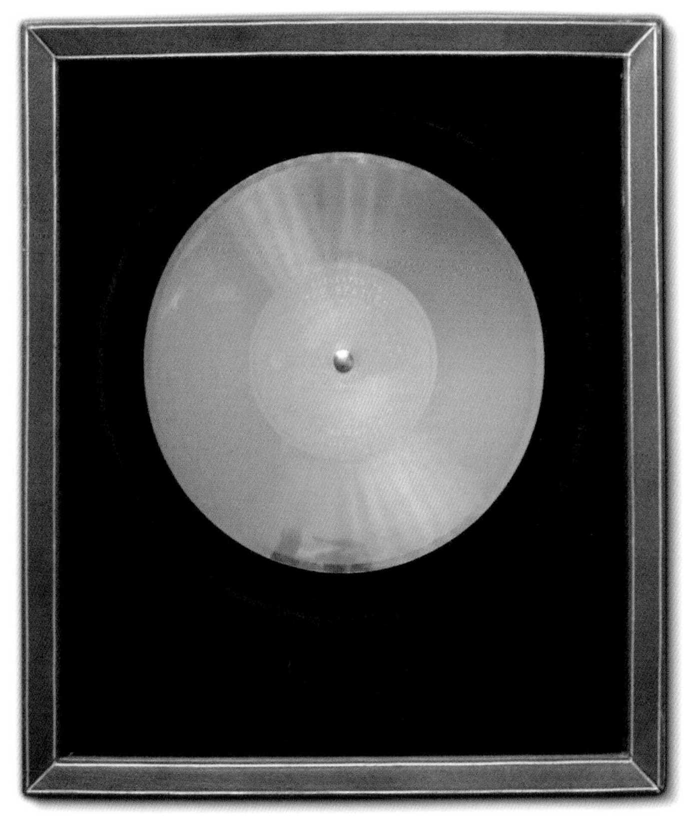

PRESENTED TO
"THE BEATLES"
BY E.M.I. RECORDS TO MARK THE SALE OF
1,000,000 COPIES OF THEIR SECOND L.P.
"WITH THE BEATLES"
FEBRUARY

ファン・クラブ限定のソノシート
ビートルズのクリスマス・プレゼント

マネージャーのエプスタインが、資金を出す見返りとしてザ・ビートルズ・ファン・クラブを引き継ぐと、有料会員の元には、グループがファンのためだけにつくったほかでは聴けないレコードなど、さまざまな特典が届けられるようになった。

手紙を書いても返事が来ない、あるいは会費が高すぎるなどと不満を言いはじめたグループのファンをなだめるために、〝ザ・ビートルズ・ファン・クラブ・クリスマス・レコード〟をつくるというアイデアを出したのは、グループの広報を担当するトニー・バーロウだった。「こんな贈り物をしたポップやロックのスターはかつていませんでした。ですからこれは各方面から、好意的な評価が得られるはずだと踏んだんです」というのがバーロウの算段で、それと同時に彼はザ・ビートルズのファンを、〝ビートル・ピープル〟と呼ぼうと提案した。

特別なレコードというアイデアに気乗り薄だったエプスタイン――「当然のように彼は経費を理由に挙げて、すぐさま却下しようとしました」とバーロウは語っている――とはうらはらに、グループは全員が賛成し、プロデューサーのジョージ・マーティンの力を借りて、アビイ・ロードでのセッションの合間にレコーディングをすませることになった。

バーロウが書いた脚本をもとに、ザ・ビートルズは最初のクリスマス・レコードを1963年10月17日に――〈抱きしめたい〉を完成させたあとで――レコーディングし、全5分のソノシートには、〈ウィンセラスはよい王様、ジョンのしゃべり、ポールのしゃべり〉、〈ウィンセラスはよい王様、リンゴ、ジョージのしゃべり〉、〈ウィンセラスはよい王様、ジョージと赤鼻のリンゴ〉が収録された。

わずか2万5000枚しかプレスされなかった――そして「このレコードはわたしたちのクラブ限定で、ほかではいっさい手に入りません」という手紙を添えて郵送された――ザ・ビートルズ初のクリスマス・レコードは、予算に限りがあったため、安価な合成紙をふたつに折り、ホッチキスで留めてつくった黄色いポケット・ジャケットに収められていた。「この点に関しては、とても恥ずかしく思っています」とバーロウは語り、「でもレコードは、その失点をカヴァーしてあまりある内容でした」とつけ加えた。クリスマス・レコード――彼ら流の呼び方だと〝クリンブル・レコード〟――にはつねに前向きだったグループは、毎年、とくに時間を取って、独自のキャロルやジョークをレコーディングした。1964年10月26日、彼らはアビイ・ロードでおこなわれていた夜のセッションの一部を使って、全4分の〈アナザー・ビートルズ・クリスマス・レコード〉をつくり上げる。そこには独自ヴァージョンの〈ジングル・ベル〉、〈ハッピー・クリスマス〉、そして〈親父のシャツが洗えるか？〉が収録されていた。

1965年11月8日に――アルバム《ラバー・ソウル》のセッション中に――レコーディングされ、〈ザ・ビートルズ・サード・クリスマス・レコード〉と題された3回目のクリスマス・プレゼントは、〈蛍の光〉、〈セイム・オールド・ソング〉とともに収録された〈イエスタデイ〉の調子外れなヴァージョンがとくに印象的で、ジャケットにはグラナダTVのスタジオでおこなわれたTV特番「ザ・ミュージック・オブ・レノン・アンド・マッカートニー」の撮影中に、ロバート・ウィテカーが撮った写真が使用された。

1966年には〈パントマイム：エヴリホエア・イッツ・クリスマス〉という副題がつけられた両面収録のレコードが登場。レコーディングは11月25日に、ロンドンのオックスフォード・ストリートにある音楽出版業者、ディック・ジェイムズのスタジオでおこなわれ、全6分の盤には〈珍しい(レア)チーズ〉、〈饗宴〉、〈王様に乾杯〉、〈ポーギーと熊(ベア)とジャスパー〉といったタイトルが収められていた。1967年の《ザ・ビートルズ・フィフス・クリスマス・レコード》は、プロデューサーのマーティンが関わった最後の作品――セッションはアビイ・ロードのスタジオで、11月28日におこなわれた――となり、それ以降はDJのケニー・エヴェレットが、音源編集の仕事を引き継いだ。

レノンとスターがジャケットの表面をデザインし、ジュリアン・レノンの画を裏面にあしらったレコードには、マーティン（オルガンを担当）と俳優のヴィクター・スピネッティがゲスト出演し、4人のメンバー全員の共作とクレジットされた〈クリスマス・タイム（イズ・ヒア・アゲイン）〉という録り下ろし曲が収録されている。

（右）ファン・クラブのメンバー限定でつくられ、1963年にリリースされたザ・ビートルズ初のクリスマス・レコード。

AND OF THE OWNER OF THE RECORDED WORK RESERVED. UNAUTHORISED PUBLIC PERFORMANCE, BROADCASTING AND COPYING
The Official
Beatles FAN CLUB
33⅓ r.p.m.
Not for sale. Issued free of charge to fan Club Members in December
THE BEATLES' CHRISTMAS
Sincere Good Wishes
for
Christmas and the New Year
from
John
Paul
George
Ringo
The Official
Beatles FAN CLUB
First Floor, Service House,
13 Monmouth Street, London, W.C.2

〝ザ・ビートルズ・クリスマス・ショウ〟のチケット
メロドラマと音楽

1963年のクリスマスに向けて、ザ・ビートルズはロンドンのアストリア劇場にブッキングされ、ブライアン・エプスタインの〝イカしたクリスマス・ショウ〟(ファビュラス)という謳い文句のショウに出演することになった。

12月24日に開幕したショウは1964年の1月11日までつづいたが、12月25日と29日、そして1月5日には、出演陣にオフが与えられた。またクリスマス・イヴと大みそかのショウは、通常の2回公演から1回に短縮されている。全30回のショウに対して10万席が10月21日に売り出され、1か月とたたずに売り切れた。

彼ら以外のラインアップは、〈悲しきカンガルー〉をうたったロルフ・ハリスとザ・バロン・ナイツをのぞくと、いずれもエプスタインがマネジメントを手がけるリヴァプール出身のアーティスト——シラ・ブラック、ザ・フォーモスト、ビリー・J・クレイマー&ザ・ダコタス、そしてトミー・クイックリーの4組だった。ザ・ビートルズはショウの中盤で、『ホワット・ア・ナイト(なんて夜だ)』と題する似非ヴィクトリア朝風のメロドラマに出演し、レノンはつけ髭をつけてサー・ジョン・ジャスパー、マッカートニーは独身男、ハリスンは——ハンカチとショールで女装して——アーミントルード、そしてスターは雪の配達人(スノーマン)に扮した。

「クリスマスの舞台はできるだけ単なるポップのコンサートを超えた内容にしたいし、そうすればきっと称賛を浴びるだろうとわたしたちは考えました」とグループの広報担当、トニー・バーロウは語っている。だが同時に彼は、ファンが本当に聞きたがっているのは曲だということも認識していた。「肝心なのは結局のところ、後半部の最後にある音楽のパート—— 25分のライヴだったんです」

事実、パントマイムの出番が終わると、ザ・ビートルズは毎回のショウを〈ロール・オーバー・ベートーヴェン〉、〈オール・マイ・ラヴィング〉、〈シー・ラヴズ・ユー〉、〈抱きしめたい〉、〈ツイスト・アンド・シャウト〉ほかからなる全9曲のライヴで締めくくった。1年後の1964年12月、世界中で引く手あまたのベストセラー・アーティストとなっていたザ・ビートルズは、にもかかわらずロンドンに舞い戻り、〝アナザー・ビートルズ・クリスマス・ショウ〟と銘打たれたショウに出演する。ただし今回の会場はハマースミスのオデオン・シネマで、12月24日から1月16日にかけて、全20回の公演が、4日間のオフをはさんでおこなわれた。

今回もまた、音楽とパントマイムをミックスさせ、終始ファンの絶叫がついてまわったショウには、ザ・ヤードバーズ、エルキー・ブルックス、そしてフレディ&ザ・ドリーマーズが出演した。また12月29日のショウの収益は、ロンドンのイースト・エンドにあったブレイディ・クラブズ&セトルメント〔*ユダヤ人の少年少女のための救護施設〕に寄付されている。

(右)1963年にフィンズベリー・パークのアストリアで開かれ、1964年にはハマースミス・オデオンに場所を移した〝ザ・ビートルズ・クリスマス・ショウ〟のチケット。

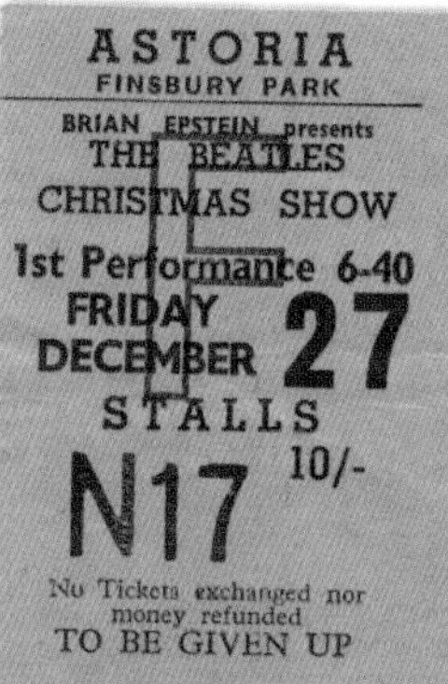
ASTORIA
FINSBURY PARK
BRIAN EPSTEIN presents
THE BEATLES
CHRISTMAS SHOW
1st Performance 6-40
FRIDAY DECEMBER 27
STALLS
N17 10/-
No Tickets exchanged nor money refunded
TO BE GIVEN UP

ASTORIA
FINSBURY PARK
BRIAN EPSTEIN presents
THE BEATLES
CHRISTMAS SHOW
1st Performance 6-40
THURSDAY DECEMBER 26
CIRCLE
J65 10/-
TO BE RETAINED

ODEON HAMMERSMITH
BRIAN EPSTEIN presents
ANOTHER BEATLES
CHRISTMAS SHOW
1st Performance at 6-15 p.m.
SATURDAY, DEC. 26th, 1964
STALLS 15/-
Block Seat
21 M 12
No ticket exchanged nor money refunded
THIS PORTION TO BE RETAINED

ASTORIA
FINSBURY PARK
BRIAN EPSTEIN presents
THE BEATLES
CHRISTMAS SHOW
1st Performance 6-40
SATURDAY DECEMBER 28
STALLS
C 5 10/-
No Tickets exchanged nor money refunded

ASTORIA
BRIAN EPSTEIN presents
THE BEATLES
CHRISTMAS SHOW
2nd Performance 9-0
FRIDAY DECEMBER 27
STALLS
H22 10/-
No Tickets exchanged nor money refunded
TO BE GIVEN UP

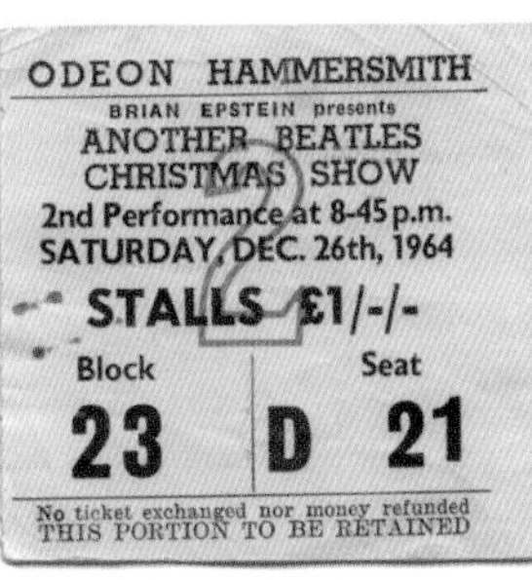
ODEON HAMMERSMITH
BRIAN EPSTEIN presents
ANOTHER BEATLES
CHRISTMAS SHOW
2nd Performance at 8-45 p.m.
SATURDAY, DEC. 26th, 1964
STALLS £1/-/-
Block Seat
23 D 21
No ticket exchanged nor money refunded
THIS PORTION TO BE RETAINED

ODEON HAMMERSMITH
BRIAN EPSTEIN presents
ANOTHER BEATLES
CHRISTMAS SHOW
2nd Performance at 8-45 p.m.
MONDAY, DEC. 28th, 1964
STALLS 10/-
Block Seat
16 Z 11
THIS PORTION TO BE RETAINED

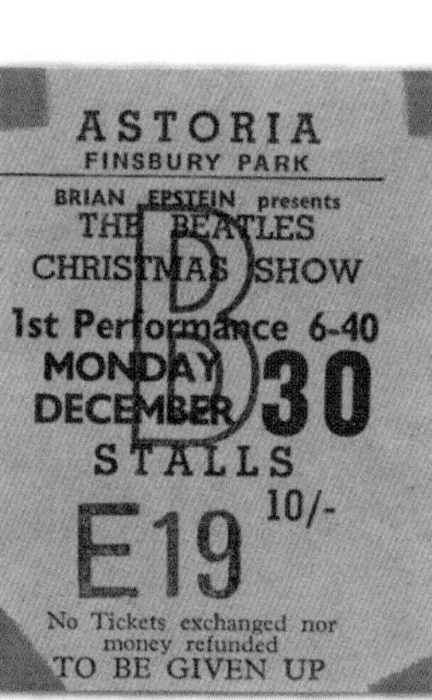
ASTORIA
FINSBURY PARK
BRIAN EPSTEIN presents
THE BEATLES
CHRISTMAS SHOW
1st Performance 6-40
MONDAY DECEMBER 30
STALLS
E19 10/-
No Tickets exchanged nor money refunded
TO BE GIVEN UP

ODEON HAMMERSMITH
BRIAN EPSTEIN presents
ANOTHER BEATLES
CHRISTMAS SHOW
2nd Performance at 8-45 p.m.
WED., DEC. 30th, 1964
CIRCLE 7/6
Block Seat
3 Y 51
No ticket exchanged nor money refunded
THIS PORTION TO BE RETAINED

〈抱きしめたい〉のアメリカ盤シングル

全米ナンバー1

アメリカでナンバー1を獲得した時点で、ザ・ビートルズは全英ナンバー1のシングルとアルバムを、どちらも3枚ずつものにしていた。アメリカにおける初の大々的な成功は、自国で5枚目、アメリカでは4枚目となるシングルのリリースとともに訪れた。

〈抱きしめたい〉は1963年10月17日の午後と夜におこなわれた2度のセッションでレコーディングされ、その際に彼らはファン・クラブに向けた初のクリスマス・レコードと〈ユー・リアリー・ゴッタ・ホールド・オン・ミー〉、そしてシングルのB面曲〈ディス・ボーイ〉もものにしている。シングルは4トラック・レコーディングをはじめて導入したスタジオで、1日のうちに7テイクで完成した。

100万枚近い予約を集め、11月にイギリスでリリースされたシングルは、グループの〈シー・ラヴズ・ユー〉をトップの座から追い落とし、この国で150万枚を超える売り上げを記録した。アメリカにおけるEMIの子会社、キャピトル・レコード——それ以前のグループのシングルを4枚連続で見送っていた——は発売日を1964年1月13日に定めていたが、その前にワシントンDCに拠点を置くDJのキャロル・ベイカーが、英国航空のスチュワーデスから入手したレコードをラジオでオンエアしはじめた。関心はアメリカ全土に広まり、キャピトルはやむなく、発売日を1963年12月27日に前倒しする。併せてプレスのオーダーも、100万枚に引き上げられた。

それ以前のグループのシングルは、ヴィー・ジェイやスワンといったアメリカのマイナー・レーベルからリリースされていた。それだけにザ・ビートルズのレコードを出すというキャピトルの決断は、ハリスンに言わせると、グループのキャリアを大きく変える転機となった。「ヒットの確率が高まったのはわかっていた。ようやくキャピトル・レコードと組めて、連中が嫌でも宣伝するしかなくなったからだ。その前にぼくらのレコードを出していたマイナーなレーベルは、正直、ほとんど宣伝してくれなかった」

1964年2月、ついにナンバー1を獲得した——ボビー・ヴィントンの〈ブルー・ファイア〉との入れ替わりで——〈抱きしめたい〉は、ほぼ14か月前にその座についたザ・トーネイドーズの〈テルスター〉以来ひさびさに、イギリスのグループが全米チャートを制したレコードとなる。また7週という首位獲得の期間は、4年後の1968年9月に〈ヘイ・ジュード〉が9週を記録するまで、ザ・ビートルズにとっての最長記録だった。

1964年5月3日、ザ・ビートルズは〈抱きしめたい〉——「ビルボード」誌はこの曲を、「テームズ・サウンドの波に乗ったノリノリのロック・ナンバー」と評していた——の売り上げが100万枚を超えたことに対し、アメリカ・レコード協会（RIAA）から、彼らにとっては初となるこの国でのゴールド・ディスクを授与された。アメリカで大当たりを取ることがいかに重要だったかを、レノンは次のように表現している。「冗談はよせって感じだった——つまり、向こうでヒット・レコードを出すってことがね。それは絶対にありえないことだった」

（上）キャピトル・レコードから出た〈抱きしめたい〉は、1964年2月、グループ初の全米ナンバー1ヒットとなった。

（右）アメリカでのリリースに先立ち、イギリスでミリオンセラーを記録したヒット・シングル〈抱きしめたい〉を演奏するザ・ビートルズ。

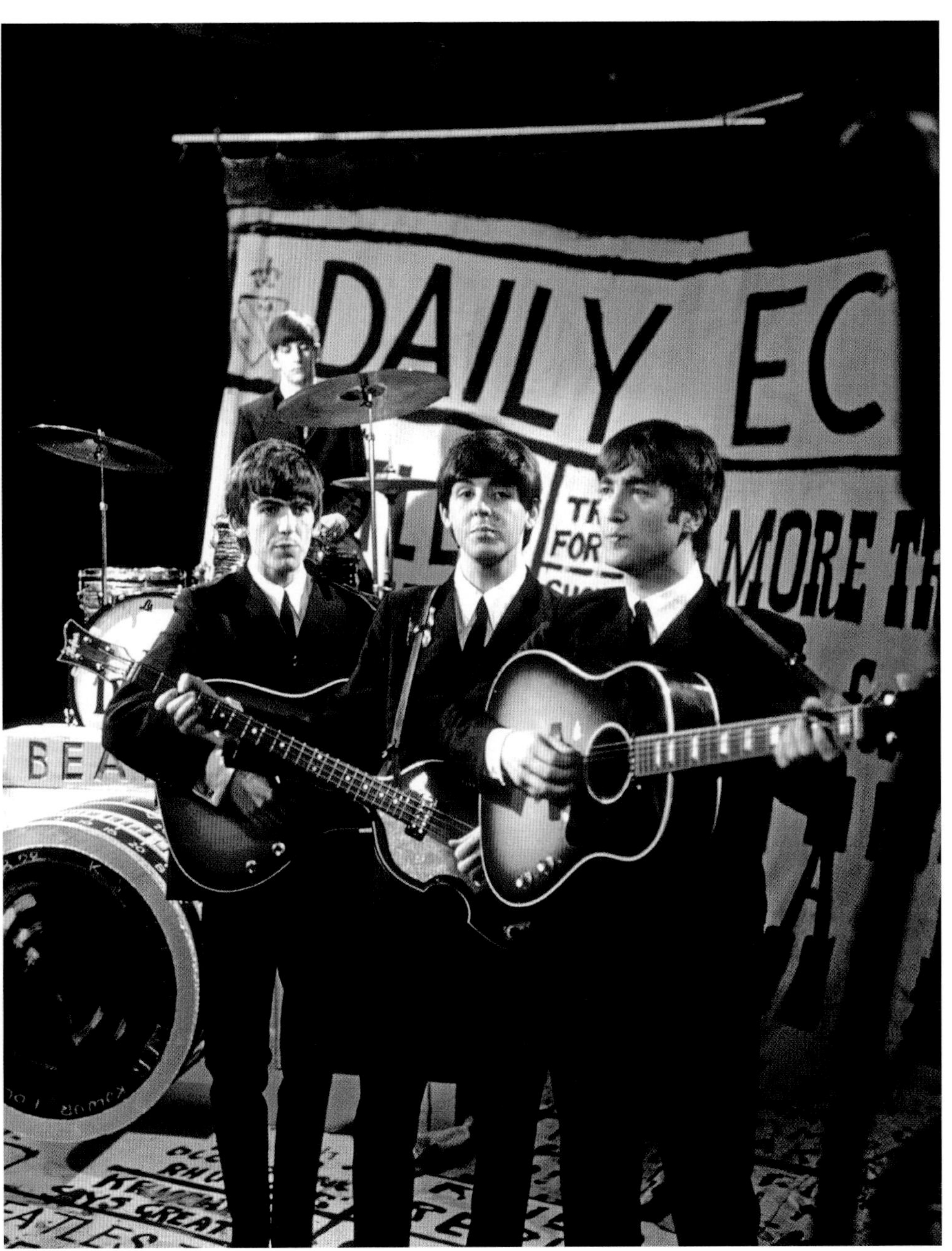
DAILY EC
FOR
MORE

4人がサインしたパンナムの絵葉書

ビッグ・アップルに到着

1964年2月7日金曜日の午後11時20分、ニューヨークのJFK空港に到着したザ・ビートルズは、1万人と推定されるアメリカ人のファンに出迎えられた。ファンはグループをアメリカに歓迎する横断幕やプラカードを掲げ――そのひとつには〝ビートルヴィルUSAにようこそ〟というメッセージが記されていた。

グループはマネージャーのブライアン・エプスタイン、シンシア・レノン、そしてプロデューサーのフィル・スペクターともに、パンナム101便のファースト・クラス・キャビンでヒースロー空港を旅立っていた。機内にはほかにジャーナリストやカメラマンの姿もあり、フライトのあいだはずっと、ニューヨークのラジオ局、WMCAが「ビートル時間で午前6時30分です」や「気温はビートル温度で32度です」といったアナウンスを織り交ぜながら、大西洋を渡る彼らの旅の最新情報を流していた。

アメリカへの旅――それはアメリカの大統領、ジョン・F・ケネディの暗殺からわずか11週間後のことだった――に際し、マッカートニーはこんな風にいぶかっていた。「向こうには向こうのグループがいる。向こうがまだ持ってないなにを、ぼくらはあげられるんだろう？」。レノンはレノンで「オレたちにチャンスがあるとは思えなかった」と述懐している。

飛行機を降りる乗客には、ひとりひとりにサイン入りの写真とビートルズのウィッグ、そして〝わたしはザ・ビートルズが好きです〟と記されたバッジからなるビートル・キットがキャピトルから配布され、税関を抜けたグループがメイン・ターナミナルの1階に向かうあいだは100人の警官が群衆を押し止めていた。そこでグループは200人を超える報道陣とカメラマンの集団を前に記者会見を開き、その後、マンハッタンのセントラル・パークを望む、格式の高いプラザ・ホテルに――メンバーのひとりひとりに別々のリムジンがあてがわれて――移動した。

マッカートニーにいわせると、空港での光景は、どれもまったく予想外なものばかりだった。「空港に何百万人もファンが集まってるなんてことは、誰も予想してなかったからね。だから機内でその話を聞いて、みんな、『えっ！じゃあぼくらはほんとに成功したんだ』となったんだ」。メンバーのなかでただひとり、空港での反響の大きさにさほど心を動かされなかったハリスンは、グループで唯一の渡米経験者だったことに加え――「ぼくは1963年に観光でニューヨークとセントルイスに行った。お目当てはレコード屋だった」――その時は発熱と、扁桃炎の初期症状に苦しんでいた。

プラザ・ホテルの14階に身を落ち着けたザ・ビートルズは、24時間の警護がついた全10室のプレジデンシャル・スイートを占拠する。そこで彼らはファン・レターにサインし、地元のメディアと会い、イギリスのブライアン・マシューからも、彼のラジオ番組「サタデイ・クラブ」用に電話インタヴューを受けた。TV宣教師のビリー・グレアムは信者たちに、ザ・ビートルズは「一過性の現象だ」と説き、一方でニューヨークの「ヘラルド・トリビューン」紙は、ザ・ビートルズが「全員4つボタンのコート、細身のズボンに、キューバン・ヒールつきのアンクル・ブーツ姿で、ひょうきんな表情を浮かべる、リヴァプール出身の背が低い、やせた若者たち」だったと報じた。

そして以前、アメリカへの旅について「LPを買いに行きたいだけだ」とコメントしていたレノンによると、この国での反響はまったくの驚きだった。「あれはとにかく予想外だった。嘘じゃない。あまりにも予想外すぎたせいで、オレたちは圧倒されていた」

(右) 1964年2月、ザ・ビートルズはパンアメリカン機でアメリカに飛ぶ。フライトのあいだにグループは、この宣伝用の絵葉書にサインした。

BOEING 707 AIRLINER.

PAN AMERICAN

POST CARD

CORRESPONDENCE

ADDRESS

PUBLISHED BY A. V. FRY & CO. LTD. LONDON. (COPYRIGHT)

THIS IS A REAL PHOTOGRAPH

(右)ニューヨークのJFK空港に到着したザ・ビートルズは、メディアの大群と1万人の絶叫するアメリカ人ファンに出迎えられた。

PAN AM
PA
THE BEATLES
EUROPEAN AIRWAYS
PAN AM

「エド・サリヴァン・ショウ」のチケット

地球最大のショウ

1963年11月、グループのレコードを出し渋っていたキャピトル・レコードを説得するために渡米していたザ・ビートルズのマネージャー、ブライアン・エプスタインは、この国を代表するTVスターとも何度か重要なミーティングを持った。

スポーツ・ジャーナリストでラジオ・パーソナリティのエド・サリヴァンがはじめてTV出演の依頼を受けたのは、1948年のことだった。やがて彼はアメリカきっての人気を誇るTVエンタテインメント・ショウの司会者となる。1963年にイギリスを旅した時、ザ・ビートルズがスウェーデンから戻ってくるタイミングでロンドンのヒースロー空港に居合わせた彼とその妻は、ビートルマニアを肌で体験した。

自分なりに調べものをして、ザ・ビートルズがなにものなのかを知ったサリヴァンは、ニューヨークでエプスタインと会い、1万ドルのギャラで、グループを3度にわたり――うち2回は生、1回は録画で――「エド・サリヴァン・ショー」に出演させる契約を結ぶ。初回の出演は、1964年2月に予定されていた。

実のところザ・ビートルズはすでに、アメリカのTV画面に登場していた。1964年1月3日にNBCのジャック・パーが、〈シー・ラヴズ・ユー〉の演奏シーンを、イギリスで1963年10月に放映されたBBCの番組「ザ・マージー・サウンド」から切り取ってオンエアしていたのだ。だがアメリカでの人気に火をつけたのは、ニューヨークのマンハッタンにあるCBSのスタジオ50で撮影され、日曜夜のゴールデン・タイムに放送されていたサリヴァンの番組だった。

アメリカへの初上陸から2日後の2月9日、ザ・ビートルズはアメリカで待望のTVデビューを飾る。エルヴィス・プレスリーからザ・ビートルズに送られた祝電を読み上げたあと、サリヴァンは観客にこう告げた。「リヴァプールからやって来たこの4人組は、この街、いや、実際にはこの国が、今までに一度も目にしたことのないような若者たちです。レディーズ&ジェントルメン、ザ・ビートルズ！」

その後、推定で7300万人を超える視聴者が―― TVスタジオの客席にいた728人（ショウのチケットには5万通の応募があった）に加えて――〈オール・マイ・ラヴィング〉、〈ティル・ゼア・ウォズ・ユー〉、〈シー・ラヴズ・ユー〉、〈アイ・ソー・ハー・スタンディング・ゼア〉、そしてアメリカではその前週に首位になっていた〈抱きしめたい〉を生で演奏するザ・ビートルズに見入った。扁桃炎とインフルエンザに苦しみながらもスタジオに入り、出演を果たしたハリスンは、のちにこうふり返っている。「エド・サリヴァンが大物なのはわかっていた。エルヴィスと大佐から、ぼくらあてに電報が届いたからだ。それとあの番組をやってるあいだ、犯罪の通報はゼロか、ほとんどなかったとも聞かされた。ザ・ビートルズがエド・サリヴァンに出ると、犯罪者まで10分休憩を取っていたんだ」

マッカートニーもやはり、アメリカでの人気獲得のためには、この番組が重要な意味を持つことを理解していた。「最初の番組は、報道によると7300万人が視聴していた。それはとても重要なことだった。ぼくらはおかしな髪型をしていて、マリオネットかなにかみたいに、どこからともなく登場したんだ。あれはすごくインパクトが大きかったし、まちがいなく、ぼくらがブレイクする大きなきっかけのひとつになったと思う」

1956年にエルヴィス・プレスリーを出演させ、記録破りの視聴率を上げたことで名高かったサリヴァンの番組は、2月9日にザ・ビートルズを観た7300万人のおかげで、新たな高みに到達する。その多くは翌週もこの番組にチャンネルを合わせ、フロリダからの中継で〈シー・ラヴズ・ユー〉、〈ディス・ボーイ〉、〈オール・マイ・ラヴィング〉、〈アイ・ソー・ハー・スタンディング・ゼア〉、〈フロム・ミー・トゥ・ユー〉、そして〈抱きしめたい〉を演奏するザ・ビートルズを観た。2月23日、ザ・ビートルズは3週連続で「エド・サリヴァン・ショウ」に出演し、この時は初出演の前に録画された〈ツイスト・アンド・シャウト〉、〈プリーズ・プリーズ・ミー〉と〈抱きしめたい〉が放送された。

（右）ニューヨークで、ザ・ビートルズが初出演する「エド・サリヴァン・ショウ」のために発行された728枚のチケットの1枚。

CBS Studio 50
Presents

THE ED SULLIVAN SHOW

FEBRUARY 9, 1964

— ADMIT ONE —

（左）ポール・マッカートニーとジョージ・ハリスンの肩を抱き寄せ、ゴールデン・タイムの番組出演を終えたザ・ビートルズをねぎらうエド・サリヴァン（左から２人目）と、その姿を見守るマスコミとスタジオのスタッフ。

ワシントン・コロシアムのポスター

アメリカでの初ライヴ

ザ・ビートルズがついに、アメリカでのライヴ・デビューを飾った場所は、意外にも、通常はバスケットボールやボクシングやスケートに使用されている屋内のスポーツ・アリーナだった。1964年2月11日、「エド・サリヴァン・ショウ」でTVデビューを飾った2日後に、雪嵐で飛行機移動を断念したザ・ビートルズは、ニューヨークのペン・ステーションから列車で南のワシントンDCに向かった。

ワシントン・コロシアムがオープンしたのは1941年のことで、その後、バスケットボール・チームのワシントン・キャピトルズとワシントン・キャップスのホームとなる。2月11日にザ・ビートルズが開くコンサートの会場に選ばれたのは、首都の玄関口、ユニオン・ステーションのすぐ近くに位置し、およそ9000人の収容人数を誇るこのコロシアムだった。これは2つの都市をまわる旅の一環で、このライヴが終わると彼らはニューヨークに戻り、2月12日にカーネギー・ホールでステージに立つ予定になっていた。

グループがコロシアムのステージに上がり、円形の回転ステージで演奏する彼らを観るために、2ドルから4ドルのチケット代を支払った8000人強の観客の前に立ったのは午後8時30分ごろ。イギリス人女性デュオのカラヴェルズ、アメリカ人ガール・グループのザ・シフォンズ、そしてシンガーのトミー・ロウにつづいて、レノン、マッカートニー、ハリスン、スターは〈ロール・オーバー・ベートーヴェン〉、〈フロム・ミー・トゥ・ユー〉、〈アイ・ソー・ハー・スタンディング・ゼア〉、〈ディス・ボーイ〉、〈オール・マイ・ラヴィング〉、〈アイ・ウォナ・ビー・ユア・マン〉、〈プリーズ・プリーズ・ミー〉、〈ティル・ゼア・ウォズ・ユー〉、〈シー・ラヴズ・ユー〉、〈抱きしめたい〉、〈ツイスト・アンド・シャウト〉、そして〈ロング・トール・サリー〉を、ノンストップの絶叫と――ハリスンを大いに悩ませた――ジェリービーンズの雨を浴びながら演奏した。

「痛いんだよ」とハリスンは語っている。「アメリカにはやわらかいジェリーベイビーズがなくて、あるのは銃弾のように硬いジェリービーンズだけなんだ」

ザ・ビートルズのローディーだったニール・アスピノールは、アメリカでの初ライヴを完璧とはほど遠かったとふり返っている。「ワシントンのライヴは大変でした。メンバーがいたのはボクシングのリングで、観客が周囲をぐるりと取り囲んでいたからです。ですからメンバーは4方向に向けて、プレイしなければなりませんでした」

ステージのまんなかで丸いターンテーブルに載せられ、それをみずから動かして自分の向きを変えていたスターは、アメリカでの経験をこんな風に回想している。「アメリカで起こったことは、イギリスとまったく変わらない。単にスケールが10倍だっただけだ」。だがそう語ったあとで、ドラマーは観客の数を過大に申告した。「最初のワシントンの客は2万人だった。イギリスじゃせいぜい2000人だったのに」

アメリカでの初コンサートを終えると、ザ・ビートルズはそのままワシントンDCの英国大使館で開かれるパーティーの会場に移動した。そこで彼らは大使館の職員や、サインを求め、なかには彼らの髪の毛を切ろうとする者まであらわれたゲストたちといさかいを起こす。「ザ・ビートルズはあのパーティーを心底嫌がっていました」とマネージャーのエプスタインはコメントした。「あれ以来、わたしはその手の招待をすべて断っています」

(右) 2月にワシントン・コロシアムでおこなわれたライヴを、もう一度巨大なスクリーンで、1日に2回、1回2ドルで観ようとファンに呼びかける1964年3月のチラシ。

(下) 2ドル50セントで売り出された、ザ・ビートルズがアメリカでやる初のコンサートのクローズド・サーキット中継をカリフォルニアで――実際におこなわれた1か月後に――観るためのチケット。

(次見開き) 1964年2月、8000人強の観客を前に、ワシントンDCでアメリカでの初舞台を踏むザ・ビートルズ。

YOU AIN'T SEEN or heard NOTHIN' YET!

IN FULL CONCERT...
A GREAT *NEW* SHOW!
CLOSED CIRCUIT-
BIG SCREEN!

NATIONAL GENERAL CORPORATION
PRESENTS

THE BEATLES

(CAPITOL RECORDING ARTISTS)
DIRECT FROM THEIR
FIRST AMERICAN CONCERT
IN
WASHINGTON D.C., COLISEUM!

THE BEATLES

DO NOT CONFUSE WITH HOME TV!

Produced by Concerts, Inc.

LUCKY NUMBER
Nº 4740
YOU MAY WIN
A FREE ALBUM!
(BRING This AD To THEATRE)

And on the Same Show!

"THE BEACH BOYS"

AMERICA'S SURFING-SINGING SENSATIONS!

LESLEY GORE

SHE'S THE NATION'S No. 1 TEENAGE SINGING SWEETHEART!

SATURDAY
SUNDAY
March 14-15
Two Matinee Performances Each Day! In Theatres...Nationwide!

2 SHOWS DAILY . . . at 11:30 a.m. & 2:00 p.m.
ALL SEATS - - $2.00 (TAX INCLUDED)

SAN MATEO Theatre
64 E. THIRD AVE. SAN MATEO

TICKETS NOW ON SALE!
No Reserved Seats . . . .
Only House Capacity Sold.
YOUR ADVANCE TICKET PURCHASE ASSURES YOU A SEAT!

VOX
VOX

1964年4月4日号の「ビルボード」チャート

トップ5に5曲

〈キャント・バイ・ミー・ラヴ〉で3度目の全米ナンバー1を獲得した1964年4月、ザ・ビートルズは史上はじめて「ビルボード」チャートのトップ5を独占したアーティストとなる。

アメリカをリードする音楽業界誌の、4月4日に終わる週のチャートが掲載されていた号によると、ナンバー1は〈キャント・バイ・ミー・ラヴ〉。つづいて〈ツイスト・アンド・シャウト〉、〈シー・ラヴズ・ユー〉、〈抱きしめたい〉、〈プリーズ・プリーズ・ミー〉が、アメリカでもっとも売れているシングルの上位5位にランクされていた。これは——今にいたるも——全米チャート上の記録となっている。それに次ぐのはトップ5に4曲をランクさせていた前週のザ・ビートルズだった。

〈キャント・バイ・ミー・ラヴ〉のナンバー1獲得はまた、トップ20圏外から一足飛びでその座についた史上初のレコードという記録も樹立する。この曲はわずか2週で、27位から1位に上昇していた。このシングルはさらに、3曲連続でナンバー1ヒットを放った史上初のアーティスト——1956年に2曲連続でナンバー1を獲得したエルヴィス・プレスリーを制して——という記録をザ・ビートルズにもたらしている。

〈キャント・バイ・ミー・ラヴ〉の世界的な予約枚数は記録破りの210万枚に達し、発売1週目の売り上げは、優に300万枚を超えていた。内訳はアメリカが200万枚、そしてアメリカと同じ週にシングルがチャートの首位に立ったイギリスが120万枚だった。

しかもそれで終わりではなく、〈キャント・バイ・ミー・ラヴ〉が依然ナンバー1の座にあったその翌週、ザ・ビートルズはチャートの2位、4位、7位、9位、14位、38位、48位、50位、52位、61位、74位、78位、そして81位に、さらに13枚ものシングルをランクさせていた。こうして彼らはプレスリーが1956年に9枚のレコードをチャートに送りこんで以来のスケールで、全米シングル・チャートを独占することになった。

1週間前、ザ・ビートルズはオーストラリアでさらにその上をいき、〈アイ・ソー・ハー・スタンディング・ゼア〉、〈ラヴ・ミー・ドゥ〉、〈ロール・オーバー・ベートーヴェン〉、〈オール・マイ・ラヴィング〉、〈シー・ラヴズ・ユー〉と〈抱きしめたい〉で、この国のシングル・チャートのトップ6を総なめにしていた。

アメリカで5週首位を獲得した〈キャント・バイ・ミー・ラヴ〉は、ルイ・アームストロングの〈ハロー・ドーリー〉にその座を奪われる——ただし彼らはまだ〈ドゥ・ユー・ウォント・トゥ・ノウ・ア・シークレット〉を、2位にランクさせていた。一方イギリスでこの曲を首位から陥落させたのは、ピーター＆ゴードンがうたうレノン＝マッカートニー作品の〈愛なき世界〉で、この曲はアメリカでも、1964年6月にナンバー1の座についた。

（右）ザ・ビートルズがテリー・スタッフォードとルイ・アームストロングを押さえて、トップ5の独占という不朽の記録を樹立した1964年4月4日づけの「ビルボード」ホット100チャート。

Billboard

For Week Ending April 4, 1964

HOT 100

★ STAR performer—Sides registering greatest proportionate upward progress this week.

This Week	1 Wk. Ago	2 Wks. Ago	3 Wks. Ago	TITLE Artist, Label & Number	Weeks on Chart
★ 1	27	—	—	CAN'T BUY ME LOVE — Beatles, Capitol 5150	2
2	3	7	55	TWIST AND SHOUT — Beatles, Tollie 9001	4
3	1	1	2	SHE LOVES YOU — Beatles, Swan 4152	11
4	2	2	1	I WANT TO HOLD YOUR HAND — Beatles, Capitol 5112	12
5	4	3	3	PLEASE PLEASE ME — Beatles, Vee Jay 581	10
6	7	19	49	SUSPICION — Terry Stafford, Crusader 101	7
7	8	10	13	HELLO, DOLLY! — Louis Armstrong, Kapp 573	8
★ 8	16	22	50	SHOOP SHOOP SONG — Betty Everett, Vee Jay 585	6
9	9	13	22	MY HEART BELONGS TO ONLY YOU — Bobby Vinton, Epic 9662	6
10	10	15	20	GLAD ALL OVER — Dave Clark Five, Epic 9656	8
11	5	4	4	DAWN (Go Away) — 4 Seasons, Philips 40166	10
12	15	23	41	THE WAY YOU DO THE THINGS YOU DO — Temptations, Gordy 7028	6
13	6	5	7	FUN, FUN, FUN — Beach Boys, Capitol 5118	8
★ 14	19	34	65	DON'T LET THE RAIN COME DOWN (Crooked Little Man) — Serendipity Singers, Philips 40175	6
★ 15	20	25	46	NEEDLES AND PINS — Searchers, Kapp 577	5
16	18	20	29	STAY — 4 Seasons, Vee Jay 582	8
17	12	12	16	KISSIN' COUSINS — Elvis Presley, RCA Victor 8307	7
★ 18	23	54	81	YOU'RE A WONDERFUL ONE — Marvin Gaye, Tamla 54093	4
19	14	8	5	JAVA — Al Hirt, RCA Victor 8280	14
20	11	11	19	HI-HEEL SNEAKERS — Tommy Tucker, Checker 1067	9
★ 21	37	57	89	AIN'T NOTHING YOU CAN DO — Bobby Bland, Duke 375	5
★ 22	42	63	82	MONEY — Kingsmen, Wand 150	4
23	17	9	10	I LOVE YOU MORE AND MORE EVERY DAY — Al Martino, Capitol 5108	10
★ 24	31	41	61	HIPPY HIPPY SHAKE — Swinging Blue Jeans, Imperial 66021	5
★ 25	34	44	59	DEAD MAN'S CURVE — Jan & Dean, Liberty 55672	5
★ 26	32	43	60	THINK — Brenda Lee, Decca 31599	5
27	13	6	6	NAVY BLUE — Diane Renay, 20th Century-Fox 456	11
28	24	24	27	BLUE WINTER — Connie Francis, MGM 13214	8
29	29	33	35	IT HURTS ME — Elvis Presley, RCA Victor 8307	6
★ 30	41	61	79	NADINE — Chuck Berry, Chess 1883	5
31	26	14	15	I SAW HER STANDING THERE — Beatles, Capitol 5112	9
32	35	38	47	HEY JEAN, HEY DEAN — Dean & Jean, Rust 5075	7
★ 33	43	50	63	TELL IT ON THE MOUNTAIN — Peter, Paul & Mary, Warner Bros. 5418	5
★ 34	46	59	66	WHITE ON WHITE — Danny Williams, United Artists 685	5
★ 35	51	68	84	HEY, BOBBA NEEDLE — Chubby Checker, Parkway 907	4
36	44	47	57	RIP VAN WINKLE — Devotions, Roulette 4541	9
37	22	17	9	SEE THE FUNNY LITTLE CLOWN — Bobby Goldsboro, United Artists 672	13
38	40	46	48	MY HEART CRIES FOR YOU — Ray Charles, ABC-Paramount 10530	6
★ 39	72	—	—	THAT'S THE WAY BOYS ARE — Lesley Gore, Mercury 72259	2
★ 40	52	78	—	NEW GIRL IN SCHOOL — Jan & Dean, Liberty 55672	3
41	50	58	73	FROM ME TO YOU — Beatles, Vee Jay 581	5
★ 42	57	63	—	WE LOVE YOU BEATLES — Carefrees, London Int'l 10614	3
43	39	35	40	UNDERSTAND YOUR MAN — Johnny Cash, Columbia 42964	8
★ 44	59	70	80	FOREVER — Pete Drake, Smash 1867	5
45	28	28	18	PENETRATION — Pyramids, Best 13002	10
★ 46	78	—	—	DO YOU WANT TO KNOW A SECRET — Beatles, Vee Jay 587	2
★ 47	68	80	—	EBB TIDE — Lenny Welch, Cadence 1422	3
★ 48	—	—	—	BITS AND PIECES — Dave Clark Five, Epic 9671	1
49	45	39	45	BABY, DON'T YOU CRY — Ray Charles, ABC-Paramount 10530	7
★ 50	—	—	—	MY GUY — Mary Wells, Motown 1056	1
★ 51	76	—	—	THE MATADOR — Major Lance, Okeh 7191	2
52	55	60	64	I'LL MAKE YOU MINE — Bobby Vee, Liberty 55670	7
★ 53	67	77	83	I CAN'T STAND IT — Soul Sisters, Sue 799	6
54	48	37	39	WORRIED GUY — Johnny Tillotson, MGM 13193	7
55	56	64	72	HE'S A GOOD GUY — Marvelettes, Tamla 54091	7
56	62	74	78	CASTLES IN THE SAND — Little Stevie Wonder, Tamla 54090	6
57	60	75	96	AIN'T GONNA TELL NOBODY — Jimmy Gilmer, Dot 16583	4
★ 58	71	—	—	ALL MY LOVING — Beatles, Capitol of Canada 72144	2
59	63	66	70	(You Can't Let the Boy Overpower) THE MAN IN YOU — Miracles, Tamla 54092	5
★ 60	87	92	—	SHANGRI-LA — Robert Maxwell, His Harp & Orch., Decca 25622	3
★ 61	—	—	—	I'M SO PROUD — Impressions, ABC-Paramount 10544	1
62	65	65	67	LOVE WITH THE PROPER STRANGER — Jack Jones, Kapp 571	8
63	64	69	71	CONGRATULATIONS — Rick Nelson, Imperial 66017	4
64	70	81	95	BOOK OF LOVE — Raindrops, Jubilee 5469	4
★ 65	—	—	—	YOU CAN'T DO THAT — Beatles, Capitol 5150	1
66	69	55	56	LOOK HOMEWARD ANGEL — Monarchs, Sound Stage 7 2516	7
★ 67	82	—	—	MAKE ME FORGET — Bobby Rydell, Cameo 309	2
68	75	79	—	ROLL OVER BEETHOVEN — Beatles, Capitol of Canada 72133	3
69	77	95	—	SHA-LA-LA — Shirelles, Scepter 1267	3
★ 70	100	—	—	SHANGRI-LA — Vic Dana, Dolton 92	2
71	84	—	—	MY GIRL SLOOPY — Vibrations, Atlantic 2221	2
★ 72	—	—	—	BABY BABY BABY — Anna King & Bobby Byrd, Smash 1884	1
★ 73	90	—	—	WISH SOMEONE WOULD CARE — Irma Thomas, Imperial 66013	2
★ 74	—	—	—	GIVING UP ON LOVE — Jerry Butler, Vee Jay 588	1
75	80	—	—	STAY AWHILE — Dusty Springfield, Philips 40180	2
76	81	90	—	OUR EVERLASTING LOVE — Ruby and the Romantics, Kapp 578	3
77	89	—	—	T'AIN'T NOTHIN' TO ME — Coasters, Atco 6287	2
78	83	89	98	TO EACH HIS OWN — Tymes, Parkway 908	4
★ 79	—	—	—	THANK YOU GIRL — Beatles, Vee Jay 587	1
★ 80	—	—	—	PINK PANTHER THEME — Henry Mancini & His Orch., RCA Victor 8286	1
81	85	88	—	YOU LIED TO YOUR DADDY — Tams, ABC-Paramount 10533	3
★ 82	—	—	—	I SHOULD CARE — Gloria Lynne, Everest 2042	1
83	91	99	99	WHERE DOES LOVE GO — Freddie Scott, Colpix 724	4
★ 84	—	—	—	CAN YOU DO IT — Contours, Gordy 7029	1
85	86	87	—	A LETTER TO THE BEATLES — 4 Preps, Capitol 5143	3
86	88	—	97	SOUL SERENADE — King Curtis, Capitol 5109	4
★ 87	—	—	—	IT'S ALL RIGHT — Tams, ABC-Paramount 10533	1
★ 88	—	—	—	THAT'S WHEN IT HURTS — Ben E. King, Atco 6288	1
★ 89	—	—	—	CHARADE — Sammy Kaye & His Orch., Decca 31589	1
★ 90	—	—	—	KISS ME SAILOR — Diane Renay, 20th Century-Fox 477	1
91	92	—	—	MEXICAN DRUMMER MAN — Herb Alpert's Tijuana Brass, A&M 732	2
92	93	94	—	COME TO ME — Otis Redding, Volt 116	3
93	95	98	—	I CAN'T WAIT UNTIL I SEE MY BABY — Baby Washington, Sue 797	3
94	—	—	—	BE ANYTHING (BUT BE MINE) — Gloria Lynne, Fontana 1890	1
95	96	—	—	HAND IT OVER — Chuck Jackson, Wand 149	2
96	99	—	—	VANISHING POINT — Marketts, Warner Bros. 5423	2
97	97	—	—	HOW BLUE CAN YOU GET — B. B. King, ABC-Paramount 10527	2
98	—	—	—	(THE BEST PART OF) BREAKIN' UP — Ronettes, Philles 120	1
99	—	—	—	HEY, MR. SAX MAN — Boots Randolph, Monument 835	1
100	—	—	—	PEOPLE — Barbra Streisand, Columbia 42965	1

HOT 100—A TO Z—(Publisher-Licensee)

Title (Publisher-Licensee)	Position
Ain't Gonna Tell Nobody (Sundee, BMI)	57
Ain't Nothing You Can Do (Don, BMI)	21
All My Loving (Jamas (PRS), ASCAP)	58
Baby Baby Baby (Try Me, BMI)	72
Baby, Don't You Cry (Leeds, ASCAP)	49
Be Anything (But Be Mine) (Shapiro-Bernstein, ASCAP)	94
(The Best Part of) Breakin' Up (Mother Bertha-Hill & Range, BMI)	98
Bits and Pieces (Branbwood, BMI)	48
Blue Winter (January, BMI)	28
Book of Love (Keel-Arc, BMI)	64
Can You Do It (Jobete, BMI)	84
Can't Buy Me Love (Northern, ASCAP)	1
Castles in the Sand (Jobete, BMI)	56
Charade (Northern-Southdale, ASCAP)	89
Come to Me (East-Time, BMI)	92
Congratulations (Four Star, BMI)	63
Dawn (Go Away) (Saturday-Gavadima, ASCAP)	11
Dead Man's Curve (Screen Gems-Columbia, BMI)	25
Do You Want to Know a Secret (Metric, BMI)	46
Don't Let the Rain Come Down (Serendipity, BMI)	14
Ebb Tide (Robbins, ASCAP)	47
Forever (Tree, BMI)	44
From Me to You (Gil, BMI)	41
Fun, Fun, Fun (Sea of Tunes, BMI)	13
Giving Up on Love (Roosevelt, BMI)	74
Glad All Over (Campbell-Connelly, ASCAP)	10
Hand It Over (Ludix-Flo Mar Lu, BMI)	95
He's a Good Guy (Jobete, BMI)	55
Hello, Dolly! (Morris, ASCAP)	7
Hey Bobba Needle (Kalmann-C.C., ASCAP)	35
Hey Jean, Hey Dean (Schwartz, ASCAP)	32
Hey, Mr. Sax Man (Forrest Hills, BMI)	99
Hi-Heel Sneakers (Medal, BMI)	20
Hippy Hippy Shake (Maravilla, BMI)	24
How Blue Can You Get (Big Bopper, BMI)	97
I Can't Stand It (Saturn-Staccato, BMI)	53
I Can't Wait Until I See My Baby (Picturetone, BMI)	93
I Love You More and More Every Day (Robertson, ASCAP)	23
I Saw Her Standing There (Gil, BMI)	31
I Should Care (Dorsey, ASCAP)	82
I Want to Hold Your Hand (Duchess, BMI)	4
I'm So Proud (Curtom, BMI)	61
I'll Make You Mine (Selma, BMI)	52
It Hurts Me (Presley, BMI)	29
It's All Right (Low Sal, BMI)	87
Java (Tideland, BMI)	19
Kiss Me Sailor (Saturday, ASCAP)	90
Kissin' Cousins (Gladys, ASCAP)	17
Letter to the Beatles, A (Lo-Bell, BMI)	85
Look Homeward Angel (Bagatelle, BMI)	66
Love With the Proper Stranger (Paramount, ASCAP)	62
Make Me Forget (Wood, ASCAP)	67
Matador, The (Curtom-Jalynne, BMI)	51
Mexican Drummer Man (Irving, BMI)	91
Money (Jobete, BMI)	22
My Girl Sloopy (Picturetone-Mellin, BMI)	71
My Guy (Jobete, BMI)	50
My Heart Belongs to Only You (Regent, BMI)	9
My Heart Cries for You (Ross-Jungnickel-Gladys-Massey, ASCAP)	38
Nadine (Arc, BMI)	30
Navy Blue (Saturday, ASCAP)	27
Needles and Pins (Metric, BMI)	15
New Girl in School (Screen Gems-Columbia, BMI)	40
Our Everlasting Love (Mansion, ASCAP)	76
Penetration (Dorothy, ASCAP)	45
People (Chappell, ASCAP)	100
Pink Panther Theme (Northridge-United Artists, ASCAP)	80
Please Please Me (Concertone, ASCAP)	5
Rip Van Winkle (Lee, BMI)	36
Roll Over Beethoven (Arc, BMI)	68
See the Funny Little Clown (Unart, BMI)	37
Sha-La-La (Ludix-Ronnie, BMI)	69
Shangri-La—Dana (Robbins, ASCAP)	70
Shangri-La—Maxwell (Robbins, ASCAP)	60
She Loves You (Gil, BMI)	3
Shoop, Shoop Song (T. M., BMI)	8
Soul Serenade (Kilynn-VeeVee, BMI)	86
Stay (Cherio, BMI)	16
Stay Awhile (MRC, BMI)	75
Suspicion (Presley, BMI)	6
T'Aint Nothin' to Me (Grapevine, BMI)	77
Tell It on the Mountain (Pepamar, ASCAP)	33
Thank You Girl (Conrad, BMI)	79
That's the Way Boys Are (Earth, BMI)	39
That's When It Hurts (Carlisle-Mellin, BMI)	88
Think (Forrest Hills-Rambro, BMI)	26
To Each His Own (Paramount, ASCAP)	78
Twist and Shout (Mellin-Progressive, BMI)	2
Understand Your Man (Cash, BMI)	43
Vanishing Point (Wrist, BMI)	96
Way You Do the Things You Do, The (Jobete, BMI)	12
We Love You Beatles (Morris, ASCAP)	42
Where Does Love Go (Screen Gems-Columbia, BMI)	83
White on White (Painted Desert, BMI)	34
Wish Someone Would Care (Metric, BMI)	73
Worried Guy (Wood, ASCAP)	54
You Can't Do That (Northern, ASCAP)	65
(You Can't Let the Boy Overpower) The Man in You (Jobete, BMI)	59
You Lied to Your Daddy (Low-Twi, BMI)	81
You're a Wonderful One (Jobete, BMI)	18

BUBBLING UNDER THE HOT 100

101.	THE WAITING GAME	Brenda Lee, Decca 31599
102.	STAND BY ME	Cassius Clay, Columbia 43007
103.	WHEN JOANNA LOVED ME	Tony Bennett, Columbia 42996
104.	JAILER, BRING ME WATER	Trini Lopez, Reprise 0260
105.	EASY TO LOVE	Chiffons, Laurie 3224
106.	RUN, RUN, RUN	Supremes, Motown 1054
107.	THE WONDER OF YOU	Ray Peterson, RCA Victor 8333
108.	TALL COOL ONE	Wailers, Golden Crest 518
109.	TODAY	New Christy Minstrels, Columbia 43000
110.	HIGH ON A HILL	Scott English, Spokane 4003
111.	LITTLE BOXES	Womenfolk, RCA Victor 8301
112.	OH BOY	Jackie DeShannon, Liberty 55678
113.	DIANE	Bachelors, London 9639
114.	I AM WOMAN	Barbra Streisand, Columbia 42965
115.	LOVE IS NO EXCUSE	Jim Reeves & Dottie West, RCA Victor 7324
116.	THERE'S A MEETIN' HERE TONITE	Joe & Eddie, Crescendo 195
117.	WE'LL NEVER BREAK UP FOR GOOD	Paul & Paula, Philips 40168
118.	TO THE AISLE	Jimmy Velvet, ABC-Paramount 10528
119.	WALK, WALK	Freewheelers, Epic 9664
120.	I'M LEAVING	Johnny Nash, Groove 0030
121.	GREASE MONKEY	Brother Jack McDuff, Prestige 299
122.	I'M GONNA LOVE THAT GUY	Linda Lloyd, Columbia 42990
123.	ALL MY LOVING	Jimmy Griffin, Reprise 0268
124.	WHERE ARE YOU	Dupreos, Coed 591
125.	WHO'S GOING TO TAKE CARE OF ME	Baby Washington, Sue 797
126.	SEARCHIN'	Ace Cannon, Hi 2074
127.	A THOUSAND MILES AWAY	Santo & Johnny, Canadian-American 167
128.	PLEASE LITTLE ANGEL	Dorris Troy, Atlantic 2222
129.	GEE	Pixies Three, Mercury 72250
130.	PERMANENTLY LONELY	Timi Yuro, Liberty 55665
131.	LOVING YOU MORE EVERY DAY	Etta James, Argo 5465
132.	SOME THINGS ARE BETTER LEFT UNSAID	Ketty Lester, RCA Victor 8331
133.	LONNIE ON THE MOVE	Lonnie Mack, Fraternity 920
134.	BALTIMORE	Sonny James, Capitol 5129

ジョージのアサヒ・ペンタックス・カメラ

カメラ用の笑顔

ジョン・レノン、ポール・マッカートニー、ジョージ・ハリスン、そしてリンゴ・スターは10年近くにわたり、カメラの前でビートルとしての人生を送った。公式のカメラマン、報道のカメラマン、あるいはただのファンを問わず、彼らの日常生活には、ファブ・フォーのスナップを求める声がつねについてまわっていたのだ。

だがそのおかげでグループは、犠牲を強いられることになる。現にスターはかつて、こうふり返っていた。「クラブに行くと、でっかいカメラを抱えたチンケなカメラマンが何人かいる。でも誰も『写真を撮ってもかまいませんか？』とは言ってこない。いきなり駆け寄ってきたかと思うと、眼から4インチほどの距離でフラッシュを焚きはじめるんだ」。しかし常時写真を撮られていたせいで、どうやら当のザ・ビートルズ自身が、カメラや写真に関心を持つようになる側面もあったようだ。たとえば1963年には、テネリフェ島での休暇中に、マッカートニーがハリスンとスターの写真を撮っている。ザ・ビートルズがインドとアメリカの両方を訪れた1966年にも、彼は再度カメラを持参してその島におもむいた。

よく知られているように、首からカメラを下げた姿で映画『ハード・デイズ・ナイト』の数シーンに登場するスターも、やはり熱心なカメラマンとなり、1964年にはフランス人シンガーのシルヴィー・ヴァルタンに自分の機材を自慢する姿を撮られている。また1967年8月に息子のジェイソンが生まれた際には、カメラを手にして病院にあらわれた――誕生直後の姿を撮るために。

ザ・ビートルズのなかではもっとも写真嫌いなことで知られるハリスンも、どうやらカメラそのものは好きだったらしく、1964年5月、レノンとそれぞれの妻とガールフレンドを同伴してタヒチで休暇を取った際には、彼と協力して「ちょっとした8ミリ映画」を撮っている。また1966年にアラスカで予定外の足止めを食らった際には、ポラロイド100インスタント・カメラを使って、〝公式な〟ビートルズのカメラマン、ロバート・ウィテカーに撮られる前に、ホテルのルーム・ミラーに映った自分たちを撮るというゲームにマッカートニーと興じていた。

ハリスンは60年代のはじめにアサヒ・ペンタックスを購入した。1964年にはそのカメラを使っている姿を目撃され、空港の滑走路とおぼしき場所で、それを――それ以外のカメラ2台とともに――首から下げている姿も撮られている。

ペンタックスが1960年に売り出した黒いボディのカメラは、1978年に亡くなる父親のハロルドがハリスンにプレゼントしたもので、その後、バークシャー州にある彼の邸宅、フライアーズ・パークの不動産管理人となった長兄のハリーの手に渡り、最終的には2012年に、ハリスンの私物が数多く出品されたオークションで売却された。

（右）熱心なカメラマンだったジョージ・ハリスンお気に入りのペンタックス・カメラ。父親から引き継がれ、その後、兄に贈られた。

（次見開き）ザ・ビートルズの数多い空の旅のひとつで、寸暇を惜しんで読書をするスターを横目に、自分のペンタックスを旅仲間に見せびらかすジョージ・ハリスン。

ASAHI
PENTAX
FP
X

ASAHI PENTAX

全米ツアーの日程表

封筒に27の日程

アメリカでの初お目見え——ザ・ビートルズはエド・サリヴァンのTV番組に3度出演し、ワシントンとニューヨークでコンサートを開いた——から半年後の1964年8月、グループは全25公演の全米ツアーで、この国に戻ってくる。マネージャーのブライアン・エプスタインは、1964年3月25日の日付——この日、ザ・ビートルズはBBC-TVの「トップ・オブ・ザ・ポップス」に初出演し、〈キャント・バイ・ミー・ラヴ〉を披露した——がある使い古しの封筒にその日程を走り書きしていた。

ザ・ビートルズが『ハード・デイズ・ナイト』の作業——スタジオで音楽をつくり、ロケ先で映画を撮る——に取り組むあいだに、どうやらエプスタインは1か月におよぶグループの全米ツアーの詳細を詰めていたようだ。ツアーは8月19日に、ライチャス・ブラザーズ、ジャッキー・デシャノン、ジ・エキサイターズが前座を務めたサンフランシスコのカウ・パレスで幕を開け、彼らは3万2000ポンドを超える入場料収入から、1万7000ポンドを受け取った。

エプスタインが「デイリー・エクスプレス」紙から受け取った封筒に書き留めた通り、ザ・ビートルズはつづいてラスヴェガスの舞台に立ち——ファンがステージに大量のジェリービーンズを投げこむせいで、ライヴは2度にわたって中断された——その後、ロスアンジェルスの有名なハリウッド・ボウルで演奏した。そこから彼らはニューヨーク、アトランティックシティ、フィラデルフィア、シカゴに移動し、トロントとモントリオールでの公演のためにカナダに入った。

アメリカに戻ったザ・ビートルズは、フロリダ州ジャクソンヴィルでの公演に臨む。だが当初は客席が肌の色によって区別されていたため、グループとそのマネージャーは、その区別の撤廃を出演の条件に出した。結局チケットを買った3万2000人のうち、8000人はハリケーン・ドーラによる被害が原因で会場に行き着けなかった。9月15日のクリーヴランド公演では、また別のトラブルが起こる。警察のバリケードを突破したファンがどっと押し寄せてきたせいで、ライヴは中断され、ザ・ビートルズはステージから送り出された。

2日後、ザ・ビートルズはエプスタインのリストにはなかった場所でステージに立つ。だがビジネス的に見ると、この追加公演は成功だった。というのもカンザス・シティのムニシパル・スタジアムで9月17日に開かれたコンサートは、15万ポンドという記録破りの稼ぎをザ・ビートルズにもたらしたのだ。

ツアーは予定通り、9月20日にニューヨークで幕を閉じる。パラマウント・シアターで開かれたコンサートは、ニューヨークの精神的に発達が遅れている子どもと脳性マヒ患者のためのチャリティだった。

コンサートにはザ・ビートルズのほかに、ザ・トーケンズ、ボビー・ゴールズボロ、ザ・シャングリラズ、スティーヴ・ローレンス&イーディー・ゴーメ、ジャッキー・デシャノンといったスターたちが出演し、ボブ・ディランも舞台裏でグループと顔を合わせた。会場は5ドルから100ドルのチケット代を支払った3682人の観客で満員になり、2万5000ポンドを超える額が、チャリティに寄付された。

(上) 1964年の全米ツアーの幕開けに、サンフランシスコのカウ・パレスでステージに立つザ・ビートルズ。

(右) ブライアン・エプスタインが手書きしたアメリカとカナダをまわるツアーの日程。

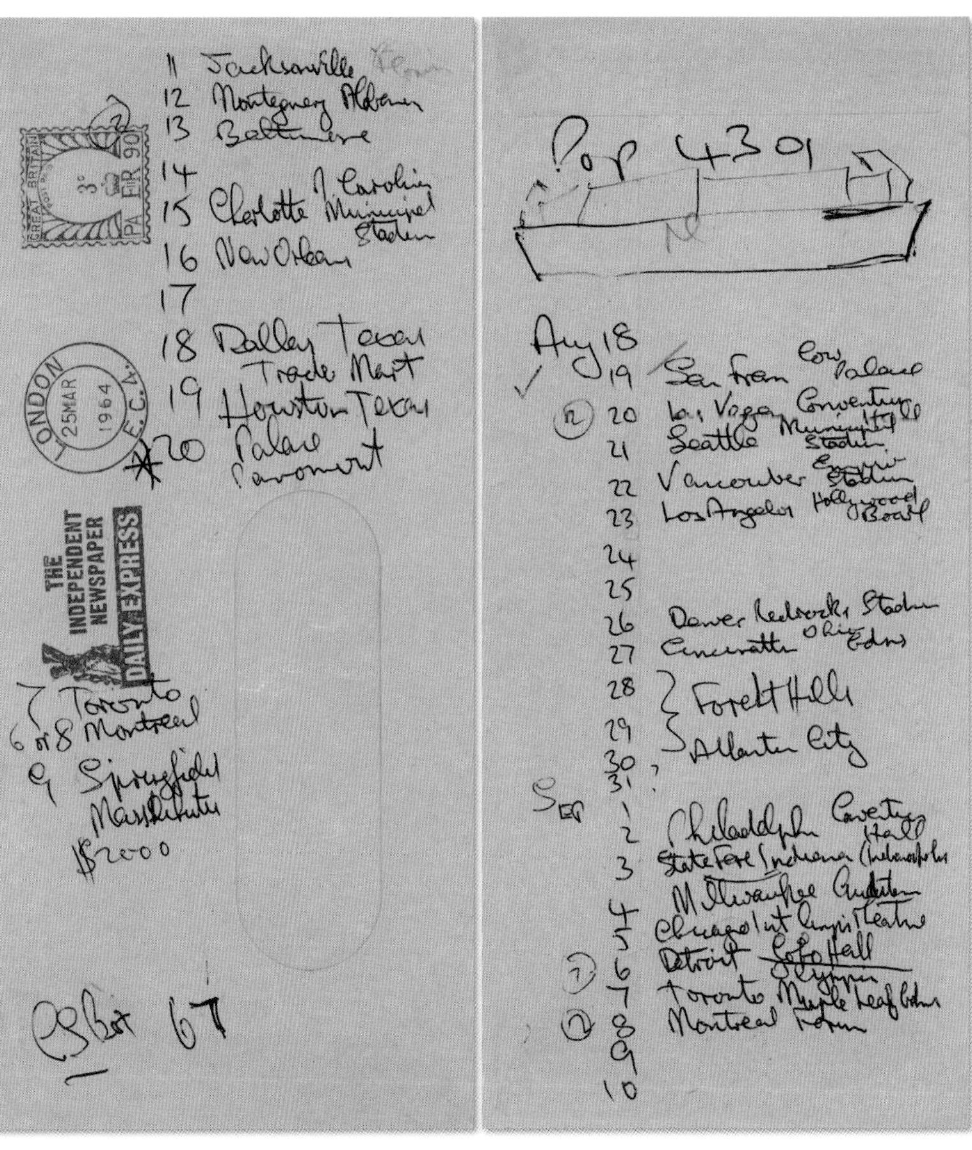
GREAT BRITAIN POSTAGE 3d PAID FIR 90
LONDON 25 MAR 1964 E.C.4
THE INDEPENDENT NEWSPAPER
DAILY EXPRESS
11 Jacksonville
12 Montgomery Alabama
13 Baltimore
14
15 Charlotte N. Carolina Municipal Stadium
16 New Orleans
17
18 Dallas Texas Trade Mart
19 Houston Texas
20 Palace Paramount
7 Toronto
6 or 8 Montreal
9 Springfield Massachusetts
$2000
Pop 4301
Aug 18
19 San Fran Cow Palace
20 Las Vegas Convention Hall
21 Seattle Municipal Stadium
22 Vancouver Empire Stadium
23 Los Angeles Hollywood Bowl
24
25
26 Denver Red Rocks Stadium
27 Cincinnati Ohio Gardens
28 Forest Hills
29 Atlantic City
30 ?
31 ?
Sep 1
2 Philadelphia Convention Hall
3 State Fare Indiana (Indianapolis)
4 Milwaukee Auditorium
5 Chicago Int Amphitheatre
6 Detroit Cobo Hall Olympia
7 Toronto Maple Leaf Gardens
8 Montreal Forum
9
10

『絵本ジョン・レノンセンス』

ジョン、ポール、ジョージ、リンゴのサイン入り

ジョン・レノンはこの本の成り立ちを、「グループが旅に出るようになると、ライヴのあとでタイプライターを出し、思いついたことをそのまま打つのが習慣になった」と説明していた。

『絵本ジョン・レノンセンス』と題する彼のナンセンスな短文や詩を集めた本は、1964年3月23日、ザ・ビートルズのレギュラー・カメラマン、ロバート・フリーマンが撮ったレノンの写真を表紙にあしらった、ポケットサイズの上製本で刊行された。

イギリスではジョナサン・ケープ社から刊行されたこの本には、近作に加え、レノンが学生時代に書いた文章や絵、それに「マージー・ビート」への寄稿も一部収録されていた。「実に多くの部分がツアー中、とりわけマーゲイト〔1963年7月、ザ・ビートルズはこの海辺の町に1週間滞在した〕にいた時期に書かれた」とレノンはコメントしている。

著者によると「なんのテーマも」ない、「ただただ笑えることを目指した」本は、イギリスで10万部以上を売り上げ、すぐさまベストセラー・リストのトップに立った。アメリカでの刊行は4月27日だが、レノンはその4日前、ウィリアム・シェイクスピアの生誕400年を記念して、格式の高いロンドンの書店が開いたフォイルズ文芸昼食会に来賓として招かれていた。

マネージャーのエプスタインは、本の成功を祝うパーティーのつもりでこの会合に出たビートルがいっさいのスピーチを拒み、だがとりあえずマイクをつかんで、集まったゲストに「どうもありがとうございます。みなさん、運のいい顔をしてますね」と告げたと回想している。

アメリカの高級誌「タイム」は、レノンが「ナンセンス文学という英国的な伝統の意外な後継者」かもしれないと書き、「タイムズ・リテラリー・レヴュー」誌は、ルイス・キャロル、エドワード・リア、ジェイムズ・サーバーといった作家への傾倒をうかがわせる彼の作品集を、「英語という言語の貧困化を怖れる向きには要注目」と評した。

1965年1月、BBCで放映されていたピーター・クックとダドリー・ムーアの風刺的なTV番組「ノット・オンリー……バット・オールソー」に出演し、自作の詩を朗読したレノンはその後、1965年6月24日に2冊目の本を出す。ふたたびジョナサン・ケープ社から刊行された『らりるれレノン』は、今回もまたベストセラーを記録した。

前作に比べると残酷性が薄れ、より大人らしくなったという評判だった2冊目の本は、1965年7月にアメリカでも刊行され、のちにペンギン社はこの2冊をひとつにまとめて、『ザ・ペンギン・ジョン・レノン』と題する合本にした。37ペンスの値段がつけられたこのペーパーバックの表紙は、〝ノリノリの60年代〟の人気グラフィック・デザイナー、アラン・オルドリッヂがデザインし、〝スーパーマン〟のポーズを取るレノンがあしらわれていた。

レノンはこう認めている。「歌をうたう以外のことで認められると、とてもうれしい気持ちになる。印税は大した額にはならないだろう。でもそんなことはどうでもいい。本を書くのが好きなんだ」

(上) ジョン・レンが1964年に刊行した処女作の空白ページに、4人のビートル全員が入れたサイン。

(右) 3月に刊行され、レノンをベストセラー・リストの首位に送りこんだ『絵本ジョン・レノンセンス』。

JOHN
LENNON
IN HIS
OWN WRITE

マダム・タッソーの蠟人形
違いを見つけよう！

1964年3月28日、ザ・ビートルズは蠟でかたどられ、世界的に有名なロンドンのマダム・タッソー館に展示される史上初のポップ・スターとなった。

ロンドンにある蠟人形館でマスコミと一般に公開された人形は、ほんの1年前にテーラーのダギー・ミリングスがデザインしてつくったばかりの、灰色で首の丸い〝ビートルズ〟スーツを着用していた。エディンバラでのステージのために、スコットランドに発つ前日の4月29日、ザ・ビートルズはマダム・タッソー館を訪問し、自分たちの人形と同じ写真に収まった。

初代の蠟人形は1968年まで、4年間にわたって展示された。その間に衣装は5回変化し、スーツを着たヴァージョンは、アルバム《サージェント・ペパーズ・ロンリー・ハーツ・クラブ・バンド》のジャケットに使われている。ジャケットにはほかにもソニー・リストン、ダイアナ・ドーズ、アラビアのロレンス、ジョージ・バーナード・ショウの蠟人形――いずれもタッソー館から借り入れられた――が登場し、デザインを担当したサー・ピーター・ブレイクはその後、アメリカ人ボクサー、リストンの人形を買い取った。

マダム・アン・マリー・タッソーは1761年にフランスで生まれた。最初の人形――フランス人作家のヴォルテールがモデルだった――をつくったのは1771年。1802年にはロンドンで蠟人形の展示をはじめ、1844年にメリルボーン・ロードで蠟人形館をオープンした。館は1925年に火事で焼失するが、1928年に再開され、長年のあいだに英国のほかにも、アメリカや日本で蠟人形館がオープンしている。

（上）2005年に展示が開始された、ザ・ビートルズ4人の頭（とリンゴの手）の〝オリジナル〟蠟人形。

（右）1964年にマダム・タッソー館で公開された、初代の蠟人形とポーズを取るザ・ビートルズ（前）。

日本盤シングル
怒濤のリリース

ザ・ビートルズが全米シングル・チャートを独占した1か月後、ようやく世界第2位の規模を誇る音楽市場が、はじめてグループの45回転盤をリリースする——しかもそれは、かなりの突貫作業だった。

1964年2月5日、日本でEMIと提携していた東芝が、〈抱きしめたい〉をザ・ビートルズの日本デビュー盤として発売した。その5日後には〈プリーズ・プリーズ・ミー〉を出し、4月5日にはさらに3枚のシングル——〈シー・ラヴズ・ユー〉、〈キャント・バイ・ミー・ラヴ〉、〈フロム・ミー・トゥ・ユー〉——を発売。そして5月5日に〈ツイスト・アンド・シャウト〉、〈ドゥ・ユー・ウォント・トゥ・ノウ・ア・シークレット〉、〈オール・マイ・ラヴィング〉、6月5日に〈プリーズ・ミスター・ポストマン〉を出し、トータルで9枚のニュー・シングルが、一気呵成にリリースされた。

シングルはすべてオデオン・レーベルから発売され、どれもイギリスではEP以外で使われたためしのないピクチャー・スリーヴつきだった。日本ではその後、〈ツイスト・アンド・シャウト〉が、1964年8月に初のEPとしてリリースされている。1964年の時点ではまだ日本をツアーしていなかったものの、グループはすでに高い人気を誇り、9枚のシングルのうち3枚は日本でのデビュー・アルバム《ビートルズ！》との同時発売、そして6枚はアルバム発売後のリリースだった。

アルバムには——最初の英国盤2作と同様、そして曲数を減らしたアメリカ盤とは異なり——14曲が収録され、内訳は英国盤の《プリーズ・プリーズ・ミー》からの6曲と、それにつづく《ウィズ・ザ・ビートルズ》からの5曲、それにシングルの〈抱きしめたい〉、〈シー・ラヴズ・ユー〉、〈フロム・ミー・トゥ・ユー〉となっていた。

長年のあいだに日本では、ザ・ビートルズのレコードが世界中のどんな国も敵わないほど多種にわたってリリースされ、実質的に英国盤、アメリカ盤のアルバムが全種と、それに加えてこの国独自のアルバムもいくつか出まわっている。

ザ・ビートルズがついに日本を訪れたのは、1966年の6月から7月にかけてのことで、東京の日本武道館で全5回のステージに立ち、総計5万人のファンの前で演奏した。マッカートニーによると日本のファンは、「西洋の観客に比べるとずっとお行儀がよく」、独自のやり方でグループを迎え入れた。「〝ハロー・ビートルズ！　ウェルカム・ビートルズ！〟という曲をうたってくれてね——ロックンロールとして見るとかなり古くさい感じだったけど、その気持ちはすごくうれしかった」

1966年の夏にザ・ビートルズを観ることができた日本人は、結果的に考えると幸運だった。というのも地元のプロモーターから餞別にもらったニコンのカメラを手にしてフィリピンに飛び、いったん帰国してからアメリカに向かったグループは、そこで最後のステージに立つことになったのである。

(上) 日本盤の〈シー・ラヴズ・ユー〉。

(右) 1964年のはじめに日本で一気に発売された9枚のシングルからさらに2枚——〈キャント・バイ・ミー・ラヴ〉と〈抱きしめたい〉。

(次見開き) 東京の日本武道館でステージに立つザ・ビートルズ。

キャント・バイ・ミー・ラヴ
CAN'T BUY ME LOVE
ユー・キャント・ドゥ・ザット
YOU CAN'T DO THAT
OR-1076
Odeon
RECORDS
東芝音楽工業株式会社
Odeon
RECORDS
OR-1041
I WANT TO HOLD YOUR HAND
THE BEATLES

SEIKO
西北

『ハード・デイズ・ナイト』の香盤表
銀幕デビュー

1964年3月2日、ザ・ビートルズはトゥイッケナム・スタジオとロンドンおよびその周辺のロケ地で、デビュー映画の撮影を開始する。20万ポンドの予算で制作に臨んだプロデューサーのウォルター・シェンソンと監督のディック・レスターは、リヴァプールのライター、アラン・オーウェンを脚本家に雇い、オープニングのクレジットはカメラマンのロバート・フリーマン、そして音楽監督は、ジョージ・マーティンに一任した。

2か月の撮影期間中に、ザ・ビートルズはメリルボーン駅、サセックスのガトウィック空港近くにあった野原、ロンドンのシャーロット・ストリートに建つラ・スカラ劇場、そしてロンドンのノッティングヒル区域を走る街路など、さまざまなロケ地を訪れた。列車内のシーンはロンドンからマインヘッドに移動する途中で撮られ、リンゴ・スターの単独シーンは、トゥイッケナムの撮影所にほど近いキューで撮影されている。

撮影当初、この映画にはタイトルがなく、『ビートルマニア』、『オン・ザ・ムーヴ』、『レッツ・ゴー』などの案が検討されたが、最終的には『ハード・デイズ・ナイト』が選ばれた。発案したのはスターかレノン——これはどちらの話が好みかによって変わってくる。

風変わりな発言や言葉づかいで知られるグループのドラマーは、日中（デイ）に終わらなかったある長い撮影のあとで、「キツい日だなぁの夜だ（イッツ・ビーン・ア・ハード・デイズ・ナイト）」と発言したとされ、プロデューサーのシェンソンほかの面々は、このコメントがタイトルのヒントとなったと証言している。しかしレノンは1964年3月23日に刊行された『絵本ジョン・レノンセンス』ですでに、「キツい日の夜を過ごした（ア・ハード・デイズ・ナイト）」キャラクターを登場させていた。

一度タイトルが決定すると、ザ・ビートルズはすぐさまオープニングのシーンでかかる曲をつくり、3月の初頭からレコーディングをはじめていたほかのサウンドトラック用の曲と、うまくつなげなければならなかった。6月の第1週にはサウンドトラックに入っていない曲がレコーディングされ、アルバムは7月10日にリリースされた。

ウィルフレッド・ブランベル、ヴィクター・スピネッティ、ノーマン・ロッシントン、ジョン・ジャンキンらを共演陣に迎えた『ハード・デイズ・ナイト』——ハリスンの将来の妻、パティ・ボイドも女学生役で出演していた——は、初公開時に1400万ポンドを超える興行収入を上げ、イタリア、ドイツ、フランス、オランダでは外国語版が公開された。評論家筋にも好評を博し、そのひとりは「こんな作品はラジオの『グーンズ』や1930年代のマルクス兄弟以来」、また別のひとりは「マルクス兄弟並みに笑える」と評している。

しかしながらこの映画の完成後、レノンは「最初に観た時はサイアクだった。映画のプロデューサーや監督連中が、勢ぞろいしていたからだ」とコメントし、そのあとでこうつけ加えた。「映画が終わってもなにがあったのかわからなくて、オレたちはそれが嫌だった」

(右) 4人のビートル全員のサインが入った映画『ハード・デイズ・ナイト』の香盤表。1964年3月にロンドンのラ・スカラ劇場で撮影されたシーン用だが、このシーンに彼らの出番はなかった。

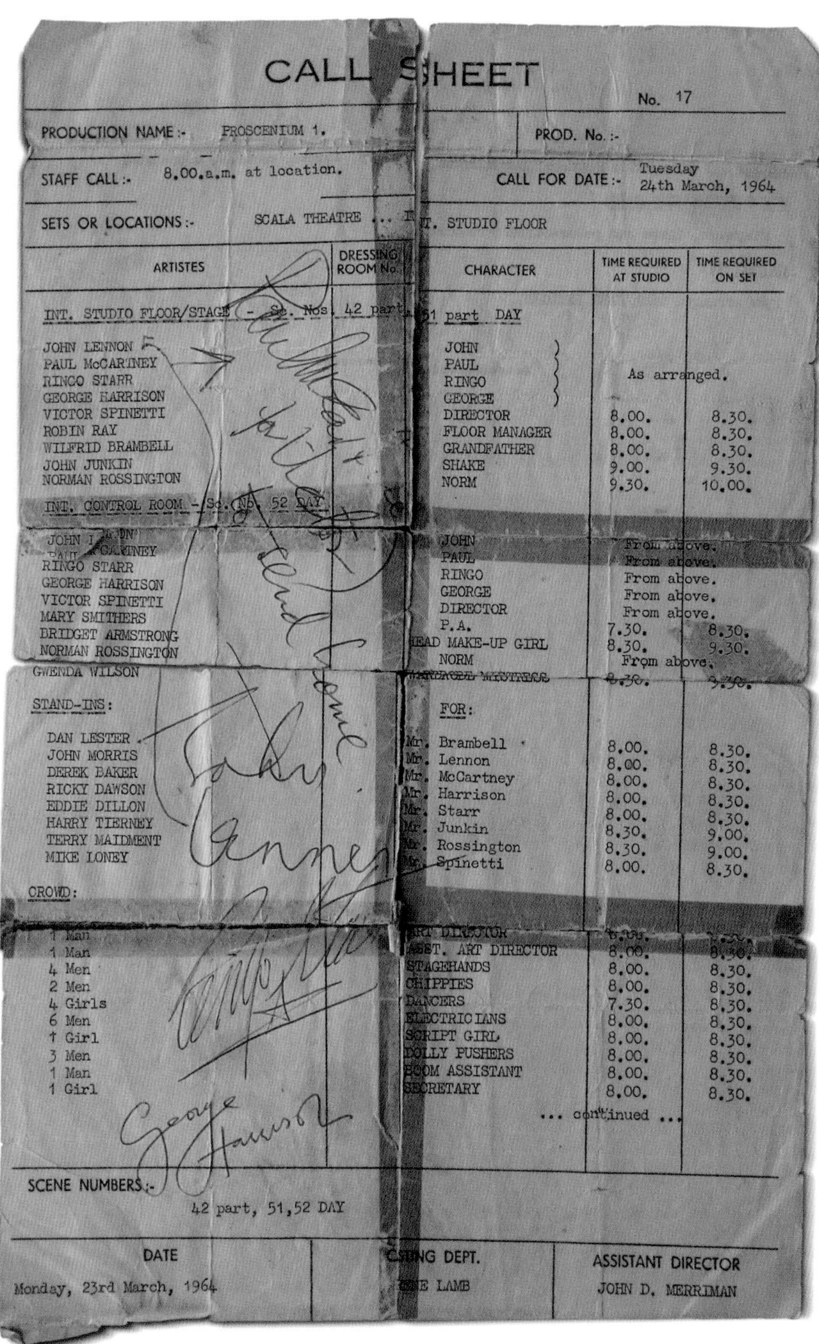

CALL SHEET

No. 17

PRODUCTION NAME :- PROSCENIUM 1. | PROD. No. :-

STAFF CALL :- 8.00.a.m. at location. | CALL FOR DATE :- Tuesday 24th March, 1964

SETS OR LOCATIONS :- SCALA THEATRE ... INT. STUDIO FLOOR

ARTISTES	DRESSING ROOM No.	CHARACTER	TIME REQUIRED AT STUDIO	TIME REQUIRED ON SET
INT. STUDIO FLOOR/STAGE - Sc. Nos. 42 part, 51 part DAY				
JOHN LENNON		JOHN	As arranged.	
PAUL McCARTNEY		PAUL		
RINGO STARR		RINGO		
GEORGE HARRISON		GEORGE		
VICTOR SPINETTI		DIRECTOR	8.00.	8.30.
ROBIN RAY		FLOOR MANAGER	8.00.	8.30.
WILFRID BRAMBELL		GRANDFATHER	8.00.	8.30.
JOHN JUNKIN		SHAKE	9.00.	9.30.
NORMAN ROSSINGTON		NORM	9.30.	10.00.
INT. CONTROL ROOM - Sc. No. 52 DAY				
JOHN LENNON		JOHN	From above.	
PAUL McCARTNEY		PAUL	From above.	
RINGO STARR		RINGO	From above.	
GEORGE HARRISON		GEORGE	From above.	
VICTOR SPINETTI		DIRECTOR	From above.	
MARY SMITHERS		P.A.	7.30.	8.30.
BRIDGET ARMSTRONG		HEAD MAKE-UP GIRL	8.30.	9.30.
NORMAN ROSSINGTON		NORM	From above.	
GWENDA WILSON		WARDROBE MISTRESS	8.30.	9.30.
STAND-INS:		FOR:		
DAN LESTER		Mr. Brambell	8.00.	8.30.
JOHN MORRIS		Mr. Lennon	8.00.	8.30.
DEREK BAKER		Mr. McCartney	8.00.	8.30.
RICKY DAWSON		Mr. Harrison	8.00.	8.30.
EDDIE DILLON		Mr. Starr	8.00.	8.30.
HARRY TIERNEY		Mr. Junkin	8.30.	9.00.
TERRY MAIDMENT		Mr. Rossington	8.30.	9.00.
MIKE LONEY		Mr. Spinetti	8.00.	8.30.
CROWD:				
1 Man		ART DIRECTOR	8.00.	8.30.
1 Man		ASST. ART DIRECTOR	8.00.	8.30.
4 Men		STAGEHANDS	8.00.	8.30.
2 Men		CHIPPIES	8.00.	8.30.
4 Girls		DANCERS	7.30.	8.30.
6 Men		ELECTRICIANS	8.00.	8.30.
1 Girl		SCRIPT GIRL	8.00.	8.30.
3 Men		DOLLY PUSHERS	8.00.	8.30.
1 Man		BOOM ASSISTANT	8.00.	8.30.
1 Girl		SECRETARY	8.00.	8.30.

... continued ...

SCENE NUMBERS :- 42 part, 51,52 DAY

DATE	CASTING DEPT.	ASSISTANT DIRECTOR
Monday, 23rd March, 1964	IRENE LAMB	JOHN D. MERRIMAN

「ハード・デイズ・ナイト」夕食パーティーの招待状

王女様にこそふさわしい

アルバム《ハード・デイズ・ナイト》がリリースされる4日前、ザ・ビートルズの映画デビュー作はマーガレット王女とスノードン卿の臨席を得てロンドン・パヴィリオン・シネマでプレミア公開された。会場には大量のファンが群れ集い、おかげでピカデリー・サーカスと周辺の通りはやむなく閉鎖されてしまう。2度目の〝プレミア〟は7月10日、映画が英国で一般公開されるほぼ3週間前に、リヴァプールのオデオン・シネマで開催された。8月12日にはニューヨークのビーコン・シアターで先行上映され、映画はその翌日に、全米の500館で公開された。

半ダースの――アメリカではそれ以上の――ヒット・レコードを放ち、トリを務めるツアーや主要なTV番組への出演などを経験した時点で、ザ・ビートルズとマネージャーのブライアン・エプスタインはさらに1歩先に進み、映画の世界に参入する時が来たと判断した。「しばらく前からぼくらは、映画のことを考えていた」とマッカートニーは語っている。「アメリカにも進出して成功したから、次は映画だと」

アメリカの映画会社、ユナイテッド・アーティスツ（UA）は、ザ・ビートルズとエプスタインに映画3本の契約を申し出た。だがその実の目的は、彼らのレコードをアメリカで、傘下のUAレコードから発売することだった。最終的に彼らはシェンソンをプロデューサーに雇い、映画の監督にレスターを選ぶ。エプスタインとの交渉に当たり、UAは映画の純益のうち、最低でも25パーセントをザ・ビートルズ側に支払うつもりでいた。ところがエプスタインが最初に出した数字は7.5パーセントに過ぎず、逆に彼らは困惑した。

しかしながら契約が結ばれ、1963年12月にはじめて一般に公表された時、エプスタインの法定代理人は、その率を25パーセントに引き戻していた。ただしどうやらマッカートニーは、条件のことを知らずにいたようだ。「正確にどういう契約だったのかは知らないけど、印税がもらえなかったのははっきり覚えている。もらったのは一定のギャラだけだ。今にして思うと、少しでもパーセンテージを受け取っていたほうがよかったのかもしれないな」

映画が即座に大ヒットしたことに加え、ジョン・レノンとポール・マッカートニーが書いた曲だけで構成された初のアルバム《ハード・デイズ・ナイト》（ただし全曲が映画で使われたわけではない）も、イギリスで21週、アメリカで14週にわたってチャートの首位を独占した。アルバムは結局イギリスで、ナンバー1の座をザ・ビートルズの次作《ビートルズ・フォー・セール》に明け渡す。またシングルになったタイトル曲は、英国とアメリカ両方のチャートで首位に立った。

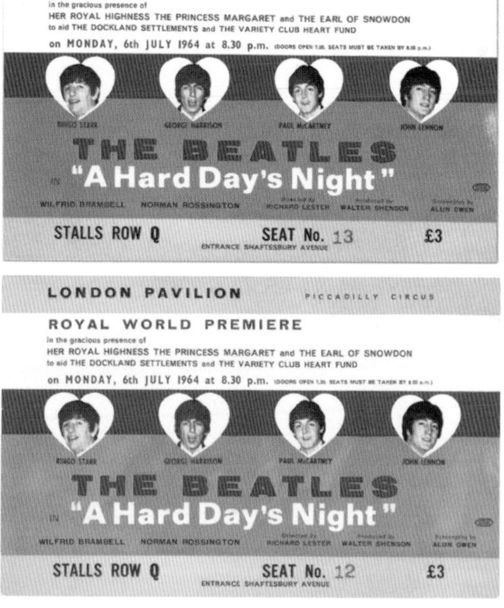

（上）ザ・ビートルズの主演映画『ハード・デイズ・ナイト』のロイヤル・ワールド・プレミアのチケット。

（右）プレミア公開後にロンドンのドーチェスター・ホテルで開かれた「ハード・デイズ・ナイト」夕食パーティーの豪華な招待状。

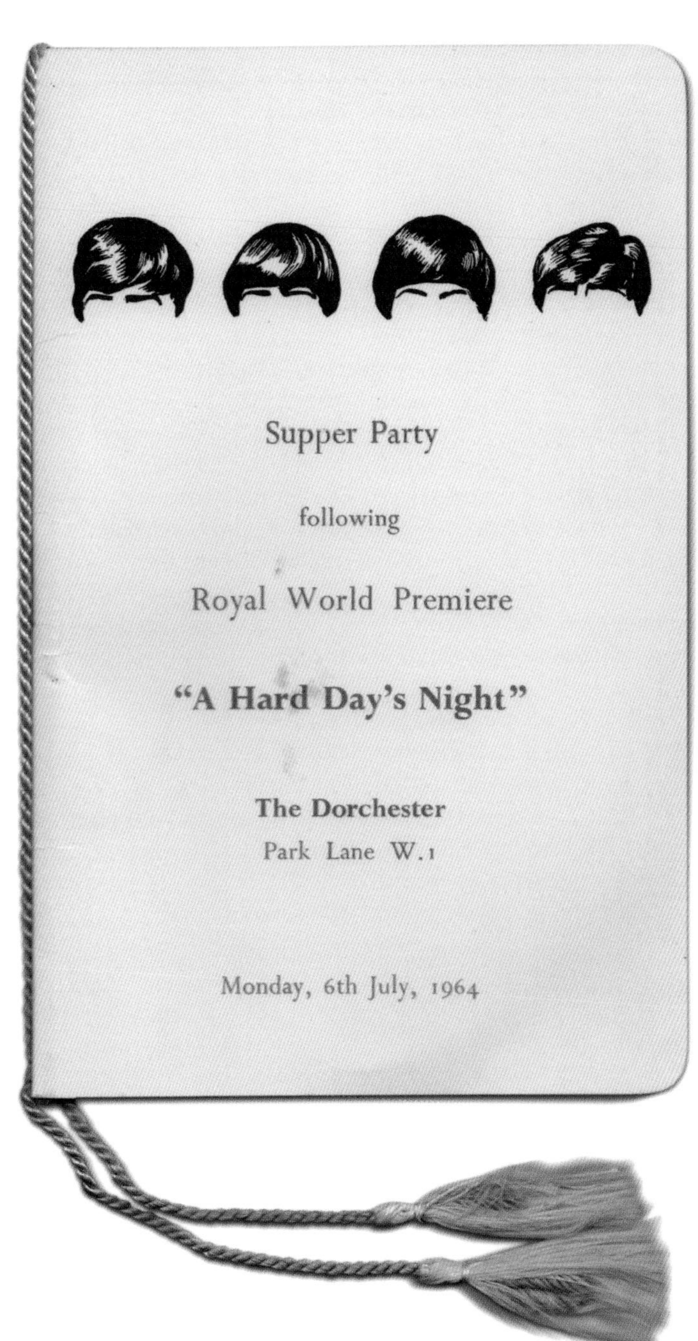
Supper Party
following
Royal World Premiere
"A Hard Day's Night"
The Dorchester
Park Lane W.1
Monday, 6th July, 1964

リヴァプール空港の閉鎖告知
故郷に錦

1964年2月にザ・ビートルズが初のアメリカ遠征から戻ってきた時、ロンドンのヒースロー空港には、土曜の朝のまだ早い時間だというのに、3000人を超えるファンが、自分たちのヒーローを出迎えるために参集していた。

ザ・ビートルズは空港のキングスフォード・スイートで記者会見を開き、会見の模様はその後、まるで彼らに似つかわしくないTV番組でも取り上げられた。土曜日の午後1時から5時15分にやっていたBBC-TVの人気スポーツ情報番組「グランドスタンド」がそれで、記者会見の映像は、司会のスポーツ解説者、デイヴィッド・コールマンによるインタヴューと併せて放送された。

その結果、番組では競馬、ラグビー・リーグ、アマチュア・ボクシングのニュースの合間、そしてその日のサッカーの試合結果の前に、コールマンがロンドンの空港でザ・ビートルズを13分にわたってインタヴューし、レポーターのポリー・エルウィズが、グループの帰国を目撃するために集まったファンに話を聞くことになった。

5か月後の1964年7月10日、ザ・ビートルズはふたたび華々しい帰還を果たす。リヴァプールの市庁舎で開かれる市民主催の歓迎会と、オデオン・シネマで開かれる映画『ハード・デイズ・ナイト』の北部地方プレミアに出席するために、彼らはロンドンからリヴァプール空港に飛んだ。

20万人を超えるビートルズの忠実なファンが、空港から市の中心部にいたるルートに立ち並び、ポール・マッカートニーはその模様を「空港に降り立つと、どこを向いても人だらけだった」とふり返っている。彼はさらにこうつづけた。「信じられなかった。だって子どものころから知っていて、バスで通ったり歩いたりしていた通りに、人がぎっしり並んでいたんだ。何千人もの人たちが——ぼくらのために」

リヴァプールに戻る飛行機の旅は、ジョージ・ハリスンにも深い感慨を抱かせた。最初に地元の空港を離発着していたころは、かなり原始的な飛行機にしか乗れなかったと彼はふり返り、「でもプレミアで戻るころには、ダコタのターボジェット機が使われるようになっていたんだ」とつけ加えている。

7月の土曜の午後、1930年にスピーク空港としてオープンし、第二次世界大戦中はRAF（英空軍）スピークの名で知られていたリヴァプール空港にザ・ビートルズが到着すると、1961年に空港の運営を引き継いだ地元当局は、安全のための措置として、空港のラウンジ・エリアを2時間にわたって閉鎖した。

1986年、この空港が民営化された10年後にリヴァプール空港のターミナルが新しく建て替えられ、2002年3月には空港名が、正式にジョン・レノン空港と改められた。オープニングのセレモニー——レノンがニューヨークで非業の死を遂げた22年後に開かれた——には、ヨーコ・オノと英国首相トニー・ブレアの妻、シェリー・ブースが出席し、レノンのブロンズ像を除幕している。同時にレノンの曲〈イマジン〉から取られた「頭の上には空だけ」という言葉が、メインターミナルビルの屋上に、常時ディスプレイされることになった。

（右）メンバーのサインが入った、リヴァプール空港の閉鎖を伝える1964年の告知（上）と、その38年後、ジョン・レノン空港のオープニングに出席したヨーコ・オノ。

LIVERPOOL CORPORATION

LIVERPOOL AIRPORT

VISIT OF

"THE BEATLES"

FRIDAY 10TH JULY 1964

In the interests of public safety, The Blenheim Lounge will be closed to the public from approximately 4.0 p.m. to 6.0 p.m. on this day.

We apologise for any inconvenience this may cause.

ビートルズのレコード・プレイヤー
ロールパンから壁紙まで

ブライアン・エプスタインはかねてから、金儲けのためにアーティストを利用するマネージャーと見られることを嫌っていたが、ザ・ビートルズが右肩上がりで増えつづけるファンに、さまざまな商品を買わせることのできるブランドと化すと、さすがの彼も、商品化の世界に参入しないわけにはいかなくなった。

1963年7月にファン・クラブ雑誌の「ビートルズ・マンスリー」を創刊したエプスタインは、1964年3月号から同誌に広告を入れはじめ、いとこたちが経営する会社から通信販売で購入できるビートルズ・ジャンパーを35シリング（1ポンド75ペンス）、バッジを6ペンス（2新ペンス半）で売り出した。マネージャーはビートルズ・グッズの〝品質管理〟に強くこだわっていたが、彼のNEMS帝国が巨大化するにつれて、自分で細かくチェックするのは次第にむずかしくなってきた。

最終的にエプスタインは、商品化のビジネスを弁護士のデイヴィッド・ジェイコブズの手に委ねる。これはコンサートのギャラとレコードの印税に追加できる収入を、さらに増やしつづけることが目的だった。ビートルズ関連のグッズをつくりたがっている会社からの問い合わせは増える一方だったため、ジェイコブズはイギリスでいくつかの契約をまとめ、エプスタインとザ・ビートルズの最終的な承認を求めた。

彼らは2000ポンドの一回払いで、モービル・オイルにオーストラリアのガソリンスタンドでザ・ビートルズの写真を売る許可を与え、リヴァプールのパン屋には、ロールパン1個あたり1旧ペンスのロイヤリティで、〝リンゴ・ロール〟をつくる権利を与えた。またロンドンに拠点を置く会社は金属製のトレイをつくって5シリング9ペンス（28ペンス）で売り、ザ・ビートルズに1個あたり2.5ペンス（1新ペンス）の利益をもたらした。マンチェスターの会社は1ロールあたり14シリング6ペンス（72ペンス半）でビートルズの壁紙を売り出し、ほかにもオットマン、レコード・プレイヤー、チューインガム、ベッド・カヴァー、おもちゃのギターなど、それこそ無数の商品がザ・ビートルズの認可を得て製造された。

しかしアメリカに進出する段になると――そこではある会社がブラックプールの会社から、ザ・ビートルズの名前を全面にプリントしたリコリスのキャンディを1000万本輸入していた――ジェイコブズとエプスタインはなんとも高くつく、とんでもないミスを犯してしまう。ふたりはアメリカでの商品化権を、ニック・バーンという若者と彼のパートナーたちに託すことにした。彼らは早々にセルティブ（Beatlesを逆に綴ったもの）という会社を設立し、収入の90パーセントを自分たちが取る契約を1964年に結ぶ。NEMSとザ・ビートルズの手元に残されるのは、わずか10パーセントに過ぎなかった。

エプスタインの誠実さに疑いの余地はなかったものの、とりわけ商品化や映画制作といった新しい分野では、彼の交渉力がザ・ビートルズの足を引っぱる局面もあったようだ。レノンはかつて、こうコメントしていた。「でもビジネス的な面で見ると、ブライアンはセルティブの一件で、オレたちに大損をさせた」

リヴァプールのNEMSストアでエプスタインのアシスタントを務め、その後、NEMSとアップル両方の取締役になったピーター・ブラウンによると、「業界一正直なマネージャーのひとり」だった彼の古いボスは、ビジネスの一部の側面がなかなか理解できずにいた。「商品化や音楽出版やレコード契約といった考え――それは全部、新しい領域だったんです」

1960年代の初頭、商品化はまだはじまったばかりのビジネスだったが、ザ・ビートルズはすでにその最前線にいた。アメリカではウィッグ、シャツ、クッキー、アイスキャンディー、財布、ベルト、キーリング、壁紙、歯ブラシ、人形、タオルが百万個単位で売れ、「ザ・ウォール・ストリート・ジャーナル」紙は、1964年にザ・ビートルズの商品化から得られた収入を5000万ドル以上と見積もった。

結局NEMSとセルティブの契約は、ザ・ビートルズの足を引っぱってしまったことを悔やむエプスタインの個人的な問題となる。彼は利益の相反や、パーセンテージの増大、会計監査上の損害、さらには名誉毀損をめぐる一連の訴訟や反訴に巻きこまれ、最終的にこの件は、NEMSがセルティブに9万ドルを支払い、8万5000ドルの訴訟費用はエプスタインが自分で支払うという形で決着を見た。

（右）〝ホンモノのサイン入りビートルズ電蓄〟と銘打たれていたグランディグのレコード・プレイヤーは、わずか5000台しか製造されていない。アメリカのチェーン・ストア、ギンベルズ限定で売り出され、値段は29ドル99セントだった。

THE
BEATLES

ポール・マッカートニーのアストン・マーティン

ベイビー、あたしの車を運転させたげる

決して意外なことではないが、ザ・ビートルズは何年かのうちに、数台の名車を乗り換えている。資金がより潤沢になる――そして彼らがより有名になる――につれて、4人のビートル全員が、ピカピカに輝くさまざまな種類の新車に目を奪われるようになった。それは成功したファッショナブルな若者たちにとって、60年代の最新スタイルに負けず劣らず重要なものだった。

レコードが100万枚単位で売れ、ライヴ・コンサートが満員の観客を集めるなかで、ファブ・フォーはリヴァプール時代に乗っていた車――たとえばリンゴ・スターのフォード・ゼファーやジョージ・ハリスンのフォード・アングリアのような――から、より高価な、ショウルームに陳列されているモデルに格上げすることが可能になった。現にメンバー中最後に自動車免許に合格したジョン・レノンは、フェラーリを最初の車として買い、その後も少なくとも3台のメルセデスや、手ずからペイントしたロールスロイス、そしてそれに比べるとかなり地味なオースティン・マキシに乗っていた。だがもっとも愛用していたのは、どうやら最後の車だったようだ。スターはカスタム仕様のラドフォード・ミニ・クーパーとメルセデスのほかに、フランス製のクラシックなスポーツカー、ファセル・ヴェガを所有していた。

車好きで広く知られるハリスンは、まずジャガーと60年代一クールな車、ミニ・クーパー5に乗り替えたのちに、同様にヒップなジャガーEタイプを選んだ。モーター・スポーツを愛好する彼は、やがてアストン・マーティンDB 5とフェラーリ365をコレクションに加え、自分のマクラーレンF 1―― 100万ポンド前後で販売されていた世界最速の量産車――の運転席に座った写真も残されている。

ポール・マッカートニーが最初に手に入れた車のひとつも、カスタム仕様のラドフォード・ミニ・クーパーで、長年のあいだに彼は、相当数のヴァラエティに富んだ車を所有し、そのなかには1950年代の〝ホット・ロッド〟フォード・アングリアや、フォード・ブロンコも含まれていた。スコットランド西部の辺鄙な土地に農場を所有する男にふさわしく、マッカートニーはアストン・マーティンDB 5やランボルギーニ400GTのほかにも、ランド・ローヴァーを自分のコレクションに加えている。

彼がダーク・ブルーのアストン・マーティンDB 6――ナンバー・プレートは64MAC ――を購入したのは1964年、バンドが5月に『ハード・デイズ・ナイト』の撮影を終え、6月のワールド・ツアーを目前に控えていた時期のことだと言われている。黒革の内装にラジオとレコード・プレイヤーが装備され、1970年に売却するまでに、マッカートニーはこの車で4万マイル以上の距離を走行していた。

32年後の2012年10月、DB 5――スパイのジェイムズ・ボンドが運転する車――はロンドンのバターシー・パークで開催されたクラシック・カーのオークションに出品され、30万ポンドを超える額で落札された。

環境の保護に力を入れるようになった近年のマッカートニーは、8万ポンド以上する高級車のハイブリッド・レクサスを所有しているが、グループのメンバーは誰ひとり、実際にオーナーだったことのない重要なザ・ビートルズ関連の車が1台ある。まだビートルマニアの勢いが衰えていなかった1966年、ビートルズ・リミテッド社は、1965年型のオースティン・ヴァンデン・プラス・プリンセスをグループ専用のリムジンとして購入した。この車はメンバーが私的、公的なイヴェントに向かう際に使用され、映画『マジカル・ミステリー・ツアー』にも登場を果たしたが、1967年のある時期に売却されている。

（右）いかにも彼らしい特製のナンバー・プレートがつけられたポール・マッカートニーのアストン・マーティン。彼はこの車を1964年に買い、1970年に売却した。

64 MAC

ハリウッド・ボウルのチケット
満員札止めのライヴ

1964年以前にロスアンジェルスの格式高いハリウッド・ボウルで開かれたコンサートのなかで、もっともポップ色が強かったのは、シンガーで俳優のボビー・ダーリンが主役を務めた1958年8月24日のショウだった。そのほぼ8年後——8月23日——ザ・ビートルズは、ボウルでプレイした史上初のロックンロール・アーティストとなった。

1964年8月19日にサンフランシスコのカウ・パレスで初の本格式な全米ツアーをスタートさせた彼らは、ラスヴェガス、シアトル、ヴァンクーヴァーで3度の公演を終えたのちに、この街に到着し、ロスアンジェルスフィルハーモニー管弦楽団の本拠地として名高い会場で、1夜限りのステージに立ことになった。

1922年にオープンしたハリウッド・ボウルは、収容人数が1万8000人を超えるアメリカ最大の野外演奏場だった。ステージにかかった有名な貝殻状のアーチは、建築家のフランク・ロイド・ライトの考案によるもので、彼はオリジナルの貝殻を、この会場の1927年と1928年のシーズン用に建造した。

ザ・ビートルズのライヴ——3か月にわたる全米ツアーでおこなわれる全26回の公演のひとつ——のチケットは4か月前に売り出され、3時間半とかからずに完売した。またグループのプロデューサーのジョージ・マーティンは、ザ・ビートルズ初の公式なライヴ・レコーディングをおこなう会場にこのボウルを選んでいた。「ハリウッド・ボウルのコンサートはぜひとも録音したいと思ったので、キャピトルにかけ合って、向こうのエンジニアを出してもらったんだ」。しかし彼はファンたちが、レコーディングにおよぼす影響を過小評価していた。「ずっと途切れなく絶叫がつづき、いい音で録るのはむずかしかった。あれはまるで747ジェットのお尻に、マイクを当てるようなものだった」

午後9時半にステージに立ったザ・ビートルズは、35分のステージで12曲を演奏し、その模様は〝将来のリリース〟を見越してテープに収められた。のちにレノンはこう説明している。「オレたちがいちばん楽しめたライヴがあれだ。ステージに立ってみると、すごくデカくて最高だった。ハリウッド・ボウルみたいな会場だと、いくら客が騒いでも、音響がいいから自分たちの音が聞こえるんだ」。スターもやはり、自分たちがハリウッド・ボウルで演奏できたことに感動を覚えていた。「ステージを囲む貝殻は最高だった。それがハリウッド・ボウルなんだ——すごく印象的な場所だったし、あの時からハリウッドと恋に落ちた」

ザ・ビートルズは1965年8月にもハリウッド・ボウルで2度のステージに立ち、いずれのライヴもキャピトル・レコードによってレコーディングされたものの、その音源がやっとのことで《ザ・ビートルズ・スーパー・ライヴ！》としてリリースされたのは、それから12年後のことだった。

1977年5月に出たアルバムには、ハリウッド・ボウルでの初舞台から6曲——〈今日の誓い〉、〈ロール・オーバー・ベートーヴェン〉、〈ボーイズ〉、〈オール・マイ・ラヴィング〉、〈シー・ラヴズ・ユー〉、〈ロング・トール・サリー〉——と、1965年のコンサートから7曲——〈ツイスト・アンド・シャウト〉、〈シーズ・ア・ウーマン〉、〈ディジー・ミス・リジー〉、〈涙の乗車券〉、〈キャント・バイ・ミー・ラヴ〉、〈ヘルプ！〉、〈ハード・デイズ・ナイト〉——が収録されている。ジョージ・マーティンがリミックスをほどこし、オリジナル・テープの音質を向上させたアルバムは、英国でナンバー1を獲得し、アメリカでは最高位2位を記録した。

(上) 1964年、ハリウッド・ボウルでの初舞台を踏むザ・ビートルズ。

(右) 1964年にハリウッド・ボウルで1度だけ開かれたザ・ビートルズのコンサートのチケット。

(次見開き) ザ・ビートルズのハリウッド・ボウル公演が売り切れになったことを伝えるイルミネーションの看板。

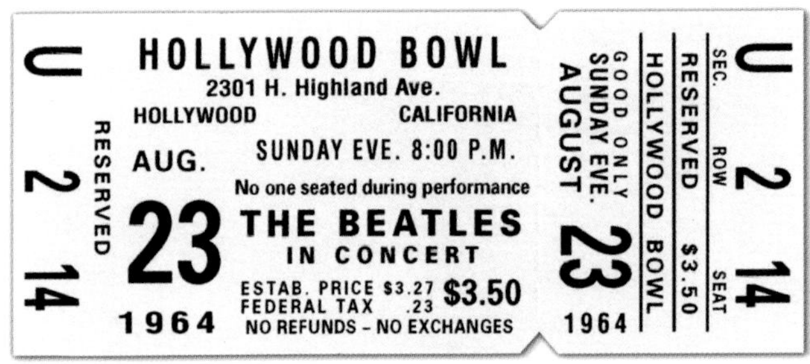

HOLLYWOOD BOWL
2301 N. HIGHLAND AVE.
HOLLYWOOD CALIFORNIA
AUG.
SUNDAY EVE. 8:00 P.M.
KRLA and BOB EUBANKS Present
THE BEATLES
29
ESTAB. PRICE $3.73
FEDERAL TAX .27
$4.00
THIS TICKET WILL NOT
BE REPLACED IF LOST
1965
NO REFUNDS — NO EXCHANGE
RESERVED
R 3 34
SEC. ROW SEAT
RESERVED $4.00
HOLLYWOOD BOWL
GOOD ONLY SUNDAY EVE. AUGUST 29
1965
GLOBE TICKET CO., L.A.

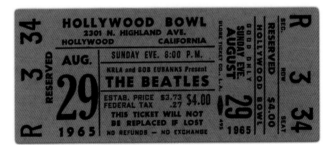

TONIGHT -
"THE
IN
SOLD

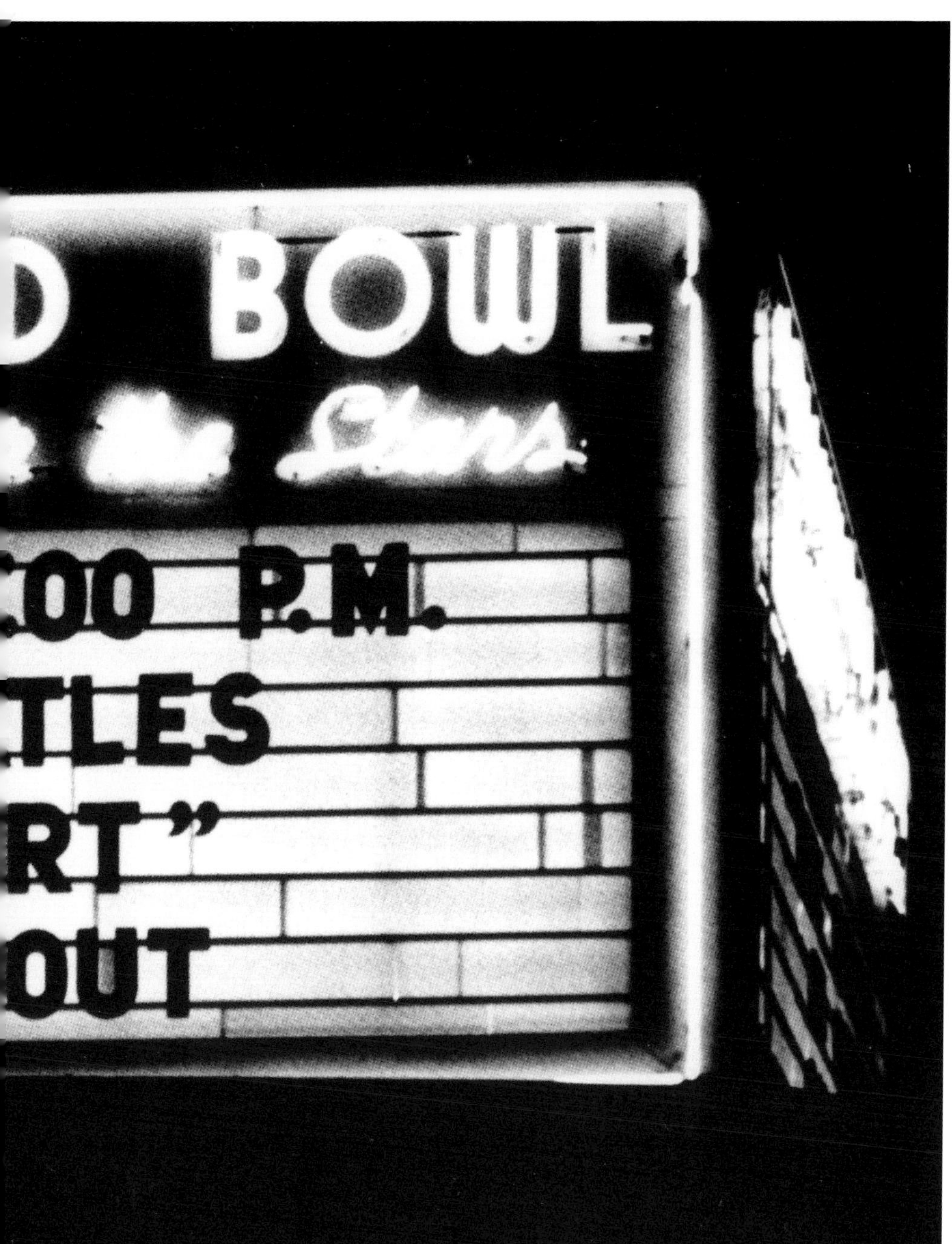
D BOWL
00 P.M.
TLES
RT”
OUT

〈ハード・デイズ・ナイト〉に授与されたグラミー

トータルで7度の受賞

1965年4月11日にロンドンでNMEポール・ウィナーズ・コンサートに3度目の出演を果たしたわずか2日後、ザ・ビートルズはアメリカで、さらに誉れの高い賞を受ける。グラミーの候補者にリストアップされていた〝ファブ・フォー〟が、ついにその栄誉に輝いたのだ。

〝音楽的な偉業〟に対する賞として1959年にはじめて授与されたグラミーは、ナショナル・アカデミー・オブ・レコーディング・アーツ＆サイエンス（NARAS）が主催し、エミール・バーリナーが発明した蓄音機（グラモフォン）にちなんで命名されていた。

ザ・ビートルズがはじめてこの国でもっとも重要な音楽賞に認められたのは、1964年にアメリカで収めた成功を受けて、4つの部門にノミネートされた時だ。初の全米ナンバー1シングル〈抱きしめたい〉は年間最優秀レコード部門にノミネートされ、〈ハード・デイズ・ナイト〉は最優秀コンテンポラリー楽曲の候補になった。ほかにも彼らは最優秀新人の候補に入り、〈ハード・デイズ・ナイト〉は、ヴォーカル・グループによる最優秀パフォーマンス部門にノミネートされていた。

〈ハード・デイズ・ナイト〉はザ・ビートルズのデビュー映画のために、映画のタイトルが決まったあとで、急遽つくり出された主題歌だった。レノンとともに新曲づくりを託されたマッカートニーは、「いつものやり方とはちがっていた。注文に合わせて曲を書くようなことはしてなかったからね」と説明している。「考えているうちに〈ハード・デイズ・ナイト〉なんて曲を書くのは、ちょっと馬鹿げてるんじゃないかという気がしてきた――あのころは、思わず笑いそうになるタイトルだったんだ」

それでも1964年4月のなかばになると、彼らはアビイ・ロードのスタジオで、新曲をレコーディングする準備ができていた。4月16日の午前10時から午後1時にかけて、9つのテイクを録ったザ・ビートルズは、オケでピアノを弾いたプロデューサーのジョージ・マーティンとともに、この曲を1度のセッションで完成させた。マーティンは「映画とサウンドトラックLP、両方の幕を明ける曲になるのはわかっていたので、いつも以上に強力で、効果的なはじまりにしたかった。あの耳に残るギター・コードは、完璧な幕開けだった」と説明している。

ロスアンジェルスで開かれた授賞式で、ザ・ビートルズは年間最優秀レコード部門をスタンゲッツとアストラッド・ジルベルトの〈イパネマの娘〉にさらわれ、最優秀楽曲部門でも〈ハロー・ドーリー〉に敗退した。しかし最優秀新人部門には、同じ英国のペトゥラ・クラークを制して輝き、〈ハード・デイズ・ナイト〉はアメリカのトップ・フォーク・トリオ、ピーター・ポール＆マリーを押さえて、グループによる最優秀パフォーマンス部門を獲得した。

こうしてはじめてグラミーの栄誉を手にしたザ・ビートルズはその後、この賞をさらに6回獲得する―― 1968年には《サージェント・ペパーズ・ロンリー・ハーツ・クラブ・バンド》が最優秀アルバムと最優秀コンテンポラリー・アルバム部門を、そして1970年には《レット・イット・ビー》が最優秀オリジナル・スコア部門を勝ち取った。1996年には『ザ・ビートルズ・アンソロジー』が最優秀長編ミュージック・ヴィデオ、そして1997年には〈フリー・アズ・ア・バード〉がグループによる最優秀ポップ・パフォーマンス部門に選ばれ―― 1972年には、4人全員が特別功労賞を授与されている。

（右）ザ・ビートルズがはじめて獲得したグラミーは、〈ハード・デイズ・ナイト〉に対して授与されたものだ。1964年のこの賞で、彼らは4部門にノミネートされていた。

NATIONAL ACADEMY OF RECORDING ARTS & SCIENCES
THE BEATLES
BEST PERFORMANCE BY A VOCAL GROUP
1964
"A HARD DAY'S NIGHT"

ジョン・レノンのアイヴァー・ノヴェロ賞

ソングライターたちを讃える

アイヴァー・ノヴェロ賞は、卓越した英国のソングライターを讃えるために、英国作詞作曲家作家アカデミー（BASCA）が1955年にスタートさせた賞だ。1960年代の英国ポップ・ビジネス界に、ザ・ビートルズのジョン・レノンとポール・マッカートニーの上をいくソングライターは存在しなかった。

〝アイヴァー〟は演者よりも作家の業績に焦点を当てた〝誉れの高い〟賞で、受賞者の長いリストには、ジョー・ミーク、キャット・スティーヴンス、ピート・タウンゼンド、ギブ兄弟、エルトン・ジョン、デイヴィッド・ボウイといったそうそうたる面々が名を連ねている。

ザ・ビートルズは1964年10月、アルバム《ハード・デイズ・ナイト》が全英チャートで5か月連続の首位をキープしていた時期に、1963年にリリースした曲で最初の賞を受賞した。〈シー・ラヴズ・ユー〉がベストセラー・ソングと最多放送／演奏楽曲に選ばれ、そればかりか〈抱きしめたい〉がベストセラー・ソングの第2位、そして〈オール・マイ・ラヴィング〉も、最優秀楽曲部門の第2位につけていた。

同じセレモニーの席で、4人のビートルとマネージャーのブライアン・エプスタイン、そしてプロデューサーのジョージ・マーティンは、英国の音楽に対する傑出した貢献を認められ、特別賞を授与された。

こうして最初の賞をものにしたザ・ビートルズは、翌年も賞に輝き、〈キャント・バイ・ミー・ラヴ〉でベストセラー・レコードと最多放送／演奏楽曲の両部門を獲得する。今回、賞を受け取るために、単身で1965年7月13日にロンドンのサヴォイ・ホテルで開かれた授賞式に出席したマッカートニーは、それと同時に〈ハード・デイズ・ナイト〉が最多演奏楽曲で2位、そしてラジオ／TVないしは映画の最優秀主題歌部門でも候補に入り、〈アイ・フィール・ファイン〉がベストセラー・レコード部門で2位につけていることを知らされた。

マッカートニーが単独で書いたにもかかわらず、クレジットはレノン＝マッカートニーとなっていた1965年の〈イエスタデイ〉は、1966年の〝アイヴァー〟で年間最優秀楽曲に輝き、一方で〈恋を抱きしめよう〉は、〈ヘルプ！〉を制してベストセラー・レコードに選ばれた。

1967年の賞でもザ・ビートルズがまたしてもスポットを浴び、旧作の〈ミッシェル〉と〈イエロー・サブマリン〉が、それぞれ1966年の最多演奏楽曲と、ベストセラー・レコードに選ばれている。この結果ザ・ビートルズは、〝アイヴァー〟の英国におけるベストセラー・レコード部門を4年連続で獲得することになった。

1968年には、ザ・ビートルズの1967年のアルバム《サージェント・ペパーズ・ロンリー・ハーツ・クラブ・バンド》に収録の〈シーズ・リーヴィング・ホーム〉が最優秀英国楽曲に選ばれ、マッカートニーは単独でも、はじめてサウンドトラックを手がけた映画『ふたりだけの窓』の〈ラヴ・イン・ジ・オープン・エアー〉で、最優秀インストゥルメンタル部門を獲得する。ザ・ビートルズの〈ハロー・グッドバイ〉は、年間ベストセラー・レコードの2位につけていた。

翌年、ザ・ビートルズは〈ヘイ・ジュード〉で今一度ベストセラー・シングル賞に輝き、1970年には1969年のシングル〈ゲット・バック〉でベストセラー・シングルの6位に入った。1970年の〝アイヴァー〟ではほかに、〈オブ・ラ・ディ・オブ・ラ・ダ〉が最多ラジオ・リクエスト曲のタイトルを獲得している。

ザ・ビートルズが最後に獲得したアイヴァー・ノヴェロ賞――ウェールズで生まれ、1951年に亡くなった作曲家兼演奏家にちなんで命名された――は、グループの主要なソングライターふたりに与えられる個人的な賞という形をとる。1981年、マッカートニーは国際的な業績に対するアイヴァー・ノヴェロ特別賞を受け、1989年には英国の音楽に果たした傑出した貢献に対する賞を授けられた――1980年の死からわずか3か月後に、同じ賞で表彰されたジョン・レノンに8年遅れて。

（右）ジョン・レノンが〈シーズ・リーヴィング・ホーム〉で獲得した――彼はその栄誉を共作者のポール・マッカートニーと分け合った――1968年の〝アイヴァー〟。ザ・ビートルズのメンバーはこれも含め、トータルで17のアイヴァー・ノヴェロ賞に輝いた。

知られざる写真

撮影地：ロンドンNW8、ケイヴェンディッシュ・アヴェニュー

仲間のビートルがいずれも会計士のアドヴァイスを受け入れ、ロンドン郊外の高価で広大な不動産に投資するなかで、ポール・マッカートニーだけは街を離れて、田舎に移り住みたいという衝動を抑えていた。

ロンドンに移った当初、マッカートニーはガールフレンドのジェーン・アッシャーが両親と暮らすウィンポール・ストリートの家に居候していた。だがやがてふたりのために家を買おうと思い立ち、1965年4月、ローズ・クリケット場やアビイ・ロードのスタジオにもほど近い、セント・ジョンズ・ウッドのケイヴェンディッシュ・アヴェニュー7番地に建っていた3階建てのジョージ朝風タウン・ハウスを4万ポンドで購入する。マッカートニーはこの家に大々的な改築と改装をほどこし――その費用は2万ポンドと報じられた―― 1966年3月に引っ越した。

「引っ越した先はセント・ジョンズ・ウッドだけど、実際にはロンドンのまんなかだった」とマッカートニーは説明している。「ぼくはまだロンドンに夢中だった。歴史を感じさせてくれるところが大好きで、ぜひともあそこにいたかった。劇場や、ありとあらゆるものの近くに」

EMIのスタジオにも近かったため、この家はレコーディング・セッションのあいだ、ほかのメンバーにとっての本拠地にもなり、最上階に音楽室を増築すると、マッカートニーは自分のタウン・ハウスで、誰にも邪魔されずに新曲づくりを進められるようになった。〈ペニー・レイン〉、〈ゲッティング・ベター〉、〈ヘイ・ジュード〉はいずれもケイヴェンディッシュ・アヴェニューで部分的につくられた曲だ。

この家はしばしばファンに取り囲まれ、彼女たちは定期的に、家を出入りするマッカートニーの写真を撮っていた。現に〈シー・ケイム・イン・スルー・ザ・バスルーム・ウィンドー〉という曲は、梯子を使ってトイレの窓をくぐり、マッカートニーの家に侵入したアップル・スクラッフルズ――常時、EMIスタジオの周辺にたむろしていた熱心なビートルズ・ファン――がモデルになったという説もある。

マッカートニーは自分の家でミーティングを開き――《サージェント・ペパー》のジャケットについて、デザイナーのピーター・ブレイクと打ち合わせをしたり、EMIとの問題をめぐって、同社会長のサー・ジョーゼフ・ロックウンドとの会談を持ったりしたのもここだった――画商のアート・フレイザーや、アーティストのアンディ・ウォーホル、そしてザ・モンキーズのメンバーといった人々をもてなした。モンキーズのメンバーはケイヴェンディッシュ・アヴェニューからアビイ・ロードのスタジオに向かい、1967年2月10日におこなわれた〈ア・デイ・イン・ザ・ライフ〉のレコーディングに立ち会っている。

この家は近所のメリルボーン・ロードで、ガールフレンドのマリアンヌ・フェイスフルと同棲していたミック・ジャガーがマッカートニーに会いに来る場所でもあった。フェイスフルはのちにこう回想している。「よくふたりに会いに行ってたけど、彼がわたしたちの所に来たことはなかったと思う。ミックはいつも彼の家に行かなきゃならなかった。彼はポール・マッカートニーだったから、こっちから出向くしかなかったのよ」。このビートルはまた、自分がこの家の音楽室でジャガーをマリファナに開眼させたと考えている――「おかしいだろ。だって誰がどう見ても、その逆としか思えないじゃないか」――が、ふたりのミュージシャンがケイヴェンディシュ・アヴェニューで会う目的はそれだけではなく、彼らはそこで、ザ・ビートルズとザ・ローリング・ストーンズのリリースがバッティングしないように、スケジュールの調整を図っていた。

長年のあいだにマッカートニーは、マグリットやピーター・ブレイクの絵画に加え、タキスやエドゥアルド・パオロッツィの彫刻、さらにはグルーチョ・マルクスからのプレゼントだとされる円形のベッドなどをこの家に持ちこんできた。また彼が庭に設けた瞑想用のスペースは、ニワトリたちや少なくとも1頭のヤギを含む、さまざまな動物たちに住処を提供していた。

ケイヴェンディッシュ・アヴェニューの家で暮らすことはほぼなくなったものの――マッカートニーはスコットランドやサセックスやアメリカにも不動産を所有している――彼が同じリヴァプール出身のシンガー、ビリー・フューリーの家の向かいにつくり上げたロンドンでの拠点は、まだ一度も売りに出されていない。

(右)ロンドン、セント・ジョンズ・ウッドのケイヴェンディッシュ・アヴェニューで、家を出るポール・マッカートニーを待ち受けていたビートルズのファンが撮った写真。

OLP 108E

ジョン・レノンのロールスロイス
近代設備完備のヒッピー・カー

ジュリアン・レノンは何年か前、父親の運転技術と車選びをふり返って、「親父は史上最悪のドライヴァーだったけど、サイケデリックなロールスロイスのような忘れがたい車を、何台か持っていたのはまちがいない」と語っていた。

たしかにレノンの長男がまだ2歳だったころ、24歳のビートルはロールスロイス・ファントムV――ナンバー・プレートは〝FJB111C〟――のオーナーとなっている。1965年6月のことで、クルーのロールスロイス工場で製造された車は、もともとスタンダードなヴァレンタイン・ブラック仕上げだった。重量は3トンあり、レノンが悪名高い視力の悪さを無視して乗りまわしていたオースティン・マキシとメルセデスのリムジンの隣に並べられた。

1年後、前年の12月に無線電話（番号は〝Weybridge 46676〟）を設置していたレノンは、ダブルベッドに変わるリアシート、カスタムメイドのオーディオ・システム（外づけの拡声器つき）、TV、冷蔵庫を追加で導入した。レノンがオーナーとなった最初の2年間で、この高級車の走行距離は2万9000マイルを少し超えていたが、そのなかには彼が『ジョン・レノンの僕の戦争』を撮っていたスペインまで、この車を――運転手つきで――移送させた距離も含まれていた。

その時点で車の伝統的なマット・ブラック仕上げに飽きがきていたレノンは、この車をサイケデリックなパターンで再塗装するアイデアを思いつき、サリー州チャートシーの車体業者、J・P・ファロンに助力を仰いだ。彼らは地元のアーティスト、スティーヴ・ウィーヴァーを雇い、花々と渦巻きのデザインを考案したウィーヴァーは、それをみずから車にペイントした。この作業にかかった費用は、トータルで2000ポンドだった。

車はにわかに大きな話題となり、なかにはロールスロイスを〝汚す〟決断を下したレノンに怒りを表明する純粋主義者たちもいた。1970年にレノンとオノがニューヨークに居を移すと、ロールスロイスもアメリカに輸送され、ザ・ローリング・ストーンズやボブ・ディランほか、数々のロック・スターに貸し出されていたが、結局レノンはこの車を売らずに、保管することにした。

1977年、アメリカ国税庁との交渉をへて、レノンはこの車を高名なスミソニアン協会の一部門に寄付し、その見返りに大幅な税額の控除を受ける。車はその後、ニューヨークのクーパー＝ヒューイット博物館で、1978年10月から3か月にわたって展示された。同博物館は1985年、ロールスロイスをオークションにかける決定を下し、仲介したサザビーズは、その落札額を20万ドルから30万ドルと見積もった。実際に落札したリプリー・インターナショナル――「リプリーの信じようと信じまいと」のTV番組や博物館のオーナー――は229万9000ドルを支払い、ヴァンクーヴァーで開催されるエキスポ'86にこの車を貸し出したが、最終的にその所有権は、リプリー・インターナショナルから、カナダで3番目の大金持ちにランクされていた同社のオーナー、ジム・パティスンに移行された。

するとパティスンはこの車をブリティッシュ＝コロンビア州に寄贈し、ファントムVはこの州の交通博物館で展示されたあと、ヴィクトリアのロイヤル・ブリティッシュ・コロンビア博物館に移された。以来、車はこの博物館に展示され、ときおり寄付金集めにも使われている。

（右）ジョン・レノンが1965年に購入し、2年後、2000ポンドをかけてサイケデリックな再塗装をほどこしたロールスロイス。

シェイ・スタジアムのポスター

「こんなにエキサイティングな経験はない」

初の全米ツアーにくり出したほぼ1年後、ザ・ビートルズはふたたびアメリカに戻り、この国を横断する全11回公演のツアーを開始する。その幕開けは野球チームのニューヨーク・メッツが本拠地にしていた、広大な野外スタジアムでのコンサートだった。

シェイ・スタジアムはニューヨークのクイーンズ地区に位置し、ザ・ビートルズがそこでプレイした1965年8月15日には、5万5000人を超えるファンで満杯になった。「シェイ・スタジアムはバカでかい場所で」とハリスンは語っている。「あの手のスタジアムがロック・コンサートに使われたのは、あの時がはじめてだった」。彼の言葉は正しかった。というのもそれにもっとも近いのはサミー・デイヴィス・ジュニアが寄付金集めのために開いたイヴェントで、観客は2000人に過ぎなかったからだ。

ザ・ビートルズのほかにも、同じくイギリス出身のサウンド・インコーポレイテッドが、ブレンダ・ホロウェイやザ・キング・カーティス・バンドとともに出演したシェイ・スタジアムのコンサートは、アメリカ人プロモーター、シド・バーンスタインのアイデアで、舞台設営や警備（加えてロイズ・オブ・ロンドンと結んだ2万5000ポンドの保険）の経費は、すべて彼が支払った。マンハッタンのホテルからリムジンでヘリポートに移動したザ・ビートルズは、ヘリコプターに乗りこみ、球場にほど近い世界博のビルの屋上に着陸した。そこから彼らは最後の100ヤードを、ウェルズ・ファーゴの護送車で移動した。

DJのマレー・ザ・Kに呼び出されたザ・ビートルズは全10曲を演奏し、その模様はTV司会者、エド・サリヴァンの制作会社が――ザ・ビートルズおよびマネージャーのエプスタインの協力を得て―― 50分のTV特番用に撮影した。番組は最終的にBBCが1966年3月に放映している。

カーキ色のミリタリー風ジャケット姿で、ライヴのあいだ、ずっと絶叫に埋もれていた――ヴォックスが提供した出力100ワットの特製アンプもむなしく――ザ・ビートルズは、それでもなおこのイヴェントに、強い感銘を受けていた。「すごかった」とレノンは語っている。「世界中のどんなところでも、あれだけの大観衆を前にプレイしたことはかなったし、聞いたところだと、オレたちだけじゃなく、誰にとっても史上最大のライヴだったらしい。しかもそれがすばらしくて。こんなにエキサイティングな経験は、今までにしたことがない」

「エキサイティング」で「すばらしい」だけでなく、儲けも大きいライヴだった。というのもザ・ビートルズの取り分は、16万ドルという記録破りの額に達していたのだ。

シェイ・スタジアムではじめてのステージに立った1年後、1966年8月23日に、ザ・ビートルズは最後のツアーの一環として、このニューヨークの会場に戻ってきた。満員とはならなかったものの――1万1000席が売れ残っていた――グループは29万2000ドルの総収入から18万9000ドルを受け取り、新たな世界記録を樹立する。だがプロデューサーのジョージ・マーティンによると、売れ残った席は、ザ・ビートルズのツアー・プランにより深刻な影響をおよぼしていた。「……彼らが『よし、これはもう絶対にやめにしよう』と決めたのは、そういう事情が背景にあったからなんだ」

（上）ザ・ビートルズがニューヨークのシェイ・スタジアムでプレイした際に、プロモーターのシド・バーンスタインがつくった記念のキーリング。

（右）1966年におこなわれた、2度目のシェイ・スタジアム公演を広告するポスター――彼らが最後のステージに立ったのは、その6日後のことだった。

SID BERNSTEIN

PRESENTS THE

BEATLES

IN PERSON

PLUS ALL STAR SHOW

SHEA STADIUM

AUG. 23 - 1966 7:30 P. M.

All Seats Reserved: $4.50, 5.00, 5.75 - phone 265-2280 For Information

TICKETS NOW AT

SINGER SHOP RECORD DEPT. Rockefeller Center Promenade, 49th - 50th Streets on Fifth Avenue

1965年の全米ツアーで使われたメンバー別の手荷物タグ

バック・イン・ザ・USA

初の本格的な全米ツアーからほぼ1年後、ザ・ビートルズは世界最大の音楽市場であると同時に、完全に彼らの支配地と化していた国に戻り、2度目のコンサート・シリーズを開始した。

1965年8月15日に記録破りの観衆を集めて、シェイ・スタジアムで幕を開けるツアーのためにニューヨーク入りした時、グループは〈ヘルプ！〉のリリースで、9枚目の全米ナンバー1シングルをものにする寸前だった。また同名のアルバムも、ザ・ビートルズの全米首位獲得作リストに、6番目の作品として加えられようとしていた。

ニューヨークからザ・ビートルズはトロントに飛び、8月17日にメイプル・リーフ・ガーデンズで開かれた2度のライヴで、1万8000人を超えるファンを動員する。またその翌晩におこなわれたアトランタ・スタジアムでの1回公演には、3万人が詰めかけた。以後の4夜でヒューストン、シカゴ、ミネアポリス、ポートランドをまわったザ・ビートルズは、13万人を超えるファンの前で、トータルで7度のステージを披露した。

8月28日のサンディエゴ公演に備えて、8月23日にカリフォルニアに飛んだザ・ビートルズは、ロスアンジェルスでしばし休息を取ったあと、8月27日にはこの街を横断して、ペルージャ・ウェイのベルエアにあるエルヴィス・プレスリーの邸宅を訪問する。この歴史的な会見は、1964年8月にポール・マッカートニーが電話で〝キング〟と話したことを受けて、プレスリーのマネージャーのトム・パーカー大佐がお膳立てしたもので、ファブ・フォーとエルヴィスは録音が残されていない、ごくごく短いジャム・セッションのあいだに〈ユー・アー・マイ・ワールド〉〔*シラ・ブラックが1964年に放ったヒット〕を共演した。

サンディエゴでのライヴを終えると、ザ・ビートルズは8月29日と30日に名高いハリウッド・ボウルで2度の公演をおこない、9万ドルを超える入場料収入を稼ぎ出す。その模様はレコーディングされ、のちに《ザ・ビートルズ・スーパー・ライヴ！》のかなりな部分を占めることになった。

16日におよぶアメリカの旅で、10番目にして最後となるコンサートは、8月31日にサンフランシスコのカウ・パレスでおこなわれ、1万8000人を超えるファンが、その1年前にバンドが初のツアーの幕を開けた会場で、2度のライヴを目の当たりにした。

（右）1965年、16日間のツアーのためにトランス・ワールド機でアメリカに飛んだ時、ザ・ビートルズのメンバーには個人用の手荷物タグが用意された。

（次見開き）1965年8月20日にシカゴのホワイト・ソックス・スタジアムで開かれた2度のコンサート用に、特設されたステージに立つザ・ビートルズ。

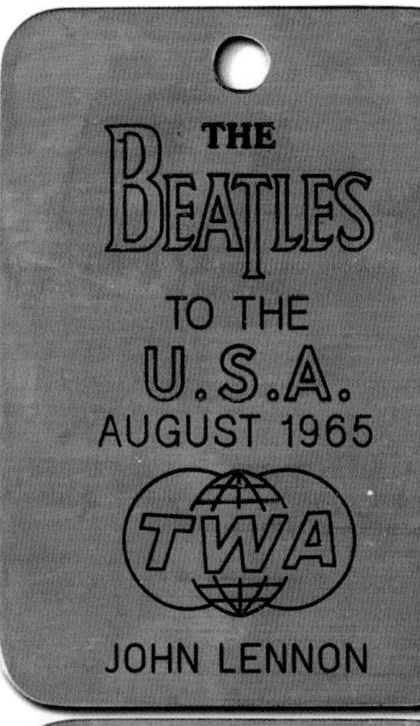
THE
BEATLES
TO THE
U.S.A.
AUGUST 1965
TWA
JOHN LENNON

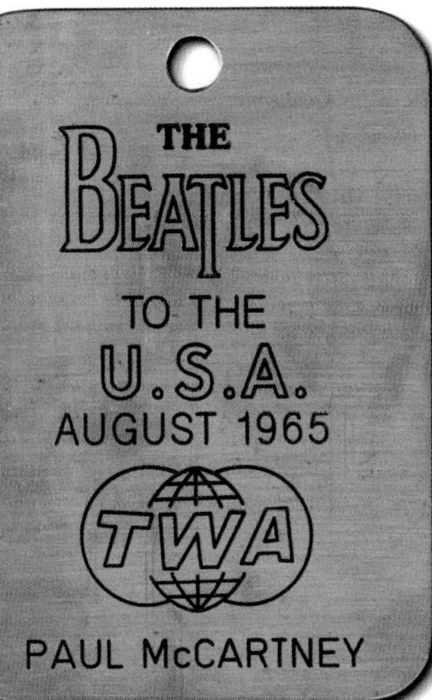
THE
BEATLES
TO THE
U.S.A.
AUGUST 1965
TWA
PAUL McCARTNEY

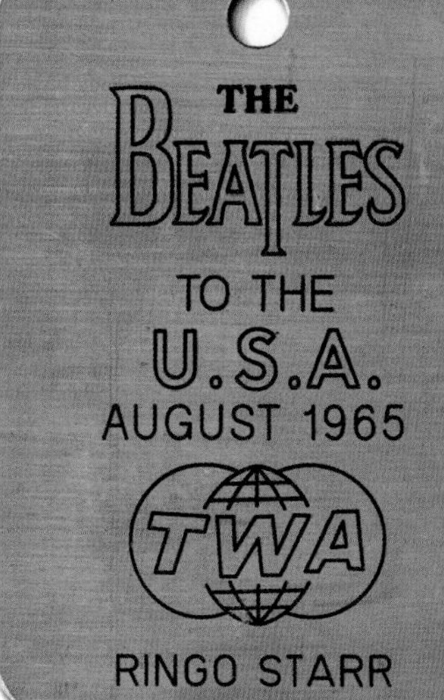
THE
BEATLES
TO THE
U.S.A.
AUGUST 1965
TWA
RINGO STARR

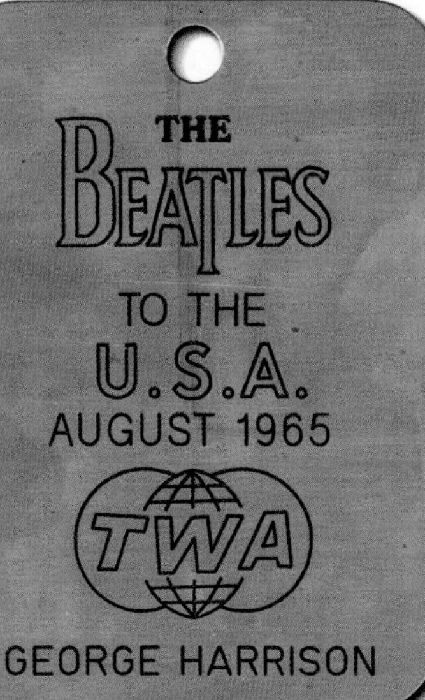
THE
BEATLES
TO THE
U.S.A.
AUGUST 1965
TWA
GEORGE HARRISON

THE
BEATLES

MBE勲章
女王様からのバッジ

1965年6月12日、女王エリザベスII世の〝誕生日の叙勲〟リストでザ・ビートルズがMBE（大英勲章第5位）に名を連ねるまで、王族から勲章を授与されたポップ・スターは皆無で、あのクリフ・リチャードですら無視されていた。

ザ・ビートルズを大英勲章に推薦したのは、首相（にしてリヴァプール選出下院議員）のハロルド・ウィルソンだが、そのニュースが明るみに出ると、バッキンガム宮殿には過去の受勲者たちからの抗議が殺到した。引退したある大佐は12本の勲章を返還し、カナダの元庶民院議員、ヘクター・デュピュイは「英国王室はわたしを、野卑な愚か者の集団と同等の存在におとしめた」と不満を訴えた。

同時に当のザ・ビートルズも、このニュースには複雑な感情を抱いていた。「見方はふたつある」とマッカートニーは語っている。「すばらしい栄誉に浴したという見方と――ぼくらもある程度までは、そう考えていたと思う――（シニカルなほうに振れた場合は）ずいぶん安っちいご褒美だなという見方だ」

スターは「女王様に会って、彼女からバッジをもらうわけで、『こいつはクールだ』と思ったね」と語っているが、その一方でレノンはどうやら、さほど心を動かされなかったようだ。

だが最初にバッキンガム宮殿から届いた叙勲に関する問い合わせの手紙は無視した彼も、最終的には受勲に同意した。「あいつ〔ブライアン・エプスタイン〕とほかにも何人かから、受けたほうがオレたちの利益になると説得されたんだ」。ただし彼はのちに、こうつけ加えている。「あのころのオレたちはやたらと魂を売るような真似をしていた。MBEを受けたのも、オレからするとそのひとつだ」

アルバム《ラバー・ソウル》のレコーディングにかかり切りになっていたザ・ビートルズは、1965年10月26日になってようやく、女王から勲章を受け取るために、バッキンガム宮殿に足を運んだ。叙勲のリストに入っていなかったため、マネージャーのエプスタインは同行しなかったが、マーガレット王女は「たぶんザ・ビートルズはMBEのことを、ミスター・ブライアン・エプスタインの略だと思っているんじゃないかしら」とコメントしたと伝えられている。

セレモニーの途中で、女王がスターに何年このグループをやっているのかと訊ね、彼とマッカートニーは「もう40年やっていますが、1日だって多すぎると思ったことはありません」と冗談を返した。グループが宮殿のトイレでマリファナを吸ったという説もあるが、これはおそらく捏造だろう。「式典の席でマリファナを吸ったことはない」とハリスンは語り、たしかにグループはトイレに入ったが、それは緊張していたせいだと説明した。「そこでぼくらはタバコを吸った。きっとジョンは何年もたってから、あの時のことを思い出して、『うん、オレたちはトイレに入って一服した』と話したんだと思う。そしたらそれが、ハッパの話になったんだ」

4年後―― 1969年11月25日に――レノンはナイジェリアとヴェトナムでの戦争、そして彼の最新のレコードがヒット・パレードを下降していたことに抗議して、自分のMBE勲章を女王に返還することにした。彼はバッグ・プロダクションの名前が入ったレターヘッドに「陛下、わたしはナイジェリアとビアフラの一件に対する英国の関与、ヴェトナムに対するアメリカの支援、そして〈コールド・ターキー〉がチャートを滑り落ちていることに抗議して、このMBE勲章を返還いたします」としたため、「愛をこめて、ジョン・レノン」と署名した上で、サヴィル・ロウ3番地にあるアップルのオフィスから勲章を送り返した。

2009年、レノンが返還したMBEが、このビートルの抗議文ともども王室公文書保管庁の倉庫で発見された。ファンはその勲章――「ビートルズのメモラビリアに欠かせない逸品」と評された――を、できればリヴァプールで展示するべきだと主張したが、バッキンガム宮殿のスポークスマンは、受勲者の存命中であれば、当人の要求に従い、無条件で返却されると説明した上で、次のように返答した。「それゆえ受勲者の最近親者から直接のアプローチがない限り、公文書保管庁としては、この勲章を外に出すことは考えておりません」

（右）ザ・ビートルズが1965年に授与されたのは、これと同種のMBE勲章だった。ジョン・レノンは1969年に自分の勲章を返還し、その勲章は20年後に王室の倉庫で発見された。

FOR GOD AND THE EMPIRE

『ヘルプ！』の脚本

カメラをまわせ――もう一度

1965年2月、ザ・ビートルズは映画『シャレード』の脚本を書いたアメリカ人のマーク・ベームと、映画『ナック』で監督のディック・レスターと仕事をしたイギリス人のチャールズ・ウッドの手になる脚本を元に、2本目の映画に取りかかった。

『ヘルプ！』の撮影はバハマの首都、ナッソーで、気温が30度を超えるカリブ諸島に70人を超えるキャストとスタッフが集結した2日後の2月24日からスタートした。だが撮影はひと月足らずでオーストリアに場所を移す予定になっていたため、メンバーを誰ひとり日焼けさせないことが喫緊の課題となる。というのも完成した映画では、ヨーロッパのシーンを冒頭に持って来ることになっていたのだ。

3月のオーストリアでおこなわれた撮影では、メンバーのひとりひとりに、黒のズボンと黒の上着、それに黒いシールスキンのスキー・ブーツという特製の衣装があてがわれた。レオ・マッカーン、エレノア・ブロン、ウォーレン・ミッチェル、ダンディ・ニコラスといった名のある俳優たちのほかに、ローディーのマル・エヴァンズもキャストに加わった映画は、ロンドンの周辺やソールズベリ平野、そしてトゥイッケナム・スタジオで追加のシーンを撮影したのち、1965年5月に完成を見る。一時は『ビートルズ・ツー』、そして『エイト・アームズ・トゥ・ホールド・ユー』とも呼ばれていた映画は、再度、ウォルター・シェンソンがプロデュースを手がけ、完成までに総額で150万ドルを要した。

映画のプレミアは7月29日にロンドン・パヴィリオン・シネマで催され、慈善団体の英国ヴァラエティ・クラブが、ドックランズ隣保事業（セツルメント）と自前のハート基金を支援する目的でスポンサーについた上映会には、マーガレット王女とスノードン卿が臨席した。2週間後、『ヘルプ！』はアメリカで封切られ、リオデジャネイロ国際映画祭では首位の座に輝いた。

プロデューサーのシェンソンは『ヘルプ！』を「リゾート映画」と位置づけた上で、「映画はふたつのまったく対照的なリゾート地で撮影された。われわれはカリプソからヨーデルに旅し、そこにイェー・イェーをたっぷり盛りこんだ」と説明し、一方である評論家は、「この子たちはマルクス兄弟以来、もっともマルクス兄弟に近い存在だ」とコメントした。配給元のユナイテッド・アーティスツと、シェンソン、レスターは、いずれもザ・ビートルズの新たな映画をつくる気まんまんでいたが、3本目の映画が実現することはついになかった。

『ヘルプ！』のサウンドトラック・アルバムはイギリスでナンバー1の座につくが――グループにとっては5枚目の首位獲得作――『ハード・デイズ・ナイト』の時と同じように、映画で実際に使われた曲は片面にしか入っていなかった。

（上）2作目の映画の台本。まだ初期の段階で、タイトルも『ビートルズ・ツー』とそっけない。

（右）1965年3月、『ヘルプ！』と改題された映画の撮影で、雪深いオーストリアを訪れたザ・ビートルズ。

SPORT u. MODE
W.L. GEFÄLL
KNEISSL
SPORT GEFÄLL

アビイ・ロードのピアノ
使い古されたアップライトの〝耳障りなピアノ〟

1962年6月6日――ザ・ビートルズがはじめてアビイ・ロードのスタジオに足を踏み入れた日――から1969年8月にかけて、ロンドンの北部にあるEMIの高名なレコーディング・スタジオはつねに、グループの創作活動の中心にあった。4人のメンバーが最後にこのスタジオに勢ぞろいした時点で、ザ・ビートルズは12枚のアルバムと22枚のシングルをレコーディングし――1枚をのぞいてすべてのアルバムが、アビイ・ロードのスタジオでつくられていた。

またマッカートニーは初期の時代、スタジオのなかには出入りできない場所もあったと指摘している。「あのころはコントロール・ルームに入るのも御法度だった。あっちとこっちという感じでね。コントロール・ルームにいるのはYシャツにネクタイ姿の大人だったし、ぼくらがすごく有名になるまでは、ずっとその状態がつづいていた」

ザ・ビートルズのレコーディング時間は、大半がスタジオ2で費やされていたが、時にはずっと広いスタジオ1を使うこともあった。たとえば全世界に中継されたBBCの「われらの世界」で、彼らが〈愛こそはすべて〉を演奏するシーンは、このスタジオで撮影されたものだ。また本来はクラシックのソロ・ピアノに使われるアビイ・ロードでは最小のスタジオ3でも、何度かレコーディングがおこなわれている。

実際にスタジオ3に入った時、ザ・ビートルズが見つけたもののひとつが、EMIを顧客に加える前はBBCにピアノを納入していたロンドンの会社、チャーレン製のいくぶんくたびれたアップライト・ピアノだ。1966年4月6日におこなわれたスタジオ3での初セッションで、グループは〈マークI〉という仮題がつけられ、最終的には〈トゥモロウ・ネバー・ノウズ〉という革命的な作品になる曲をレコーディングした。チャーレンのピアノはこの日とその翌日にオルガンと併用され、ギター、ベース、ドラムスというレギュラーの楽器ともども、ハモンド・オルガンに内蔵された回転するレズリー・スピーカーに通されて、プロデューサーのジョージ・マーティンが「偉大なる改革」と評したサウンドを生み出した。

グループが1966年6月に放ったナンバーIヒット〈ペーパーバック・ライター〉やもっとあとの〈オブ・ラ・ディ・オブ・ラ・ダ〉、そして〈オールド・ブラウン・シュー〉でも同じキーボード――〝ジャングル・ピアノ〟と呼ばれていた――が使われ、一方1967年2月22日にレコーディングされた〈ア・デイ・イン・ザ・ライフ〉のエンディングでは、スタジオ2にある別のチャーレン・ピアノが使用された。あのほぼ1分近いEメジャー・コードの類まれなサウンドは、ジョン・レノン、ポール・マッカートニー、リンゴ・スターと、ロード・マネージャーのマル・エヴァンズが同時に3台のピアノを弾いて得られたものだ。

スタジオ3のチャーレン・ピアノ――ピンク・フロイドもアルバム《狂気》と《炎》のレコーディングで使用したと言われている――は2010年、ロンドンでオークションに出品され、落札額は15万ポンド前後と予想された。しかしその楽器の所有権を主張し、返還を求めるEMI／アビイ・ロードの抗議を受けて、出品はキャンセルになる。このピアノがオークションに登場したおかげで、スタジオはザ・ビートルズが使ったチャーレンのピアノが実際には2台ある――1台は1950年代の後期、もう1台は1960年代の初期製――という事実をあらためて肝に銘じるようになった。

（右）アビイ・ロードのスタジオに2台あるチャーレン・ピアノのうちの1台。ザ・ビートルズはこのピアノを〈トゥモロウ・ネバー・ノウズ〉と〈ペーパーバック・ライター〉で使用した。

《イエスタデイ・アンド・トゥデイ》のジャケット

〝ブッチャー・カヴァー〟に対するクレーム

グループのレコーディングをもっと、もっとと求める声に応えるために、アメリカのキャピトル・レコードは英国盤アルバムの曲目やジャケット・デザインを勝手にいじり、これが長年、彼らのマネージャーやプロデューサーの悩みの種となっていた。

1966年6月、キャピトルは英国盤の《ヘルプ！》、《ラバー・ソウル》、《リボルバー》から米国盤には入らなかった曲を集めて、6枚目となるアメリカ限定の編集盤をまとめ上げた。彼らはアメリカで独自にシングル・カットされ、ヒットを記録した〈イエスタデイ〉── 1965年に4週首位を獲得──の勢いに乗じて、その新しいアルバムを《イエスタデイ・アンド・トゥデイ》と名づけることにした。

新たなデザインのジャケットを用意する必要もあったため、キャピトルはロンドンでロバート・ウィテカーが撮影した、グループのシングル〈ペーパーバック・ライター〉の広告に使われ、1966年6月には音楽紙「ディスク」の表紙も飾った写真を流用することにした。それは白い〝実験着〟姿の4人が、肉片と赤ん坊の人形の頭部や胴体を手にしている写真だった。

ロンドンでのフォト・セッションを、レノンはこうふり返っている。「ちょっとしたシュールレアリストのカメラマンが、赤ん坊や肉片や医者の白衣を持ちこんできたんで、オレたちもそれに乗ったわけさ」。一方でハリスンは「悪趣味だと思ったし、バカバカしいとも思った」とコメントし、マッカートニーは次のように説明していた。「それほど嫌な感じはしなかった。だってただの人形と大量の肉だからね。彼がなにを伝えたかったのかはわからない。けどほかの連中がぼくらにやらせようとしていたことに比べると、多少はオリジナルな感じがした」

この写真をアルバムのジャケットに使う話が持ち上がった時、それをもっとも積極的にあと押ししたのは、どうやらレノンだったようだ。「オレがあの写真をアルバムのジャケットに推したのは、とにかくイメージを壊したかったからだ」というのが彼の言いぶんで、「イギリスでつくられたオリジナルのジャケットは〝ポップ・アート〟の諷刺を狙っていた」と語ったキャピトルの社長も、そんなレノンを支持していた。

だがあいにくとアメリカのレコード販売業者、メディア、いや、それどころかグループのファンまでが、最初に出荷されたアルバムを見たとたんに嫌悪感を示した。キャピトルにはいわゆる〝ブッチャー・カヴァー〟に対するクレームが殺到し、彼らは即座にレコードを回収しなければならなくなる。それは総額で20万ドルを超える経費をかけて、50万枚以上のアルバムに新しいジャケットを貼りつけ、山ほどの宣伝素材を廃棄することを意味した。

差し替えのジャケット──マッカートニーがなかに座った大型のトランクのまわりに、レノン、ハリスン、スターが集まっている───もやはり、撮影したのはウィテカーだが、もともと紫色だった背景は、最初のジャケットのレタリングをそのまま流用するために、キャピトルがエアブラシで白に変更した。レノンによると、「……いつものようにちょっした騒ぎが起こり、あのアルバムは全部、送り返されるか回収されるかした。そして連中は脳天気な4人組のはずなのに、実際には疲れ果てた顔をしたオレたちのひどい写真を、その上に貼りつけた」

アルバム《イエスタデイ・アンド・トゥデイ》は、1966年7月30日に──フランク・シナトラの《夜のストレンジャー》との入れ替わりで──アメリカでナンバー1になり、その座を5週にわたって（《リボルバー》がその座を引き継ぐまで）守りつづけた。だがいまだに高い需要があるのはオリジナルの〝発禁〟ジャケットのほうで、未開封の状態なら、3万5000ドル以上の値段がつく。

（右）《イエスタデイ・アンド・トゥデイ》の悪名高い〝ブッチャー・カヴァー〟。（右）と差し替え用のジャケット。どちらもイギリス人カメラマンのロバート・ウィテカーが撮影した。

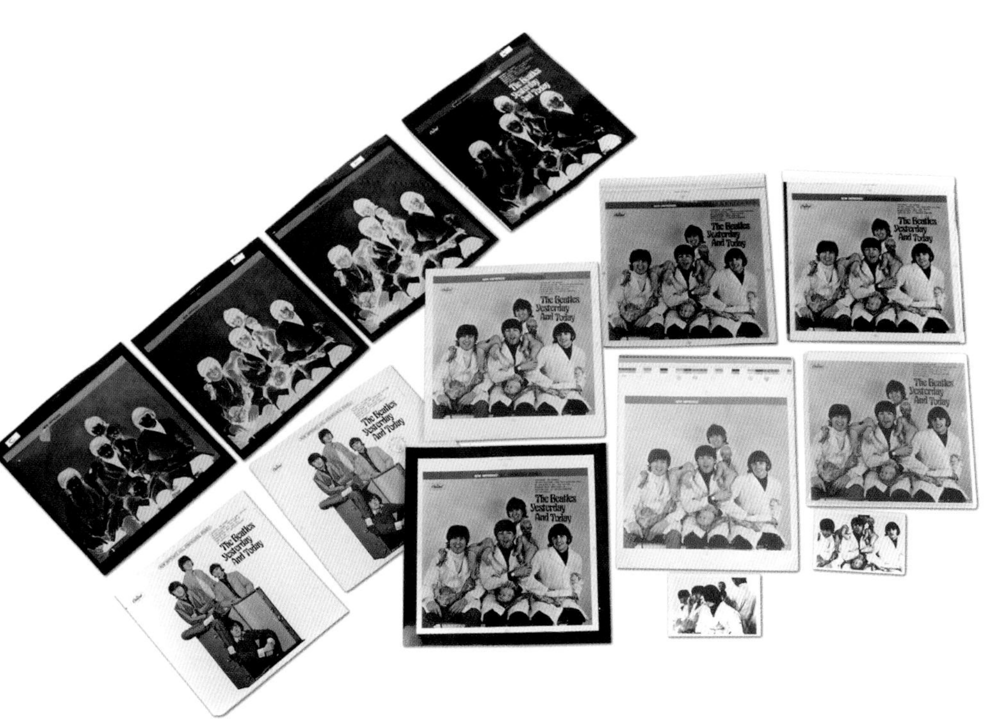
The Beatles
Yesterday
And Today

キャンドルスティック・パークのチケット
幕が下りる

「ライヴは1400本ぐらいやってきたから、もうたくさんだと思っていたのはたしかだ」とジョージ・ハリスンは、1959年にリヴァプールでカスバ・クラブの開店を飾ったちょうど7年後に、ザ・ビートルズがツアー活動に終止符を打った時の状況を要約している。

1966年8月にシカゴで3度目の全米ツアーを開始した時、スターは絶え間のないライヴ・コンサートと終わりのないツアーが、すっかり味気なくなっているのを肌で感じていた。「最後には誰もツアーを楽しめなくなっていて、もう一生ライヴはやりたくないという感じだった」

アメリカの各地で19回のステージをこなしたあと、8月29日にサンフランシスコに到着したザ・ビートルズは、2万5000人のファン――平均で5ドルのチケット代を支払っていた――を前に、キャンドルスティック・パークのステージに立った。前座を務めたザ・サークル、ザ・ロネッツ、ボビー・ヘブにつづき、地元のDJ、ジーン・ネルソンの紹介でステージに登場した彼らは、チャック・ベリーの〈ロック・アンド・ロール・ミュージック〉で幕を開け、リトル・リチャードの〈ロング・トール・サリー〉で幕を閉じる全11曲のライヴを開始した。

ザ・ビートルズがツアーをやめた大きな理由のひとつが、自分たちの演奏が聞こえなくなるほどやかましいファンの反応だった。「4年間ずっと、狂ったような絶叫を浴びどおしだった」とハリスンは語り、一方でレノンは「オレたちの蝋人形を4体、代わりにステージに立たせても、たぶん観客は満足するだろう。ビートルズのコンサートはもう、音楽とはなんの関係もない」と私見を述べた。

ロスアンジェルスのホテルの部屋で、現金と書類の盗難に遭ったマネージャーのエプスタインは、自分のグループが立つ最後のステージを目の当たりにすることができなかった。だが広報担当のトニー・バーロウは現場にいて、愛用のフィリップス・テープレコーダーを手にしていた――マッカートニーが「今夜の最後のコンサートは、テープで録っといてもらえるかな?」と言いだした時も。ただし誰も、それがザ・ビートルズ最後の公演となる話はしていなかった。「それ以前、あの子たちに、記念にするからコンサートのテープを録っておいてくれと頼まれたことは一度もありませんでした」と語るバーロウは、自分にこんな問いを発した。「彼〔ポール〕はサンフランシスコが旅の終わりになるという事実を、観念して受け入れていたのだろうか?」

バーロウは自分用にコンサートのカセットを1本だけコピーし――「オフィスのデスクの引き出しに入れ、しっかり鍵をかけておきました」――オリジナルはマッカートニーに渡した。だがこのライヴのレコーディングは、数年後にブートレッグのアルバムとして浮上する。ザ・ビートルズの元広報担当は、結局こんな結論を下した。「〈ロング・トール・サリー〉の途中で終わる最後のコンサートのブートレッグは、ポールかわたしのテープが出所だとしか考えられません。ですが音楽泥棒の正体は、最後までわからずじまいでした!」

ライヴ・バンドとしてのザ・ビートルズが終わったことを最後まで受け入れようとしなかったメンバーは、実のところマッカートニーだった。だがついにはその彼も、「あまり楽しめなくなっている」ことを認めざるを得なくなる。とくに大きかったのは彼らがもう、満員の観客を前に演奏できなくなっていたことで、キャンドルスティック・パークには、驚くべきことに2万席もの空席があった。マッカートニーはこう結論づけた。「音楽の質はよくなかったし、ツアーでよくなる要素もなかった。だからレコーディングに専念したほうが、もっと新鮮な刺激を得られるんじゃないかという話になったんだ」

最後のライヴを終えるとザ・ビートルズはロスアンジェルスに飛び、家を借りていたベヴァリー・ヒルズに戻った。「じゃあこれで終わりだな。ぼくはもうビートルじゃない」とハリスンが宣言したのは、その空の旅の途中のことだ。

(上) サンフランシスコで最後のステージに立つザ・ビートルズをスタンド上段から観るためのチケット。代金は4ドル50セントだった。

(右) キャンドルスティック・パークで1966年8月29日月曜日におこなわれたザ・ビートルズ最後のライヴを広告するポスター。

HERE COME THE
BEATLES
CANDLESTICK PARK
MONDAY. AUGUST 29
8PM

TICKETS AVAILABLE BY MAIL
Ticket Prices: $5.00 - 6.00 - 7.00 including all handling charges
Enclose stamped, self-addressed envelope
ADDRESS TICKET ORDERS TO:
KYA
#1 NOB HILL CIRCLE
SAN FRANCISCO, CALIFORNIA
94108
Make All Checks and Money Orders Payable to KYA
THE BEATLES LIVE!
The Ultimate Reference Book
By Mark Lewisohn
£8.95 (paperback)
PAVILION
SAN FRANCISCO

〈ストロベリー・フィールズ・フォーエバー〉の香盤表

子ども時代の思い出

〈ストロベリー・フィールズ・フォーエバー〉は——両A面の〈ペニー・レイン〉とともに——ほぼまちがいなく、ザ・ビートルズがリリースしたなかでも指折りの傑作に数えられるレコードだ。全英チャートで首位になれなかったザ・ビートルズのシングルのなかでは、疑いの余地なくベストの出来で、ずっとレノンのお気に入りでもあった。

リヴァプールのメンローヴ・アヴェニューで伯母のミミに育てられたレノンは、よく近所にあったストロベリー・フィールド孤児院の生け垣を腹ばいになってくぐり抜け、その庭で遊んでいた。そこはまた縁日がある時、彼が伯母と出かけていた場所でもあった。

ウールトンのビーコンズフィールド・ロードに位置し、レノンに多大なインスピレーションを与えたストロベリー・フィールドの館は1870年前後に建造され、1934年には救世軍が、孤児院として使用するために購入した。この建物は結局1970年代に取りこわされ、代わりにレノン・コートと呼ばれる棟もある、もっと小規模な特設の養護施設が建てられた。最終的に閉鎖されたのは2005年のことで、朱色に塗られたストロベリー・フィールドの門だけはその後も手つかずのまま残されていたが、こちらも2010年に新しい門と取り替えられている。

映画『ジョン・レノンの僕の戦争』のロケ撮影で滞在していたスペインと、自宅のケンウッドにあるホーム・スタジオでこの曲を書いたレノンは、1966年11月、ほぼ5か月ぶりでアビイ・ロードのスタジオに復帰した。永久にツアーから解放され、新曲を書きためてスタジオに戻ってきた時のことを、マッカートニーはこうふり返っている。「〈ストロベリー・フィールズ〉はジョンの曲で、リヴァプールにいたころ、彼の家の隣に建っていた救世軍の児童施設がテーマだった。ぼくらはそれを子ども時代、黄金の夏、そしてイチゴ畑と結びつけた。彼の言わんとしていることは、ぼくにもわかっていたからね」

ザ・ビートルズはレノンの曲に3週間以上の時間を費やし、セッションの回数は7回におよんだ。曲が形を取ってくるにつれて、ふたつの際立ったヴァージョンがあることがはっきりしてきた——グループの4人による簡素なヴァージョンと、プロデューサーのジョージ・マーティンがスコアを書いた、トランペットやストリングス入りのより凝ったヴァージョンである。マーティンの回想によると、彼はレノンにこう言われていた。「悪くはないけど、オレが思っていたのよりずっとハードに仕上がってる。できたらあんたがスコアを書いて、チェロを何本かと、ブラスもちょっと入れてくれないか」

結局レノンは1966年12月22日に、どっちもいいという結論に達し、マーティンに「最初のやつの前半と、2番目のやつの後半をくっつけてくれ」と依頼した。スタートから60秒後につなぎ目がある完成ヴァージョンは、1967年2月17日、〈ペニー・レイン〉とのカップリングでリリースされ、11曲連続でナンバー1を記録していたザ・ビートルズが、1963年以来はじめて公式なチャートの首位獲得を逃したシングルとなった。

ナンバー1の座につくのを阻止したのはエンゲルベルト・フンパーディンクの〈リリース・ミー〉で、ハリスンは「エンゲルベルト・フンパーディンクのせいで〈ストロベリー・フィールズ・フォーエバー〉がナンバー1になれないなんて、ずいぶんひどい話だと思わないか？」と語っているが、レノンはいつもチャートをチェックしていることを認めた上で、「なんにだって居場所はあるんだ。エンゲルベルト・フンパーディンクもべつに気にならない。あれはあれでクールなんだろうし」と達観したコメントを残した。

(上) リヴァプールのストロベリー・フィールド孤児院に通じる錬鉄製の門。

(右) 〈ストロベリー・フィールズ・フォーエバー〉のために、1967年1月に撮影されたプロモーション・フィルムの香盤表。

BEATLES CLIP - Filming 30.1.67

DIRECTOR:	PETER GOLDMAN (LAK 2575)
CAMERAMAN	DON LONG (PAD 2881)
PRODUCTION ASST.	GERRY PEARSON (MAI 5134)
LOCATION ASST.	HOWARD ROSS (RIC 5463) TONY BRAMWELL (WR 43687)
ARTISTES	THE BEATLES

- -

LOCATION:	KNOLE PARK ESTATE, SEVENOAKS, KENT.
UNIT CALL:	At Location by 0900
ARTISTES CALL	At Location by 10.30
LOCATION CONTACT:	Mr Mason, Knole Park Estate Office, (in Knole House) Sevenoaks, Kent. (Sevenoaks 53C06) 7 oaks 0732
HOTEL DRESSING ROOM:	BLIGH'S HOTEL, The High Street, Sevenoaks. (Sevenoaks 54092) Room booked in name of Tony Bramwell
PROP TRANSPORT:	J. BARNES & SONS, 7, River Street, E.C.1. (TER 2186) Props on location for 0900
LOCATION CATERING	FARMCRAFT, 39, Malden Road, New Malden, Surrey MAL 6533 (Catering to be at location to serve coffee at 1000 hrs.)
PROPS: (all in Prop Van)	DOLLY Piano 6 Tymps & stands 2 ladders (16' extending to 42') plus piano dressings etc.
HIRE CAR:	Mr Biddulph (SCO 1567)
Collecting:	T. Bramwell 0700 at Nems Office P. Goldmann 0730 at 65 Pepys Rd. S.W.20. H. Ross 0800 at 15, Larkfield Rd. Richmond, Sy. & proceed to location. Remains under direction of Tony Bramwell.

ジュリアン・レノンの絵
曲のネタ元

ジョン・レノンの息子のジュリアンは、齢わずか4歳の時、サリー州の幼稚園で受けたお絵かきの授業中に、ザ・ビートルズの大ベストセラー・アルバム《サージェント・ペパーズ・ロンリー・ハーツ・クラブ・バンド》の収録曲が生まれるきっかけとなった絵を描き上げた。

ジュリアンの絵には、クラスメイトのルーシー・オドネルが描かれていた。母親のシンシア・レノンによると、彼が両親に見せるために、その絵を持ち帰ってきた時、「ジョンはわたしの向かいでカウチに腰かけていました。するとドット〔レノン家のハウスキーパー〕に連れられたジュリアンが入ってきて、ジョンに友達のルーシーを描いた絵を見せたんです」。レノンもはじめてその絵を見た時のことを、次のようにふり返っている。「息子がある日、ルーシーというクラスメイトを描いた絵を持って来てね。あの子は空に星をいくつか描きこんで、その絵を『ダイアモンドといっしょにおそらにうかんだルーシー』と名づけた。それだけの話なんだ」

その後、自宅のケンウッドで作業をしていたレノンは、曲づくりのパートナー、ポール・マッカートニーにその絵を見せた。「ウェイブリッジにあるジョンの家に行ったら、ふたりはお茶を飲んでいて、彼〔ジョン〕が『ジュリアンが描いたこのすばらしい絵を見てくれないか。タイトルを見てくれ』と言ってきたんだ。彼は画用紙に描かれた女の子の絵を見せてくれた。まわりには星が浮かび、てっぺんにとてもていねいな子どもの文字で、横向きに『ダイアモンドといっしょにおそらにうかんだルーシー』と書いてあった」

完成した曲に、ドラッグに関するふくみはまったくない、とレノンは主張してやまなかったが、マッカートニーも同様に、これは完全に子どもの絵に関する曲だと確信していた。「ぼくらはその絵が大いに気に入った。彼女は空に浮かんでいて、それがぼくらにはすごくトリップっぽく感じられたんだ。そこでぼくらは2階に上がって、曲づくりに取りかかった。あとになって〈ルーシー・イン・ザ・スカイ・ウィズ・ダイアモンズ〉はLSDのことじゃないかと言われたけど、曲が出た時には気づかなかった。これは誓ってほんとの話だ」。彼らはどちらもルイス・キャロルの作品を愛好していたが、マッカートニーによるとそのこともやはり、この曲に影響を与えていた。「ぼくらは曲をまるごと、『不思議の国のアリス』風に仕上げた。川でボートに乗って……」

当のジュリアンはこの絵について、「『ダイアモンドといっしょにおそらにうかんだルーシー』というフレーズがどうして浮かんできたのかはわからない。たぶんまだ4歳だと、空でピカピカ光ってるものは全部ダイアモンドになるんじゃないかな」と説明するのが精いっぱいで、原画を手元に置いておくこともできなかった。「ぼくの知る限りだと、原画はピンク・フロイドのデイヴ・ギルモアが持っていて、ぼくはその絵を取り戻そうとしてきた。法的に言うと描いたのはぼくだから、著作権もぼくにある。でもまだ4歳だったから、著作権登録をしなかったんだ！」

〈ルーシー・イン・ザ・スカイ・ウィズ・ダイアモンズ〉は一度もシングルになっていない。だがそれは1974年11月28日のマジソン・スクエア・ガーデンでエルトン・ジョンのステージに飛び入りした時、レノンが彼にとっては生涯最後となるライヴ・パフォーマンスで披露した3曲のうちの1曲だった。

2009年、ルーシー・オドネルが紅斑性狼瘡という不治の病を患っていると聞かされたジュリアンは、ミセス・ルーシー・ヴォーデンとなっていた彼女に連絡を取った。その年に彼女が亡くなると、彼は追悼のために〈ルーシー〉という曲を書き、シンガー・ソングライターのジェイムズ・スコット・クックとのデュエットでレコーディングする。収益の50パーセントは、紅斑性狼瘡の研究に寄付されることになり、シングルのジャケットには、ジュリアンが幼稚園時代に描いた絵があしらわれていた。

(右)「ダイアモンドといっしょにおそらにうかんだルーシー」と題するこの絵を幼稚園で描いた時、ジュリアン・レノンはまだ4歳だった。

サージェント・ペパーのドラム

それは20年前の今日のこと……

ツアー活動の停止を決めたザ・ビートルズは、まさしく自分たちの予言通り、レコーディングの作業に集中し、ポピュラー音楽の外見とサウンドの両方を変える定めにあったアルバムのアイデアづくりに取りかかった。

彼らがアビイ・ロードのスタジオで《サージェント・ペパーズ・ロンリー・ハーツ・クラブ・バンド》に着手したのは1966年12月のことで、作業は1967年の4月まで続行された―― 700時間以上をレコーディングに費やし、2万5000ポンドもの経費をかけて。

だがそのすべては報われた。なぜなら1967年7月の第1週にリリースされたアルバム―― これは全世界で同時発売されたザ・ビートルズ初のアルバム、そして曲目になんの手も加えずにアメリカで出された初のアルバムでもあった――は、アメリカで15週ナンバー1を記録し、イギリスでは1967年7月から1968年2月までの8か月間に、なんと4度も首位を獲得したのだ。イギリスでは発売の1週目に25万枚以上を売り上げ、1か月とたたずに50万枚を突破。一方アメリカでの売り上げは、3か月で250万枚を超えた。

アルバムからシングルが発売されることはなかったが、それでもアメリカで10枚目、イギリスで8枚目となるザ・ビートルズのナンバー1アルバムは、論争とは無縁でいられなかった。というのも収録曲の〈ア・デイ・イン・ザ・ライフ〉が、BBCから放送禁止処分を受けてしまったのだ。これはBBC側が、ドラッグの摂取を奨励する曲ではないかと危険視したことが原因で、〈ルーシー・イン・ザ・スカイ・ウィズ・ダイアモンズ〉もやはり、LSDと結びつけられた。BBCの処分に対し、マッカートニーはマスコミにこうコメントした。「放送禁止になってもべつにかまわない。LPの宣伝になるかもしれないし」

《サージェント・ペパー》は世界初のコンセプト・アルバムとされているが、レノンはその評価に懐疑的だった。「……ぜんぜんピンとこない。少なくともオレがあのアルバムに提供した曲は、サージェント・ペパーと彼のバンドというアイデアとはまったくなんの関係もなかった。なのにそういうことになっているのは、オレたちがそうだと言ったのと、アルバムがいかにもそれらしい見てくれをしていたからなんだ」

だが《サージェント・ペパー》が記念碑的なアルバムとなったのは、単に音楽的に意味合いからだけではない――そこではアルバムのジャケット・デザインに関するルールも、ことごとく打破されていた。それはもっとも早い時期に登場した見開きジャケットのひとつで、内袋と切り抜きの付録――口ひげ、絵のカード、軍曹の袖章ひと組、ふたつのバッジと、ザ・ビートルズの立像――が入っている。ジャケットに歌詞が印刷されたのも、このアルバムがはじめてだった。

ジャケットをデザインしたのは、2002年にナイト爵に叙されたピーター・ブレイク。写真は1972年に亡くなったマイケル・クーパーが撮影した。もともとのアイデアは、ザ・ビートルズのメンバー4人が12人ずつリストアップしたお気に入りの英雄たちを、ジャケットで勢ぞろいさせるというものだった。結局、全員の登場は叶わなかったものの、それでもジャケットには彼らが選んだ、多彩でマニアックなキャラクターや人物が並んでいる。

(上)《サージェント・ペパーズ・ロンリー・ハーツ・クラブ・バンド》のロシア盤ジャケット。

(右)《サージェント・ペパー》のジャケットを飾る派手なドラムをペイントしたのは、遊園地の装飾を手がけるジョーゼフ・エフグレーヴだった。

SGT PEPPER'S
LONELY HEARTS
CLUB BAND

〈ウィズイン・ユー・ウィズアウト・ユー〉の歌詞

ジョージの〝風変わりな楽器〟

ジョージ・ハリスンによると、彼がはじめてインド音楽の存在を意識したのは、『ヘルプ！』の撮影期間中だった。「ぼくらはレストランのシーンの撮影を待っていた。男がスープのなかに放りこまれるシーンで、その背景では、何人かのインド人ミュージシャンが演奏していた。『おかしな音だな』と思いながらシタールを手に取り、抱えようとしていたのを覚えている」

ハリスンの関心は、彼にラヴィ・シャンカールの名前を教えた人物のおかげで、なおのことかき立てられた。「ザ・バーズのデイヴィッド・クロスビーと話していた時、彼がその名前を口にしてね。ぼくはラヴィのレコードを買いに行った。で、そのレコードをかけてみたら、ぼくのなかにある自分でも説明できない部分を直撃されたんだ」

「ぼくはインディアクラフトという、オックスフォード・ストリートのはしっこにある小さな店でシタールを買った。実際にはひどい粗悪品だったけど、とにかくそれを買っていじりはじめた」と彼は回想している。この有名な楽器は1965年10月、アルバム《ラバー・ソウル》のセッション中に、ポップ・レコードでのデビューを飾った。

ザ・ビートルズがアビイ・ロードのスタジオで〈ディス・バード・ハズ・フロウン〉と題する曲の作業を開始したのは10月12日のことで、この曲にはダブル・トラックで録音されたハリスンのシタール・ソロが入っていた。9日後には追加の作業がおこなわれるが、その時点で〈ノーウェジアン・ウッド〉と改題されていた曲にも、やはりシタールが使われていた。

〈ノーウェジアン・ウッド〉のセッションをふり返って、ハリスンは、なんでもいいから新しい要素がほしいというところまで来ていた、と説明している。「ぼくらはたいてい、ひととおり戸棚をチェックして、なにか使える手はないかと考えるところからスタートしていた……ぼくはシタールを手に取った——たまたまそこに転がっていたんだ。どうやって弾けばいいのか、実を言うとぼくにはまだわかっていなかった。あれはかなり場当たり的なプレイで、あのフレーズになる音を探して弾いてみたら、うまくハマってくれたんだ」

どうやらほかのメンバーたちは、新しい楽器を弾きこなすハリスンの能力にいたく感銘を受けたようだ。「あれには度肝を抜かれたし、ぜひこの風変わりな楽器をレコードに入れようという話になった」とスターは語り、一方でレノンは彼が自分の曲のために書いたフレーズを、シタールで弾けると思うかと仲間のビートルに訊いたとふり返っている。「まだシタールは初心者だったから、弾けるかどうかわからないと言っていた。でもぜひやってみたいとなってね。いかにもあいつらしいけど。で、そのパートを覚えこんで、あとからオケにつけ足したんだ」

ザ・ビートルズ6枚目のスタジオ・アルバムで偶発的にシタールを弾いてからというもの、インドの楽器と東洋の宗教に対するハリスンの関心はよりいっそうの高まりを見せた。1966年6月にエイジアン・ミュージック・サークルのメンバー宅ではじめてシャンカールと会った時、ハリスンは弟子にしてもらえませんかと直訴した。その後、シャンカールはハリスン宅を訪れ、リヴァプール出身のミュージシャンによると、彼にシタール演奏の基本を手ほどきした。「どうやって持つのか、どうやって座るのが正しいのか、どうやってピックを指につけ、弾きはじめればいいのかを」

さらにやる気をかき立てられたハリスンは、1966年にインドに飛び、ニューデリーの店で最高級のシタールを購入した。サンフランシスコでグループ最後のコンサートを終えると、彼はインドに戻り、達人のミュージシャンからさらなる教えを受ける。1920年生まれのシャンカールはかつて、次のように述べていた。「ジョージはすばらしい生徒ですし、シタールもじきにマスターできるでしょう」

ハリスンはアルバム《リボルバー》の〈ラヴ・ユー・トゥ〉でもシタールを使ったが、おそらくもっとも有名なのは、《サージェント・ペパーズ・ロンリー・ハーツ・クラブ・バンド》に収録の自作曲〈ウィズイン・ユー・ウィズアウト・ユー〉——レノンはこの曲を「美しい」と評した——で披露したプレイだろう。彼はこう説明している。「たとえば〈ウィズイン・ユー・ウィズアウト・ユー〉のように、インド楽器を前面に出す目的で書いた曲もあった」。ハリスンはまた、シャンカールを1967年のモンタレー・ポップ・フェスティヴァルに出演させるために力を尽くし、1971年には〝コンサート・フォー・バングラデシュ〟を、師とともにニューヨークで主催している。

(右) ジョージ・ハリスンが手書きした〈ウィズイン・ユー・ウィズアウト・ユー〉のコード進行と (上下さかさまの) 歌詞。

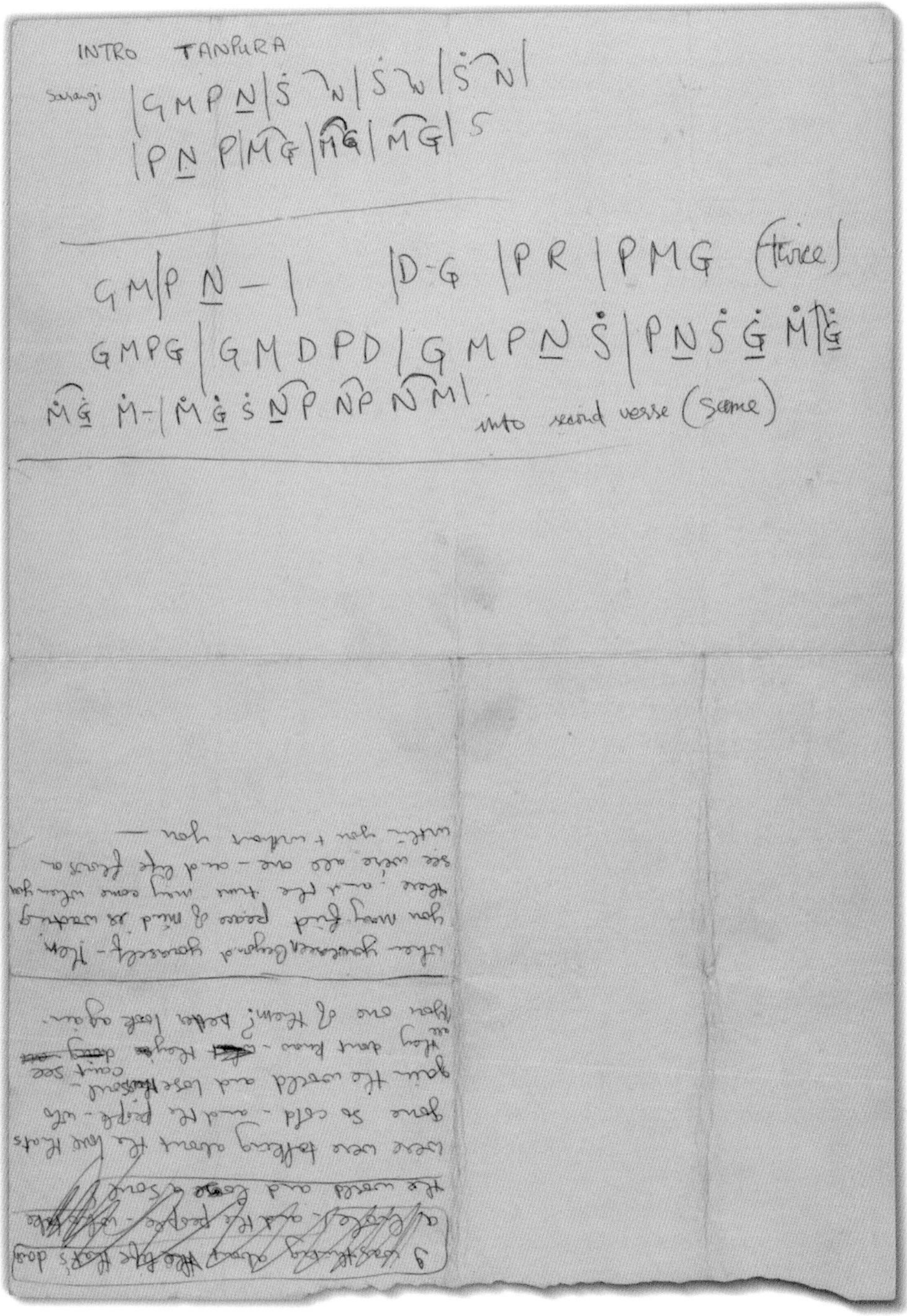

INTRO TANPURA

sarangi |GMPN|Ṡ N|Ṡ N|Ṡ N|

|PN P|MG|MG|MG|S

GM|PN –| |D-G |PR |PMG (twice)

GMPG |GMDPD |GMPNṠ |PNṠĠṀĠ

ṀĠ Ṁ-|ṀĠṠNP NP NM| into second verse (same)

were were talking about the love thats gone so cold – and the people – who gain the world and lose their soul – they dont know – they cant see – are you one of them? better look again –

when you've seen beyond yourself – then you may find peace of mind is waiting there – and the time may come when you see we're all one – and life flows on within you + without you —

〈愛こそはすべて〉の歌詞の草稿

4億人に聞かせる曲

1967年、ザ・ビートルズは衛星を使った史上初の世界同時中継番組にBBC ――と英国――を代表して出演し、全世界で4億人を超えると予想される視聴者の前に立つことになった。

26か国で放送される番組の出演者にザ・ビートルズが選ばれたと知らされた時のことを、プロデューサーのジョージ・マーティンは次のようにふり返っている。「ブライアン〔エプスタイン〕がいきなり駆けこんできてね、わたしたちが世界同時中継のイギリス代表に選ばれたので、曲を書かなきゃならないと言いだしたんだ。あれはひとつの挑戦だった」

グループはその挑戦を受けて立ち、レノンが〈愛こそはすべて〉と題する曲を書き上げた。マーティンは彼がこの曲を番組のために書き下ろしたと考えているが、マッカートニーの見方はあいまいだ。「あれはおもにジョンの曲で、あのころあった未完成の曲のひとつだ。すごくぴったり合ってるから、あの番組用の書き下ろしだった可能性はある。でもぼくはあの番組がなくても、いずれジョンが出してくる曲だったような気がするんだ」

TV番組「OUR WORLD 〜われらの世界〜」のために最初のレコーディング・セッションがおこなわれたのは、6月14日、ロンドンのオリンピック・サウンド・スタジオでのことで、この時は大本のバッキング・トラックが録られ、以後はアビイ・ロードのスタジオで、4日間にわたって作業が進められた。そのうち本放送の前夜にあたる6月24日には、元マンフレッド・マンのマイク・ヴィッカーズの指揮で、13人編成のオーケストラがレコーディングされている。

翌日、ザ・ビートルズとプロデューサーのジョージ・マーティンに加え、ゲストのミック・ジャガー、キース・リチャーズ、ブライアン・ジョーンズ、グレアム・ナッシュ、エリック・クラプトン、キース・ムーン、ドノヴァン――とオーケストラ――が風船や横断幕で飾られたアビイ・ロードの広大なスタジオ1に集まり、6分にわたる〈愛こそはすべて〉のライヴ・レコーディングに臨んだ。「ぼくらはあの番組のためにEMIに足を運んだ」とマッカートニーは回想している。「レコーディングはほとんどすませてあったので、バッキング・トラックに生の歌を乗せたんだ。スタジオには早めに入って、カメリハをやった」

セッションは6月25日の午後2時にはじまり、ザ・ビートルズが10度のリハーサルをへて行き着いた最終のテイク58が、全世界に行き渡るヴァージョンとなった。「ほかの連中がカナダの編みものや、ヴェネズエラのアイリッシュ・クロッグダンスみたいなものを見せてるなかで、あの曲をうたうというのが、あのころはすばらしいアイデアに思えたんだ」とハリスンは述懐している。

TV放送からまだ2週間もたっていない7月7日にリリースされた〈愛こそはすべて〉は、初登場で全英チャートの首位に立ち、その座を4週キープする。アメリカではその10日後にリリースされ、1週だけとはいえ、やはり即座にナンバー1を獲得した。

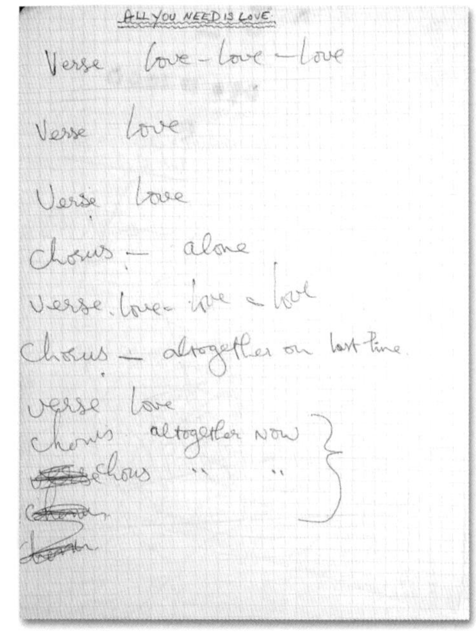

(上) ポール・マッカートニーがレコーディングの初期に手書きした〈愛こそはすべて〉のヴァースとサビの歌詞。

(右) 片面だけに音が入った〈愛こそはすべて〉のテスト・プレス。

Emidisc
MADE IN GT. BRITAIN
RECORDING BLANK
6:50
ALL YOU NEED IS LOVE
OUR WORLD
26-6-67
95
WORLD TV TRANSMISSION
THE BEATLES
KEEP SURFACE CLEAN - USE LIGHTWEIGHT PICK UP

ジョンのブレスレット
瞑想の時間

ザ・ビートルズの注意を惹いた時点で、マハリシ・マヘーシュ・ヨーギーは、ほぼ10年近く世界をまわり、超越瞑想のテクニックを教えていた。

本名をマヘーシュ・プラサード・ヴァルマーというこの男は、1911年か1917年か1918年のいずれかに生まれたと言われている——苦行者や僧侶には、家族関係や来歴を葬り去る伝統があるのだ。スワミ・ブラフマナンダ・サラスワティの弟子となった彼は、1950年代なかばに教えをはじめ、1958年にはじめてアメリカに旅した。ヨーロッパの各地をまわっていた1960年にはイギリスを訪れ、TVや新聞に登場する。そしてその1年後には、5000人の観衆を前にロイヤル・アルバート・ホールで講演会を開いた。

それとほぼ同時期に、マハリシはインドのリシケーシュで初の超越瞑想トレーニング・コースをスタートさせている。だがザ・ビートルズの世界に登場するのは、1967年になってからのことだ。ロンドンのカクストン・ホールでマハリシの講義を聴いたジョージ・ハリスンの妻、パティ・ボイドの熱狂ぶりと、ロンドンの地下鉄駅に出された一連の広告にあと押しされて、ザ・ビートルズは1967年8月24日、ロンドンのヒルトン・ホテルで開かれた彼との懇親会に足を運んだ。

「ぼくらは自分たちの精神をもっと拡大したい、でなけりゃ少なくとも興味を持っていたもろもろに当てはめられる、なんらかの型を見つけ出したいと思っていた」とマッカートニーは説明している。ザ・ビートルズは37ペンス半を支払って、この会のチケットを購入した。「全員でチケットを買って、最前列の近くに腰かけた。ステージには花がたっぷり飾られ、登場した彼は座ってあぐらを組んだ。すごくサマになっていたし、説明をはじめると、話もすごくうまかった」

マハリシ——マスコミは〝クスクス笑いの導師〟と命名した——はザ・ビートルズを、バンゴーのノーマル・カレッジで開かれる彼の講座に誘った。1967年8月25日の金曜日に到着したザ・ビートルズは、マネージャーのブライアン・エプスタインにも北ウェールズに来ないかと声をかけ、彼は祭日（オーガスト・バンク・ホリデー）にあたる8月の最終月曜日後に合流する、と答えた。レノンによると彼らはバンゴーで「信じられないほどすばらしい」時間を過ごした。「マハリシはオレたちが伝えれば、メッセージは浸透するだろうと考えている」と彼は語り、金銭的な取り決めを次のように説明した。「もうひとつイカしてることがある。参加した全員が、1週間分の給料を寄付するんだ。こんなにフェアな話は聞いたことがない。しかもその1回きりで、それ以上支払う必要はいっさいないんだぜ」

不幸にもエプスタインが、8月27日にロンドンの自宅フラットで遺体となって発見されたという報せが届き、ザ・ビートルズは急遽、バンゴーでの滞在を切り上げる。だが彼らはその半年後の1968年2月、リシケーシュの僧院で3か月の修行に入る予定でインドに旅し、マハリシへの傾倒ぶりをあらためて明らかにした。しかしわずか10日で離脱したスターにつづき、マッカートニーもおよそ1か月でこの地を離れてしまう。レノンとハリスンは居残ったものの、マハリシが女優のミア・ファローに不適切な行為をしたという訴えが出されると、動揺した彼らもやはり彼のもとを去った。

のちにハリスンはなにごともなかったと確信していると断言した——「歴史的にはあの時、あっちゃいけないことがあったことになっている。でもなにもなかったんだ」——が、ザ・ビートルズ自体は2008年に亡くなるマハリシから距離を取った。幻滅したレノンは「瞑想は信じているが、マハリシとあいつがからんだことは信じてない。でもオレたちはああやって、人前で恥をさらしてしまった」と語り、マッカートニーもこうつけ加えた。「ぼくらは彼のことを過大評価していた。実際にはただの人間なのに、しばらくはそうじゃないと思っていたんだ」

失意のなかでインドを去ったレノンだが、それでもこの国からはいくばくかのインスピレーションを得て、ミア・ファローの妹をテーマにした〈ディア・プルーデンス〉を書き、〈アクロス・ザ・ユニバース〉には〝ジャイ・グル・デヴ・オム（神聖なる導師に栄光あれ）〟というマントラを取り入れている。また〈マハリシ〉という彼の曲は、法的な理由で書き直され、最終的に〈セクシー・セディ〉と改題された。

（右）マハリシ・マヘーシュ・ヨーギーと瞑想の教師、グル・デヴに教えを受けていた1968年2月に、ジョン・レノンが着けていたグル・デヴ（偉大なる教師）のブレスレット。

GURU
JAI
GURU

ジョージ・ハリスンのギター、〝ロッキー〟
仕上げはペンキとマニキュア液

サイケデリック文化がファッション、音楽、そして人々の考え方を支配していたサマー・オブ・ラヴの最中、シングル〈愛こそはすべて〉のリリースとTV放送を控えていたザ・ビートルズは、しばし《サージェント・ペパーズ・ロンリー・ハーツ・クラブ・バンド》の成功に浸る時間が持てた。そして同時にハリスンは、DIYの塗装作業で、自分のフェンダー・ストラトキャスター・ギターの見栄えをよくすることにした。

「ペイントしたのは〈愛こそはすべて〉のTV衛星中継をやる前だ。もともとの色はパウダーブルーだった」とハリスンは語り、次のようにつけ加えた。「あのころのぼくらはなんだってペイントしていた」

蛍光色とエナメルのペンキ、それに妻のパティの緑色のマニキュア液を使って、ハリスンは1962年型のソニック・ブルー・ギターを一個のサイケデリック・アートに仕立て上げた。「カラフルな服にカラフルな家や車と来たら、ギターもカラフルにするのが筋だろう」とハリスンは説明している。作業を終え、ジーン・ヴィンセントの曲名を取って、ボディに〝Be Bop A Lula〟と書き加えたハリスンは次のように認めていた。「塗装の作業としてはたいした出来じゃないけど、とにかくこうなったんだから仕方がない。ギターの名前はロッキーだ」

ちなみにハリスンはアルバム《ラバー・ソウル》と《リボルバー》で――原型のまま――使っていたころから、このギターにロッキーという名前を書きこんでいた。新たなデザインがほどこされたギターは、1967年7月25日に放送された〈愛こそはすべて〉の中継画面に白黒で登場し、同年末に放送されたザ・ビートルズの『マジカル・ミステリー・ツアー』では、〈アイ・アム・ザ・ウォルラス〉のシーン――ケント州にある廃棄された英空軍基地でロケ撮影された――に、今度はフルカラーで登場した。

オーストラリアのある会社はオリジナルの1962年型フェンダー・ギターを用い、ボディに手書きでザ・ビートルズのアートワークを再現した〝ロッキー〟の精密なレプリカを2293ポンドで売り出している。一方アメリカではロッキーのグラフィックをコピーした特製のアートワーク――既存のギターに貼りつけて使う――が、わずか450ドルで入手可能だ。

（左）1969年12月、デラニー＆ボニーとのツアー最終日にコペンハーゲンで〝ロッキー〟を弾くジョージ・ハリスン。

（右）ジーン・ヴィンセントとインド神秘主義に対するジョージ・ハリスンの傾倒ぶりを示す〝ロッキー〟と名づけられた〝カラフルなギター〟。

ROCKY
BEBOPALULA.
GO CAT GO

ジョンのアフガン・ジャケット

〝マジカル・ミステリー・ツアー〟に出かけよう

TV映画をつくるプランはブライアン・エプスタインとも話し合われていたものの、『マジカル・ミステリー・ツアー』はマネージャーの死後、グループがはじめて挑む大々的なプロジェクトであり、同時に〝ファブ・フォー〟のメンバー間に、はじめて大きな亀裂が入るきっかけでもあった。

エプスタインがいなくなると、マッカートニーがグループのリーダーシップを握りはじめ、風変わりなキャラクターを乗せたバスでイギリスをまわる行き先不明の旅と、ザ・ビートルズが演奏する書き下ろしの新曲を組み合わせたアイデアを先頭に立って押し進めた。内心ではこのアイデア全体——そして7万5000ポンドと見積もられていた、彼の言う「史上最高に金のかかったホーム・ムーヴィー」の経費——を嫌っていたレノンも、なにも言わずにプロジェクトに参加した。

「これはバスのツアーであちこちをまわるごく普通のありきたりな人たちと、彼らの身に起こることがテーマだ」とマッカートニーは映画のアイデアを表現している。それはアメリカに向かう飛行機の機中で、『カッコーの巣の上で』の作者、ケン・キージーが仲間の〝メリー・プランクスターズ〟とバスでアメリカを旅しながらくり広げた冒険の記事を読んでいた時、彼に降りてきたアイデアだった。

脚本は用意せずに、撮影隊を連れて旅に出ることにしたザ・ビートルズは、ファン・クラブの秘書や一団の俳優たち——アイヴァー・カトラー、ジェシー・ロビンズ、ナット・ジャックリー、マギー・ライト、それにこびとたちの集団——を招き、1967年9月11日、レノンの息子のジュリアン、マッカートニーの弟のマイク・マクギア、そしてアップルが誇るエレクトロニクスの魔術師、アレクシス・マルダスらと同じバスに同乗させた。

以後の4日間でバスはデヴォンとコーンウォールをまわり、ニューキーではポップ・スターのスペンサー・デイヴィスと彼の家族が乗車した。一方、俳優たちは脚本抜きで、マッカートニーのいう〝イカれた起き上がりこぼし風の60年代映画〟をつくろうとしていた。

ケント州のメイドストーン近郊にあるウエストメイリング英空軍基地や、ソーホーのレイモンズ・レヴュー・バーでの屋内シーン、そして南フランスのニースでのシーンも含めた撮影がすべて完了すると、ザ・ビートルズはロンドンの編集用スイートにこもり、映画編集者のロイ・ベンスンに助けを借りながら、6週間を費やして完成品—— 55分のカラー映画をつくり上げた。

BBCはこの映画をBBC 2で、1967年のボクシング・デイ(12月26日)に——白黒で——オンエアすることに決め、当日にはおよそ1300万人の人々に加え、何人ものTV評論家が視聴したが、一様に好評を博すというわけにはいかなかった。現に評論家のひとりは「こんなにあからさまなクズ」は見たことがないとコメントし、別のひとりは「ポールが監督し、リンゴがしかめっ面をつくり、ジョンが物真似をし、ジョージは少しばかり踊ったが、先週、このショウがBBCでオンエアされると、視聴者は吐き気を催した」と書いている。

彼らが『マジカル・ミステリー・ツアー』用につくり出した音楽は、9月から10月にかけて、アビイ・ロードのスタジオでレコーディングされるが、プロデューサーのジョージ・マーティンはあまりピンときていなかった。「一部の曲はあまりサウンドがよくなかった。すばらしい曲がなかったわけじゃない。だがどうしようもない曲もあった」。完成品は6曲——と24ページの特製ブックレット——を収めた2枚組EPとして、イギリスでは12月8日にリリースされ、50万枚以上を売り上げて、最高位2位を記録した。

EPというフォーマットが一般的ではなかったアメリカでは、6曲の新曲がそれ以外のアルバム未収録曲で増強されて11曲入りのアルバム《マジカル・ミステリー・ツアー》となり、100万枚以上を売り上げて、8週にわたりチャートの首位に立った。だがこのヒットをよそに、イギリスで浴びた酷評のあおりを受けて、ザ・ビートルズの映画は結局、アメリカのTVではオンエアされずに終わっている。

(右) このアフガン・ジャケットは、ジョン・レノンがTV映画『マジカル・ミステリー・ツアー』の撮影中に着ていたもので、のちにアメリカ人シンガーのハリー・ニルソンにプレゼントされた。

(次見開き) 1967年5月にロンドンのブライアン・エプスタイン宅で開かれたアルバム《サージェント・ペパーズ・ロンリー・ハーツ・クラブ・バンド》の発売記念パーティーより、アフガン・ジャケット姿のジョン・レノン。

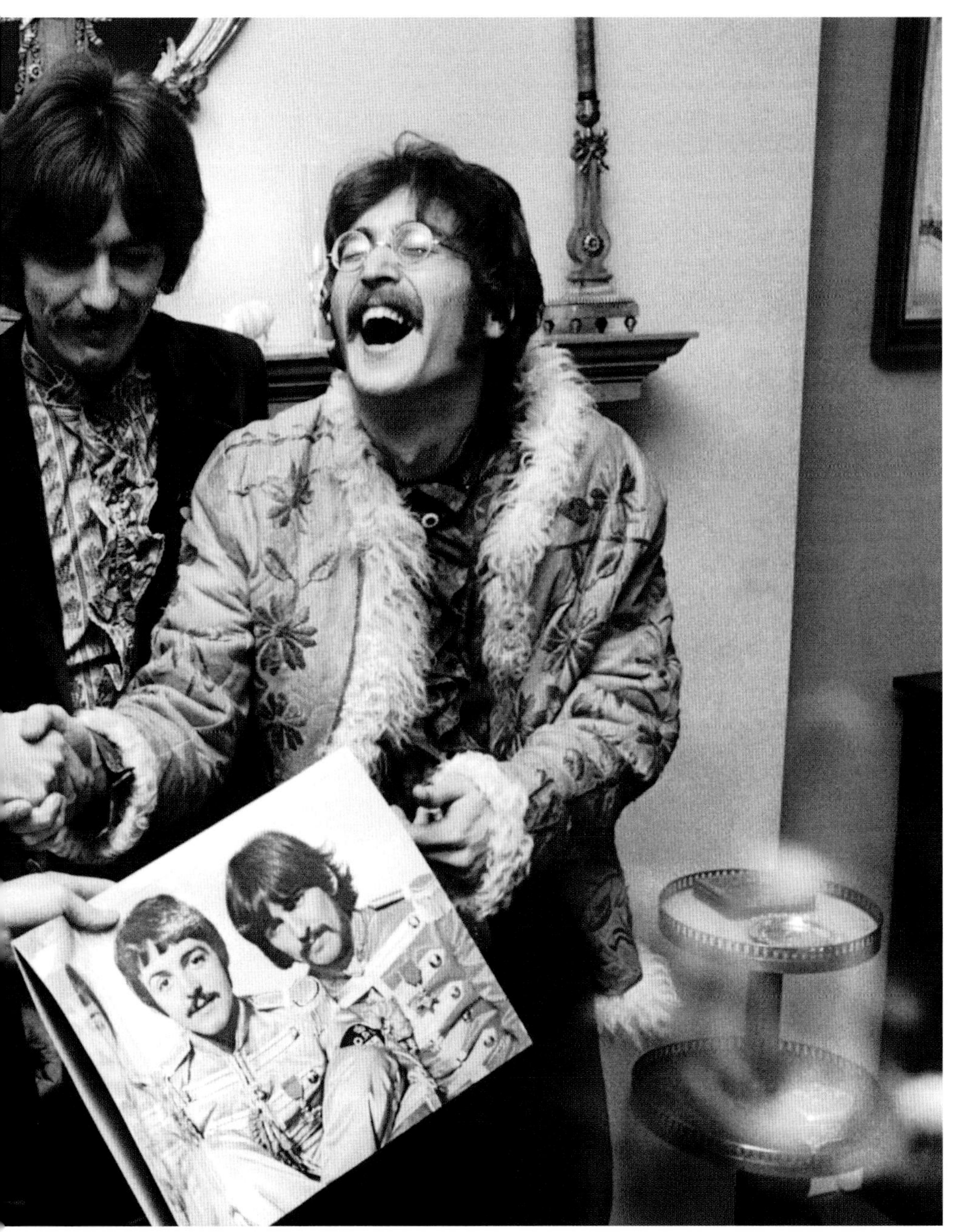

ヴォックス・ケンジントン・ギター

ふたりのビートルが使った一点もの

1950年代の初頭以来、ヨーロッパ産のギターを輸入して英国全土に流通させてきたブリティッシュ・ヴォックス社は、ある時期から独自のギターづくりに力を注ぐようになる。アンプの製造業者として、ヴォックスは業界にしっかり地歩を築き、1961年になると、エスコートおよびコンサートというブランド名で、高品質なエレキギターをつくりはじめた。

その直後に棺型のヴォックス・ファントムが登場するが、人気上昇中の英国産バンド――ザ・ビートルズ、ローリング・ストーンズ、アニマルズ、デイヴ・クラーク・ファイヴなど――の大半がヴォックス・アンプの愛用者だったおかげで、この会社はあらかじめ、新しいギターの顧客を見込んでおくことができた。

残念ながらザ・ビートルズがヴォックス社製のギターに目を向けることはなかったものの、この会社のアンプやワウ・ペダルは依然として使いつづけ、一方でジョン・レノンは、黒革とメタルプレートの装甲板を使った同社特製のパイソン・ギター・ストラップを所有していた。1964年につくられたパイソン・ストラップの価格は、およそ6ポンドだった。

1967年、『マジカル・ミステリー・ツアー』に取りかかったザ・ビートルズは、ヴォックスのギターをはじめて自分たちの楽器コレクションに加えた。それは一点もののケンジントン・ギターで、ヴォックスの工場で手づくりされ、1966年の英国音楽見本市に出品されたあと、工場に戻されていた。だがそこでカスタマイズされ、その後、ザ・ビートルズの手に渡ったのである。ヴォックスのデザイナー、ディック・デンニーは、古いピアノで見られる渦巻きのデザインをマホガニー・ブラウンのボディに流用し、個体にはメーカーの名前以外、なんの個別情報も記されていなかった。

〈アイ・アム・ザ・ウォルラス〉の演奏シーンを取材するために、1967年9月18日から24日にかけてケント州のウエスト・メイリング空軍基地に出向いた報道陣は、ヴォックス・ケンジントン・ギターのプロトタイプをはじめてプレイするジョージ・ハリスンの姿を目の当たりにする。ただし最終編集版での彼は、フェンダー・ストラトキャスターにスイッチしていた。

2か月後――11月10日――にはジョン・レノンが、サヴィル・シアターでおこなわれた〈ハロー・グッドバイ〉のプロモーション・フィルム撮影で、同じヴォックス・ケンジントン・ギターのプロトタイプを使う姿を撮られている。しかし最終ヴァージョンで使ったのは、新たに入手したマーティンD-28アコースティック・ギターだった。

ザ・ビートルズとともに登場したのはわずか2回だった――その後、アップルのエレクトロニクス担当、アレクシス・〝マジック〟・マルダスの手に渡った――にもかかわらず、2013年にニューヨークのオークションに出品されたケンジントン・ギターは、予想額を上まわる40万8000ドルで落札された。

（右）1967年にジョン・レノンとジョージ・ハリスンの両方が弾いた、ユニークな形状のプロトタイプ・ヴォックス・ギター。

VOX
CUSTOM
VOX

アップル・コア社の腕時計

ビジネスマンになったビートルズ

ザ・ビートルズがマハリシとの修行の旅から戻ってきた時、ジョン・レノンはこうコメントした。「……インドではいい休暇が過ごせたし、もう休養十分なので、今度はビジネスマンになることにした」。彼の話していたビジネスとは――「自分たちのレーベルをスタートさせることは絶対にない。面倒が多すぎる」という以前の発言とはうらはらに――彼らが1967年の末に設立した会社のことだった。

自前のレコード会社や音楽出版社を立ち上げたベストセラー・アーティストは、ザ・ビートルズがはじめてではない。だが彼らがアップル・コア社でやろうとしたことは、フランク・シナトラのリプリーズ、サム・クックのSAR、そしてレイ・チャールズのタンジェリンといった、60年代のスターたちが立ち上げたレーベルの一段上をいっていた。

彼らはアップルの先駆け的な会社を――ザ・ビートルズ&カンパニーの社名で――1967年5月にスタートさせ、同年11月にアップル・ミュージック・リミテッドと改名したのち、1968年1月に、アップル・コア・リミテッドという名前に行き着いた。当初はロンドンのウエスト・エンドにあるウィグモア・ストリートにあった会社に、もっとも熱を入れていたのはマッカートニーだが、マネージャーのエプスタインと曲づくりのパートナーであるレノンは、どちらもそんな彼に眉をひそめていた。

ザ・ビートルズはビジネスではなく、音楽に専念するべきだというこのふたりの思いをよそに、エプスタインが亡くなった4か月後には、アップル・コア社が発足する。会社には4人のメンバーに加え、どちらもエプスタインの死亡時に彼のNEMS社で取締役を務めていたマネージャーのロバート・スティッグウッドと、エージェントのヴィック・ルイスが参加していた。

アップルという名前は「AはアップルのA」という子どものシンプルな言いまわしから取られ、それがアルファベットの最初の文字だったことから、ザ・ビートルズの新しいはじまりを意味するものと解釈されたが、マッカートニーはよく「ただの駄じゃれさ。リンゴの芯(アップル・コア)――ね?」と煙に巻いていた。ザ・ビートルズはグラニー・スミスという品種のリンゴを――まるごとと、半分にカットされた形で――ロゴに用い、これは現在もなお、彼らのビジネスをあらわすシンボルとなっている。

会社設立のそもそもの目的は、当時300万ポンド前後と言われていたザ・ビートルズの納税義務を一部肩代わりさせることで、計画では彼ら自身の創作活動とリンクしたビジネスに投資し、やがては音楽出版、レコード、映画、そしてファッションの事業に乗り出すことになっていた。

1967年12月にロンドンのベイカー・ストリートでオープンした有名なアップル・ブティックは、7か月後に1万ポンド相当の商品をただで配って閉店するが、その一方でアップル・ミュージックは、シンガー・ソングライターのジャッキー・ロマックス、バンドのグレープフルーツとバッドフィンガー、そしてジョージ・ハリスンと契約を結んだ。

だが一連の突拍子もないアイデア――〝マジック〟・アレックスの率いるアップル・エレクトロニクスや、前衛音楽専門のザップル・レーベルなど――や支離滅裂な経営が原因で、1968年7月に50万ポンドをかけてサヴィル・ロウ3番地のオフィスへ移転した会社は苦境に立たされ、バンドの資金も枯渇しはじめた。レノンは当時、「ちょっととっちらかってきたから、締めるところは締めないと……アップルを今のままにしておくわけにはいかない」と認め、バンド仲間のマッカートニーものちに、「アップルがうまくいかなかったのは、ぼくらにビジネス・センスがなかったことが原因だ」と語っている。

しかしそうやってアップルが混迷を極める最中にあっても、ポップ・デュオ、ピーター&ゴードンの片割れで、女優(そしてポール・マッカートニーのガールフレンド)ジェーン・アッシャーの兄でもあるピーター・アッシャーがA&R部門のトップにいたアップル・レコードは、同社と契約したメアリー・ホプキン、ジェイムズ・テイラー、ビリー・プレストン、ホット・チョコレート、バッドフィンガーらのレコードで、それなりに収益を上げていた。

ザ・ビートルズやメンバーのさまざまなソロ・プロジェクトも、アップル・レーベルからリリースされていたが、世界一有名で成功したグループは実のところ、依然としてEMIとの契約下にいた。ただしレーベルの設立後は、レコードに自分たちの会社のロゴを使う許可を得ていたのである

(右) この腕時計は、ザ・ビートルズが1967年にスタートさせたアップル・コア社がつくった販促品のひとつだった。

ポールが手書きした〈ヘイ・ジュード〉のレコーディング・メモ

〝ジュールズ〟から〝ジュード〟に

1968年9月、ザ・ビートルズは全米チャートの首位に——前回の首位獲得から9か月後に——〈ヘイ・ジュード〉で返り咲く。この曲の世界的な売り上げは、わずか2か月で470万枚に達した。

この曲はおもにマッカートニーが、ジョンとシンシア・レノンの別離後に、ふたりの息子、ジュリアンのことを念頭に置いて書いたものだ。「あの一家の友人として、なんの問題もないと励ます必要があると感じたぼくは、ウェイブリッジに車を飛ばした」とマッカートニーは語っている。「1時間ほどのドライヴだった。ぼくはいつもラジオを切って、曲のアイデアを考えるようにしていた。いざという時のためにね」

「ローリングストーン」誌とのインタヴューで、マッカートニーはドライヴ中に曲が浮かんできた時のことを、次のように説明していた。「まずぼくは『なあジュールズ、悪く取るんじゃない』とうたいだした。それはジュリアンに向けた、楽観的で、希望に満ちたメッセージだった」

最終的に〝ジュールズ〟を〝ジュード〟に変えた——「単純に〝ジュード〟のほうがいい名前に思えたんだ」——マッカートニーは、曲を4つのセクションに分けて、どういう構成にするべきかを考えた。そして1968年の7月と8月に、アビイ・ロードのスタジオとトライデント・スタジオの両方で、4日にわたってこの曲のレコーディングに臨むザ・ビートルズのために、歌と楽器の割り振りを決めた。

イギリス、アメリカの両国で1968年8月26日にリリースされたレコードは、二重の意味で初物だった——レーベルに新しいアップルのロゴをあしらって出されたグループ初のレコードであると同時に、7分11秒という、ザ・ビートルズ史上最長のシングルでもあったのだ。プロデューサーのジョージ・マーティンは、そんなに長いシングルなど常識的にありえないと考えていたが、自分の意見を表明すると、「あの子たちに言い負かされ」、ジョンからは逆に「なにがいけないんだ？」と問い返された。ザ・ビートルズのプロデューサーによると、「わたしはなんの理由も思いつけず、DJがかけたがらないだろうという、情けない答えを返すのが精いっぱいだった。すると彼〔ジョン〕は『かけるさ、オレたちのレコードならな』と言った」

シングルは史上最高記録の10位で全米チャートに初登場し、9週首位の座をキープ。一方イギリスではグループにとって15回目のナンバー1を獲得すると同時に、1968年最大のベストセラー・レコードとなった。最終的な売れ行きは1000万枚を超え、これは現在もザ・ビートルズのシングルとしては——1200万枚の〈抱きしめたい〉に次いで——2番目の記録を保持している。

両親が別れた時、ジュリアン・レノンはまだ5歳の子どもだった。となると母親のこんな説明も、決して意外ではないのかもしれない。というのも彼女によると、マッカートニーが〈ヘイ・ジュード〉を書いたあとも「おかしなことにジュリアンは、そのこと〔曲の由来〕を何年もずっと知らずにいたんです。〈ヘイ・ジュード〉は自分の曲だと知らされた時には、とても恐縮していました」

もう少しで自分の名前がつくところだったレコードをふり返って、ジュリアンはこう語っている。「あの当時、父親の親友のひとりで、相談相手で、曲づくりのパートナーだった男がポールだ。そして彼は袖から様子を見ながら、ぼくの曲、というかぼくについての曲を書くことにした。別離というあの時ならではの状況と、ぼくが、ほら、その先もへこたれることなく、しっかりしてなきゃならないってことをテーマにした曲をね。誰かに自分のことを曲にしてもらえただけじゃなくて、あんな時に、ほかならぬポールにそうしてもらえたことを、ぼくはずっと、この上なく光栄に思っている」

（右）ポール・マッカートニーが書いた〈ヘイ・ジュード〉（彼の表記によると〈ジュード〉）の曲構成。4つのセクションに分けられ、ヴォーカルと楽器の割りふりもしっかり記されている。

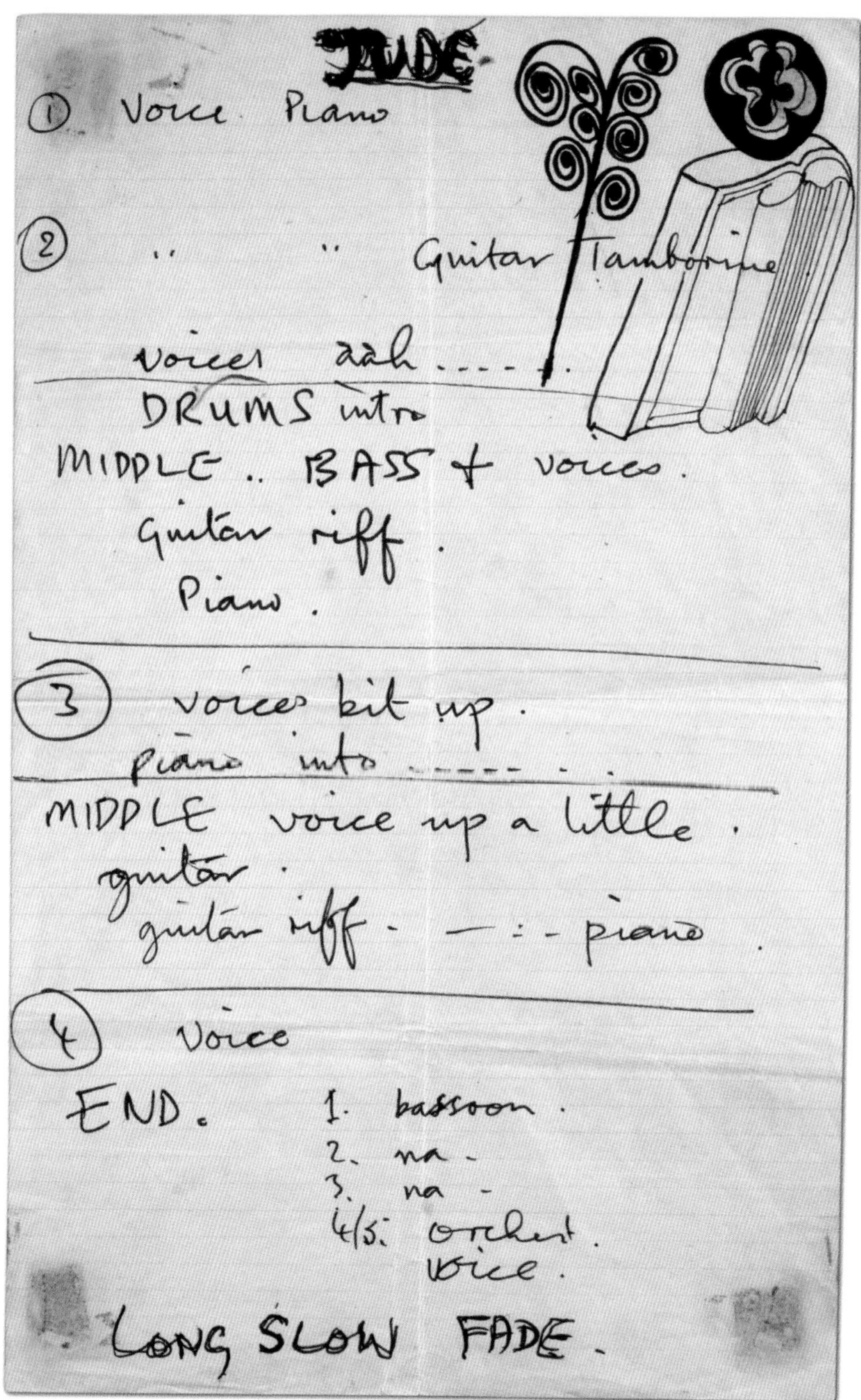
JUDE
1 Voice Piano
2 " " Guitar Tamborine
voices aah.....
DRUMS intro
MIDDLE .. BASS + voices.
Guitar riff.
Piano.
3 voices bit up.
piano intro ....
MIDDLE voice up a little.
guitar.
guitar riff - — : - piano.
4 Voice
END. 1. bassoon.
2. na -
3. na -
4/5. orchest.
voice.
LONG SLOW FADE.

公式伝記本
「すべてはどうしてはじまったのか」

ハンター・デイヴィスは「タイムズ」紙で働いていた1966年9月にポール・マッカートニーと会い、「アテナイ人」と題する自分のコラムでインタヴューした。その後、『Here We Go Round The Mulberry Bush』〔＊未訳：映画の邦題は『茂みの中の欲望』〕と題する自著の映画化が決まると、彼はマッカートニーにアプローチし、サウンドトラックへの曲提供を依頼した。

マッカートニーは断りを入れるが、デイヴィスはその機に乗じて、ザ・ビートルズに関する本を書かせてもらえないだろうかと持ちかけた。おかげでエプスタインとの会見が叶い、彼はグループのメンバー全員が賛成するのならという条件で、本の刊行に同意した。ザ・ビートルズとそのマネージャーを引き入れたところで契約が結ばれ、グループはデイヴィスがハイネマン社と交渉した出版契約の、3分の1の権利を得ることになった。

1967年の初頭から1968年にかけて、デイヴィスはザ・ビートルズの初にして唯一の公式伝記本――のちに彼は「すべてはどうしてはじまったのかを、飛び飛びの荒削りな筆致で、精いっぱい描き出そうとした」本と説明している――を書き上げるために、グループと行動をともにし、友人たちや家族にインタヴューした。

編集権はザ・ビートルズとその近親者たちにあり、文章のカットを要求することもできた。そのためレノンの伯母のミミから彼の子ども時代をめぐる記述、そしてハリスンからは彼の宗教的信念をめぐる記述についてクレームを受けたデイヴィスは、やむなく一部の文章の修正と削除に応じた。

それでも1968年9月14日、完成したデイヴィスの作品はついに、1967年に亡くなったブライアン・エプスタインへの献辞つきで刊行された。本はすぐさまベストセラーとなり、1978年、1982年、1985年、2002年、2009年に再刊されて、現在も版を重ねている。1981年版の序文に、デイヴィスは「わたしはいつも人間としてのザ・ビートルズはごく平凡な人間だが、置かれた状況が異常だったと考えていたし、今もそう考えている」と書いた。

1980年に、本の取材でザ・ビートルズと過ごした時間をふり返ったデイヴィスは――「タイムズ」紙にエプスタインの追悼記事を寄せたのも彼だった――グループがこころよく時間を割いてくれたとあらためて認め、だが彼らが「ビートルマニアの日々に、ほとほとうんざりしていたことも考えに入れる必要があった」とつけ加えている。

その後もトッテナム・ホットスパーFCを取り上げた『ザ・グローリー・ゲーム』〔＊未訳〕、ウィリアム・ワーズワースの伝記、そしてかなりあとにはウェイン・ルーニーの公式伝記本などを執筆しているデイヴィスは、1981年版の序文の締めくくりで、自分がビートルズ本の続編を書かなかった理由を、次のように説明していた。「ビートルズとしての彼らは結局、とても輝かしいとは言えない幕切れを迎えた。肝心なのは、彼らがあの高みに昇ったことだ。そしてこれはそこに昇っていく彼らの物語なのである」

（右）著者のハンター・デイヴィスは、1968年に初版が刊行されたグループの公式伝記本のために、半年以上にわたって取材を重ね、ザ・ビートルズと行動をともにした。

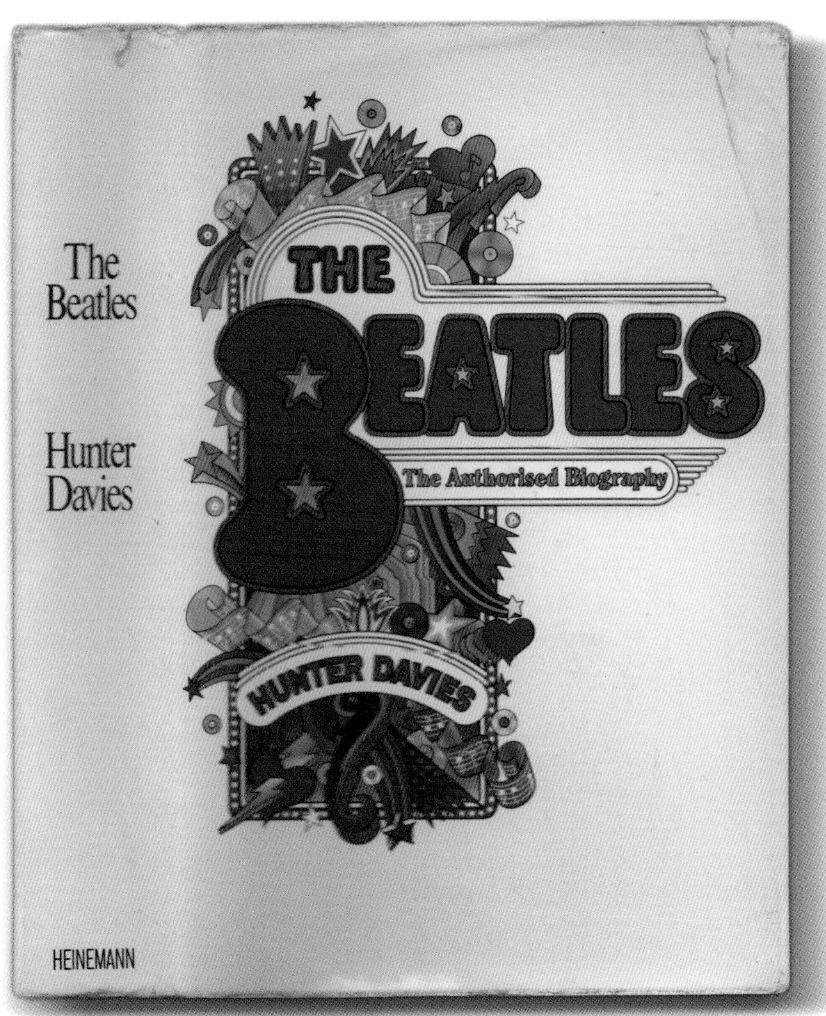
The
Beatles
Hunter
Davies
HEINEMANN
THE
BEATLES
The Authorised Biography
HUNTER DAVIES

ゲレッド・マンコヴィッツの未発表写真

アップルの閉ざされたドア

ドキュメンタリー映画『レット・イット・ビー』を締めくくる方法を探していたザ・ビートルズは、カメラの前で最後のライヴ演奏を披露するというアイデアに行き着いた。

「ぼくらが屋上にのぼったのは、そこならほかのどこに行くよりも、ずっと簡単にライヴ・コンサートの問題が解決できたからだ」とハリスンは語り、一方でマッカートニーはこう説明している。「かくして全員で屋上にのぼり、そこでコンサートをやるという案が出た――終わったらそのまま家に帰れるわけだ」

イヴェントは1969年1月31日木曜日のランチタイムに、サヴィル・ロウ3番地にあるアップルのオフィスの屋上でおこなわれた。そこに楽器、レコーディングの機材、撮影用のカメラが揃えられ、技術者やエンジニア陣――その一部はアビイ・ロードのスタジオから駆り出されていた――が所定の位置について、キーボードにビリー・プレストンを迎えたザ・ビートルズがくり広げる42分のパフォーマンスを記録したのだ。彼らはその間に〈ゲット・バック〉、〈アイヴ・ガッタ・フィーリング〉、〈ドント・レット・ミー・ダウン〉を複数回と、〈ワン・アフター・909〉、〈ディグ・ア・ポニー〉を1回ずつ、そして〈ゴッド・セイヴ・ザ・クイーン〉の短い抜粋を演奏した。

EMIのスタッフとして、メイン・エンジニアのグリン・ジョンズをアシストしたアラン・パーソンズは、このイヴェントを「わたしの人生でもとりわけすばらしい、エキサイティングな日々でした―― 一緒にプレイするザ・ビートルズを、目の当たりにできたんですから」とふり返っている。屋上には数人の友人と家族以外、観客らしい観客はいなかった――「ぼくらは実質的に、なにもないところ――空に向かってプレイしていたわけで、それ自体はすごく気分がよかった」とマッカートニーは回想している――ものの、サヴィル・ロウの舗道には人々が群れ集まって、頭上でプレイする世界一有名なグループに聴き入っていた。

なかには騒音に腹を立てたビジネスマンもいて、そのひとりが警察に苦情を入れた。警察はのちにこう認めている。「苦情が殺到していたので、警官を派遣しました。とんでもない騒ぎでしたから」。警察の介入にはザ・ビートルズも気づいていたが、ライヴを止める気はさらさらなく、マッカートニーなどはむしろ「映画のいいエンディングになる」と考えていた。「最高だ！　これで締めよう。『屋上のライヴでザ・ビートルズが逮捕』」

ドラマティックな幕切れを求めていたザ・ビートルズは、警察が唐突にライヴを中止させるシーンをそれに充てることにした――「たしか、連中がプラグを抜いて、それが映画のエンディングになったはずだ」とマッカートニーは語っている。ただしレノンはその前に、短いスピーチをすることができた。「グループとぼくらに成り代わって、ありがとうを言わせてください。オーディションに合格していますように」

アルバム《レット・イット・ビー》には、この屋上のライヴから〈アイヴ・ガッタ・フィーリング〉、〈ディグ・ア・ポニー〉、〈ワン・アフター・909〉が収録され、〈ゲット・バック〉のエンディングには、このジョンのセリフがつけ加えられている。1969年4月11日に出た〈ゲット・バック〉のシングル・ヴァージョンは、屋上でのライヴの2日前にサヴィル・ロウの地下スタジオでレコーディングされたもので、セッションにはジョンズとジョージ・マーティンの両名が参加したが、レコードにはどちらの名前も記載されていない。アーティストの名義はザ・ビートルズ・ウィズ・ビリー・プレストン――ビートルズのレコード・レーベルにほかのアーティスト名が載るのは、この時が最初で最後となった。

（上）1969年1月に、サヴィル・ロウのオフィスの屋上で最後のライヴをくり広げるザ・ビートルズ。

（右）カメラマンのゲレッド・マンコヴィッツが1972年に撮影した、荒れ放題なアップル・オフィスの正面入口。

NO VISITORS ALLOWED
IN THIS BUILDING FROM
GROUND FLOOR UPWARDS
WITHOUT THE CONSENT OF
THE GENERAL FOREMAN.
F.W. BARNARD LTD.

イーストマン&イーストマン宛ての手紙
終わりのはじまり

「クラインとアップルは、遅かれ早かれ出会う定めにあった」――ジョン・レノンはアメリカ人のマネージャー兼音楽出版業者と、ザ・ビートルズのビジネス帝国との関係を、こんな風にとらえていた。

エプスタインの逝去以来、新たなマネージャーの任命を避けてきたザ・ビートルズも、いよいよアップルを取り仕切り、自分たちのレコーディング契約をまとめてくれる人物を必要としていた。その時点でアラン・クラインはすでに、デイヴ・クラーク・ファイヴやハーマンズ・ハーミッツといった英国のアーティストを手がけていたが、ザ・ビートルズにもっとも大きな影響を与えたのは、彼がザ・ローリング・ストーンズのために取りまとめた契約―― 100万ポンドの前払い金と、25パーセントの印税率（ザ・ビートルズの印税率はイギリスで15パーセント、アメリカで17.5パーセントだった）をレコード会社から取りつけた――だった。

「オレたちはあの男が、ザ・ローリング・ストーンズのために結んだビジネスの契約に感銘を受けた」とレノンは語っている。「アップルは毎週のように損失を出している――このままだとオレたちは全員、半年で破産してしまうだろう」というレノンのコメントを音楽紙の記事で読んだクラインは、さっそく彼の電話番号を入手し、1969年1月にロンドンで会おうと伝えた。こうしてレノンは最初にクラインと会見したメンバーとなり、先頭に立って彼を押すようになった。

クラインが音楽業界に入ったのは1950年代末のことで、ボビー・ダーリン、サム・クック、ザ・シレルズといったアーティストの代理人を務めたのちに、みずからニューヨークに拠点を置くABKCOインダストリーズ（アランとベティ・クラインの略号）を設立。彼はこの会社を通じて曲の著作権を獲得し、さまざまなアーティストの実務をあつかっていた。

じょじょにハリスンとスターもレノン陣営に引き入れられ、1969年4月18日にはニューヨークのリー・イーストマンに宛てて、彼にはもはや「ザ・ビートルズを代表する権限がない」と告げる手紙――ただしポール・マッカートニーを〝個人的〟に支えることはできる――が送付された。この手紙はさらに、ザ・ビートルズ関連の文書をすべてクラインのABKCOオフィスに送るように求め、レノン、ハリスン、スターの署名が入っていた。

マッカートニーはこの状況――「クラインの一件で、ぼくはほかのメンバーと一気に決裂した」――に、引きつづきこのアメリカ人を、ザ・ビートルズのマネージャーとしては認めないというやり方で対抗した。「どんな形でもあの男に、ぼくの代理人はやらせたくなかった。つまり3対1だったわけだ」

クラインに対するマッカートニーの反感は、この男がグループのアルバム《レット・イット・ビー》のプロデューサーにフィル・スペクターを迎え入れ、伝説的な〝音の壁（ウォール・オブ・サウンド）〟の仕掛け人に、作者の承諾抜きで〈ザ・ロング・アンド・ワインディング・ロード〉のアレンジに手を入れさせたせいで、なおのこと強まった。

事実、スペクターが自分の曲に加えた変更に激怒したマッカートニーは、クラインに手紙で「この先は何人たりとも、ぼくの許可を得ずに、ぼくのレコーディングになにかを足したり、そこからなにかを引いたりすることは許されない」と告げ、最後にこんな警告をつけ加えた。「二度とこんな真似はするな」

レノン、ハリスン、スターもじょじょにクラインに幻滅するようになっていたものの、ようやくすべての訴訟問題にケリがついたのは、1977年になってからのことで、このころになるとスターも、次のように認めていた。「結局はオレたち全員がアラン・クラインと手を切った。ひと財産かかったけど、こういうのは誰の人生にもつきものだからね。ふたりの人間が契約にサインして、こっちはその意味を完全に理解しているし、向こうもその意味を完全に理解している。でもいざ決裂するとなったら、魔法のように、それはどっちかにとって、ぜんぜん別の意味を持つようになるんだ」

（右）1969年4月にジョン・レノン、リチャード・スターキー、ジョージ・ハリスンが署名し、ポール・マッカートニーの弁護士（にして義父）に送付した、彼はもはやザ・ビートルズの代理人ではないと告げる手紙。

Eastman and Eastman
39 West 54th Street
New York
New York 10019

18th April 1969

Attention Lee Eastman, Esq.

Dear Mr. Eastman,

This is to inform you of the fact that you are not authorized to act or to hold yourself out as the attourney or legal representative of "The Beatles" or of any of the companies which the Beatles own or control.

We recognize that you are authorized to act for Paul McCartney, personally, and in this regard we will instruct our representatives to give you the fullest co-operation.

We would appreciate your forwarding to

ABKCO Industries Inc.
1700 Broadway
New York
N.Y.

all documents, correspondence and files which you hold in your possession relating to the affairs of the Beatles, or any of the companies which the Beatles own or control.

Very truly yours,

John Lennon John Lennon

Richard Starkey R Starkey

George Harrison George Harrison

〈ジョンとヨーコのバラード〉のゴールド・ディスク

ふたりのビートルがつくった最後のナンバー1

1969年5月にリリースされた〈ジョンとヨーコのバラード〉には、英国とヨーロッパの両方でステレオで出されたザ・ビートルズ初のシングル——そしてモノのミックスが作成されなかった最初のレコード——という、ほかの曲にはない特徴がある。

これはレノンがジブラルタルでヨーコ・オノと結婚し、ふたりでフランスとオランダを旅した1969年はじめの経験をもとにして書いた自伝的な曲だった。「書いたのはオレで、昔の物語歌（バラッド）みたいな感じの曲だ。オレたちが結婚して、パリに行ったり、アムステルダムに行ったりした時の話だけど、それがビートルズの新曲になった」とレノンは振り返っている。

たしかにビートルズのシングルとして世に出たものの、この曲がレコーディングされた時、スタジオにいたのはレノンとマッカートニーのふたりだけだった。スターは映画のロケ撮影中、そしてハリスンは外国にいたため、グループの残されたメンバーふたりは4月14日の月曜日の午後にアビイ・ロードのスタジオ3に集まり、もともとは〈ジョンとヨーコのバラード（このままじゃ磔にされちまう（ゼイア・ゴナ・クルシファイ・ミー））〉と題されていた曲を、トータルで11テイク録音した。

レノンがリード・ヴォーカルと各種のギターを受け持ち、マッカートニーがドラム、ピアノ、マラカス、ベースを担当したセッションは、エンジニアのジェフ・エメリックによると「とても速いペース」で進み、「ポールのすばらしいドラミングと、セッション全体のスピード」のおかげで、より充実した内容になった。

一方でレノンはこう説明している。「とくに変わったレコードだとは思わない……ザ・ビートルズの次のシングル、それだけのことだ。特別な意味はない。たまたまあの時は、オレたちふたりしかいなかっただけで」

ハリスンもスターもザ・ビートルズの21枚目にして初のステレオ・シングルに参加できなかったことを、とくに悔やんでるようには見えなかった。「ぜんぜん気にならなかった」とスターは語り、ハリスンはこうつけ加えている。「結婚式に呼ばれなくても、レコードに参加できなくても、ぼくはべつに気にしない。ぼくとはなんの関係もないことだからだ、もしそれが〈ジョンとジョージとヨーコのバラード〉だったら、参加していたと思うけど」

レコーディングと同日にステレオでミックスされたシングルは、その6週間後に——〈ゲット・バック〉からさほど間を置かずに——早々とリリースされるが、「イエス様、簡単なことじゃない」というくだりが一部の反感を買い、オーストラリアとアメリカのラジオ局では放送禁止になってしまう。一方でスペイン政府は、領有権を主張するジブラルタルが「スペインの近く」と表現されたことに不快感を示した。

歌詞に関する懸念をよそに、〈ジョンとヨーコのバラード〉は全米チャートで8位まで上昇し、イギリスではザ・ビートルズの18枚目にして最後のナンバー1シングルとなった。

（右）アメリカで100万枚の売り上げを達成した〈ジョンとヨーコのバラード〉に授与されたゴールド・ディスク。これはザ・ビートルズ初のステレオ・シングルで、英国では最後のナンバー1ヒットだった。

THE
BALLAD
OF JOHN
AND
YOKO
STEREO
THE
BEATLES
2531
PRESENTED TO
THE BEATLES
TO COMMEMORATE THE SALE OF MORE THAN
ONE MILLION COPIES OF THE
APPLE RECORDS
POP SINGLE RECORD
CERTIFIED
RIAA
SALES AWARD

ジョンのホンダ・モンキー・バイク

ティテンハースト・パークの思い出

リンゴ・スターは1967年に、ロンドンのフラットをジョン・レノンとヨーコ・オノに貸したことがある。するとその6年後、グループのリズム・ギタリスト兼シンガーは自分の家をバンドのドラマーに売って、彼の好意にお返しをした。

ティテンハースト・パークは、アスコット近郊のサニングヒルにある72エーカーの敷地に建てられたジョージ朝様式の領主館で、レノンはシンシアとジュリアン・レノンと暮らしていたケンウッドを売り払い、モンタギュー・スクエアにあるリンゴのフラットでしばらく過ごしたのちに、この邸宅を購入した。彼はこの物件に14万5000ポンドを支払い、家屋と庭のリノヴェーションやホーム・スタジオの設営には、それ以上の資金を費やした。

1969年8月22日――レノン夫妻が越してきてから、まだ1週間と少ししかたっていなかった――ザ・ビートルズはティテンハーストに集まり、歴史的なフォト・セッションを開始する。というのもザ・ビートルズが4人そろって同じ写真に収まるのは、この時が最後となったのだ。「ただのフォト・セッションで、『これが最後のフォト・セッションか』なんてことはいっさい考えていなかった」とスターは語り、一方でマッカートニーは「リンダがぼくのカメラで撮った16ミリの映像が、結局は最後の動画になった」とふり返っている。

アメリカ人カメラマンのイーサン・ラッセルと、フリート街のヴェテラン写真家、モンテ・フレスコが館の内外やティテンハースト・パークの庭で撮った写真の一部は、1970年にアメリカでキャピトル・レコードがリリースした編集版《ヘイ・ジュード》の表と裏ジャケットに使用されている。アルバムは全米チャートを2位まで上昇するが、サイモンとガーファンクルの《明日に架ける橋》に阻まれ、首位獲得はならなかった。

その撮影から1週間あまりが過ぎたころ、8月31日にワイト島フェスティヴァルに出演したボブ・ディランが、バークシャー州の自宅にレノン夫妻を訪ねてきた。ふたりのアーティストが顔を合わせるのは、この時が最後となるが、どうやらレノンは彼を、セッションに参加させる心づもりでいたようだ。「オレが〈コールド・ターキー〉を書き上げたところに、ワイト島に出たあとのあいつが、ジョージ〔ハリスン〕と家を訪ねてきたんだ。オレはあいつをレコードに入れようとした。〈コールド・ターキー〉のピアノを弾かせて、ラフなテープを録ろうとしたんだが、奥さんが妊娠中だかなにかだったせいで、ふたりとも帰ってしまった」

レノンが1971年に発表したソロ・ナンバー、〈イマジン〉のプロモーション・フィルムもティテンハースト・パーク内で撮影されている。レノンは息子のジュリアンを、そこでよくホンダのモンキー・バイクに乗せていた。彼はティテンハースト・パークをバッグ・プロダクションズという自分の会社の住所に用い、そこにアスコット・ホーム・スタジオを設営した。しかしアメリカで過ごす時間が長くなると、レノンは家の売却を決め、1973年にスターがこの物件をバンド仲間から買い入れた。彼はそこで最初の妻、モウリーン・コックスと暮らしていたが、1975年に離婚し、1988年にはアラブ首長国連邦の大統領、ザーイド・ビン＝スルターン・アール＝ナヒヤーンに、500万ポンドでこの家を売却している。

(上) ティテンハースト・パークを本拠にしていたジョン・レノンの会社、バッグ・プロダクションの名刺。

(右) ジョン・レノンが息子のジュリアンをうしろに乗せて、ティテンハースト・パーク内を走りまわっていたホンダ・モンキー・バイク。

XUC 91H

ジョンのアコースティック・ギター

ギブソンに描かれた絵

1967年におこなわれた〈愛こそはすべて〉の全世界TV中継に先立ち、自分のギターに塗装作業をほどこそうと考えたザ・ビートルズのメンバーは、ジョージ・ハリスンだけではない。レノンもお気に入りのギブソンJ-160Eギターを1本、グループが贔屓にしていたデザイン・チームのザ・フールに委ね、新しいデザインを手塗りしてほしいと依頼した。彼はそれ以前にも、エピフォン・カジノ・ギターの裏面を、実験的にスプレーで灰白色に仕上げたことがあった。

ザ・フール——オランダ人アーティストのマリカ・コガーとヨシア・レイガー、それにカナダ人のバリー・フィンチとサイモン・ヘイズ——はグループのメンバーやそのパートナーが所有する車、衣類、家のデザインを手がけていた。ブライアン・エプスタインには、彼が1965年4月に経営を引き継いだサヴィル・シアターの装飾を任され、ザ・ビートルズが〈愛こそはすべて〉のTV中継で着た衣装も、やはり彼らの手になるものだった。

彼らが手がけたレノンのギター——左右対称の薄いブルーと濃いブルーの波が、赤い線で仕切られていた——が初お目見えしたのは〈愛こそはすべて〉のTV中継だが、放送中はずっとスタジオに置かれ、ついに演奏されることはなかった。これはレノンが緊張のあまり、同時にうたってギターを弾くことができなくなっていたせいだと言われている。

1968年になるとレノンは再度、今回は自身の手でギターにペイントをほどこす。同じギブソンJ-160Eギターの塗装をはぎ取って、もとのナチュラル・ウッド仕上げに戻し、そのボディに自分とヨーコ・オノのカリカチュアを描いてサインを入れたのだ。このギターが世間にお目見えしたのは、1969年の5月末から6月はじめにかけて、このカップルがモントリオールのクイーン・エリザベス・ホテルで2度目のベッド・インをくり広げた時だった。

新婚のレノンとオノが最初のベッド・インを実行したのは1969年3月、ふたりのハネムーン中のことで、3月25日から31日のあいだの5日をアムステルダム・ヒルトン・ホテルのプレジデンシャル・スイートで過ごし、連日、午前9時から午後9時まで世界各国のメディアを迎え入れて、ベッドのなかから世界平和を訴えつづけた。

2度目のベッド・イン——カナダのホテルの4室を使い、7日間にわたって開催された——で、レノンは新たに絵を描き入れたギブソン・ギターを〈平和を我等に〉のレコーディングに使った。彼は文化的グルのティモシー・リアリー、英国人シンガーのペトゥラ・クラーク、詩人のアレン・ギンズバーグ、コメディアンのディック・グレゴリーといったゲストたちの助けを借りながら、この曲をポータブルの4トラック・テープレコーダーで完成させた。

レノンのニュー・グループ、プラスティック・オノ・バンド名義でリリースされた〈平和を我等に〉の完成ヴァージョンは、彼が一部でオノの助けを借りて書いた曲だったにもかかわらず、依然としてレノン＝マッカートニー作品とクレジットされていた。「それなりに罪悪感はあったから、最初にひとりで出したシングルには、実際に曲を共作したヨーコじゃなくて、マッカートニーの名前を共作者としてクレジットしたんだ」とレノンは説明している。

シングルは1969年7月4日にリリースされ､全英チャートで最高位2位を記録、またアメリカでもトップ20入りを果たした。

（上）新婚のジョン・レノンとヨーコ・オノは、1969年3月にアムステルダム・ヒルトン・ホテルで最初のベッド・インを開催した。

（右）ジョン・レノンが自分とヨーコのカリカチュアで装飾したギブソンJ-160Eアコースティック・ギター。

Gibson

アビイ・ロードのマイク
最後にうたったのはジョージ

アビイ・ロードのスタジオで、7年以上にわたり定期的にレコーディングをつづけてきたザ・ビートルズが最後にロンドンの北部にあるお気に入りのたまり場に集まったのは、1969年8月20日のことだった。

その水曜の午後に彼らがそこにいたのは、2月にトライデント・スタジオで着手した曲の最終的なミキシングをチェックするためで、スタジオ3のコントロール・ルームにはほかに、プロデューサーのジョージ・マーティン、エンジニアのフィル・マクドナルドとジェフ・エメリック、そしてセカンド・エンジニアのアラン・パーソンズの顔があった。

といっても実際にレコーディングがおこなわれたわけではなく、レノン、マッカートニー、ハリスンとスターは、4月にほぼ完成し、だが8月11日にようやく、2月にレコーディングしたテープを使って仕上げられた〈アイ・ウォント・ユー〉のステレオ・ミックスを終え、彼らにとっては最後となるアルバムの収録曲と曲順を決めるために、最後にもう一度スタジオに集まっていた。

書いたのはレノンだが、いつものようにレノン＝マッカートニーとクレジットされた〈アイ・ウォント・ユー〉は、トライデントで録られた35以上のテイクと、ビリー・プレストンのキーボードやレノンのモーグ・シンセサイザーによるSEを含むその後のオーヴァーダビングをへて、8分を超える最終ヴァージョンに行き着いた。「オレたちは〈アイ・ウォント・ユー〉の最後にモーグ・シンセサイザーを使った。それこそありとあらゆる音が出せる機械で、もうほとんどロボットだ」とレノンは語っている。

4人のビートルが最後に勢ぞろいしたのは小ぶりなスタジオ3だったものの、彼らがEMIの北ロンドン複合スタジオで過ごした時間の大半は、もっと広いスタジオ2で費やされていた。1969年の8月8日にも、彼らはアルバム《アビイ・ロード》の収録曲を録るためにこのスタジオに集まったが、その前に午前中の一部を使って、あの名高いアルバム・ジャケットの撮影を外の通りですませている。

1970年1月にはザ・ビートルズ最後のレコーディング・セッションがスタジオ2でおこなわれ、マッカートニー、ハリスン、スターの3人が、ハリスンの〈アイ・ミー・マイン〉を完成させた。

(上) アビイ・ロードのスタジオ・セッションでザ・ビートルズが使ったノイマンのマイク。

(右) ザ・ビートルズがアビイ・ロードのスタジオでレコーディングした最後の曲、〈アイ・ミー・マイン〉のヴォーカルを取ったのはジョージ・ハリスンだった。

バッグ・ワンの招待状
アートの世界へ

ノリにノっていた60年代ロンドンの前衛アート・シーンにジョン・レノンを引きこんだのは、シンガーのマリアンヌ・フェイスフルの前夫、ジョン・ダンバーだった。1966年11月、ダンバーはレノンを「ヨーコ・オノによる未完成の絵画と物体」と銘打たれた展覧会に招待する。オープニングの前夜にギャラリー内をそぞろ歩いたレノンは、当人も認めるとおり、「なにが言いたいのかよくわからなかった」

その後、ダンバーに日本人アーティストのヨーコ・オノに紹介された彼は、彼女にうながされて、展示作品の一部に〝参加〟した。そのひとつが「釘を打ちつけなさい」という作品で、レノンが釘を打ってもいいかと訊くと、オノは5シリング払ってくれたらと答えた。するとレノンは、想像上の5シリングを払うので、代わりに想像上の釘を打たせてくれないかと言い返した。「オレたちが本当に出会ったのはその時だ」とレノンは語っている。「その時オレたちの目と目が合い、彼女はピンと来て、オレもピンと来た。それでもう決まりだった」

ポップ・ミュージックにはほとんど関心がなかった――「ザ・ビートルズだのロックンロールだのは、わたしをすり抜けていった」――とみずから認めるオノはのちに、レノンとの最初の出会いをこう回想している。「彼はわたしとまったく同じ心のゲームで遊んでいました」。レノンはオノの「ハーフ・ウィンド・ショウ」のスポンサーとなって、彼女のアートを支援しつづけ、自分たちふたりのヌード写真を撮って、アルバム《トゥー・ヴァージンズ》のジャケットに使った。

1970年1月、レノンの手になるエロティックなリトグラフ14点の展覧会が、ニュー・ボンド・ストリートのロンドン・アーツ・ギャラリーで幕を開けた。ところがスコットランド・ヤードの刑事たちが1月16日――オープニングの翌日――にギャラリーを強制捜索し、8点のリトグラフを押収してしまう。

ただし残る6点は、会期が終了する1月25日まで展示された。同内容の展覧会が開かれたデトロイトでは14点すべてがなんの問題もなく展示されたものの、ロンドン・アーツ・ギャラリーは、猥褻物陳列罪で告発された。結局は1970年4月にロンドン・アーツ・ギャラリーの主張が通り、告訴は棄却され、リトグラフは全点、レノンに返却されている。当時、リトグラフのセットは500ポンドを超える値段で販売され、2008年にはレノンのサインが入ったロンドンの展覧会のカタログが、2万5000ポンドで売却された。

ダンバーはほかに、ライターのバリー・マイルズや、ポール・マッカートニーのガールフレンド、ジェーン・アッシャーの兄でシンガーのピーター・アッシャーとも親しく、3人はロンドンのファッショナブルなセント・ジェイムズ地区にあるメイゾンズ・ヤードで、1965年9月、ポップ・スターの人気のたまり場、ザ・スコッチ・オブ・セント・ジェイムズの近くにインディカ・ギャラリー&ブックショップをオープンした。

ごく初期からこの店をサポートしていたマッカートニー――ロンドンの中心部に居残っていた唯一のビートル――は店の包装紙をデザインし、棚づくりやしっくいの壁塗りも手伝っていた。「ぼくはロンドンに居残って、アートのシーンや、『インターナショナル・タイムズ』のようなアングラ新聞と関わりを持った」とマッカートニーは回想している。マイルズによると、彼はこの店にもしばしば足を運んでいた。「夜遅く、ライヴが終わったあとで店に来て、ひととおり本をチェックしたら、これこれの本をもらったという書き置きを残していていくんだ」

「インターナショナル・タイムズ（IT）」――マイルズが編集長を務め、資金を援助したマッカートニーは、スタッフ欄に〝イアン・イアカモー〟という偽名でクレジットされた――は1966年10月15日に創刊され、それに合わせてオールナイトのレイヴが、チョーク・ファーム・ラウンドハウスで開催された。

この新聞が財政難にあえぎはじめた時、救済の計画をたずさえてあらわれたのはマッカートニーだった。彼はマイルズに「ぼくにインタヴューをすれば、レコード会社から広告が取れるだろう」と告げ、第2弾のインタヴューには、ジョージ・ハリスンが登場した。最終的に「インターナショナル・タイムズ」は、「タイムズ」紙からの抗議を受け、シンプルに「IT」と改名している。

（右）1970年にロンドン・アーツ・ギャラリーで開かれたジョン・レノンのリトグラフ展の招待状。だが展覧会は警察の強制捜索を受けて、規模の縮小を余儀なくされた。

JOHN & YOKO ONO LENNON
and The Directors of London Arts Gallery
invite you to the
world premier exhibition of

Bag One

Fourteen original signed lithographs

January 15 - January 28

The London Arts Gallery
22 New Bond Street, London W.1.
A MEMBER OF THE LONDON ARTS GROUP

《ゲット・バック》のLP

《レット・イット・ビー》のあったかもしれない姿

ザ・ビートルズの活動を締めくくるアルバム2作が、不思議議にもレコーディングされた時期とは逆の順番でリリースされることになったのは、〝ゲット・バック〟と題するTVドキュメンタリーとライヴ・レコーディングづくりに、彼らが熱意を燃やしていたことが原因だった。

だが内部のいさかい――たとえばジョージ・ハリスンは一時、グループを脱退していた――や意見の相違がプロジェクトの進展を阻み、〝ゲット・バック〟は結局、最終的な15曲のマスター・テープがいつでもリリースできる状態になっていた1970年の1月初頭に、1年間の作業もむなしく放棄されてしまう。

といってすべてが失われたわけではない。なぜならザ・ビートルズはアップル、オリンピック、そしてアビイ・ロードのスタジオで――プロデューサーのジョージ・マーティンとエンジニアのグリン・ジョンズに意見を求めながら――やったセッションの楽曲を、大部分、《レット・イット・ビー》という新たなアルバムのプロジェクトに移行させたからだ。このアルバムに先立っては、タイトル曲がシングルとしてリリースされた。

この曲が最終的に完成を見たのは1970年1月4日のことで、この日はザ・ビートルズが最後にバンドとしてのレコーディングをおこなった日として、歴史に刻まれることになる。ただし休暇中のレノンは不在だった。残りの3人は午後2時半から4時にかけて、いみじくも1962年2月に、彼らにとってすべてがスタートする場所となったアビイ・ロードのスタジオ2に集まった。

1年以上前に録ったベーシック・トラックに、彼らはブラス、ギター、ヴォーカル、チェロをつけ加え、イギリスではグループが現役のあいだに、最後にリリースしたシングルとなるレコードを完成させた。シングルはチャートを2位まで上昇し、18曲のナンバー1を含む23曲連続トップ5ヒットの掉尾を飾った。

イギリスで最後のシングルをリリースした2週間後に、ザ・ビートルズはアルバム《レット・イット・ビー》の作業を再開し、《ゲット・バック》の収録曲から12曲をむらっ気なことで悪名高いアメリカ人プロデューサーのフィル・スペクターの手に委ね、改名されたプロジェクト用に、追加のレコーディングやリミックスをやらせることにした。マーティンの後任として考えると、〝音の壁〟を発明した男は意外な人選かもしれない。だがメンバー、そしてとりわけレノンは、スペクター作品の大ファンだった。とはいえそんな彼ですら、こんなコメントを残している。「あの男をエキセントリックと呼ぶのは、過小評価のきわみだろう。そう言ってるオレだって、マトモとは言えないけど」

1970年の3月23日から4月2日にかけて、スペクターはビートルズのさまざまな楽曲に取り組み、彼が完成させたアルバムは、リンゴから「フィルのやったことは、正直、気に入っている。それにあの仕事ぶりが気に食わないってことなら、そもそもあの男を呼んだ意味がないだろ」と好意的に評された。一方でレノンは「……フィーリングがサイアクで、録音も最低なクソの山を押しつけられたのに、あいつはそれをそれなりに聴けるレコードに仕立てあげた」と語っている。

さほど感心しなかったマーティンは、「わたしはフィル・スペクターの《レット・イット・ビー》が、まったく好きになれなかった。ビートルズのレコードをおとしめている――少なくともわたしはそう思った」とコメントし、マッカートニーはマッカートニーで、「最近になってスペクターのヴァージョンを聴き直してみたんだけど、やっぱりひどい音だった」と私見を述べた。「NME」紙も同様に感心せず、同紙のレヴュー担当はこのアルバムを「ダンボールの墓石」で、「音楽的な融合の、悲しくも安っぽい幕切れ」と酷評した。

ザ・ビートルズ最後のアルバムは1970年5月8日にリリースされ、アメリカでの事前注文額は、トータルで370万ドルを超えた。この国では4週にわたってナンバー1に輝き、わずか6年と少しのあいだに19作連続でアルバムをトップ3にランクさせるという、驚異的な記録を締めくくっている。全英チャートでも3週首位を獲得し、1963年から1970年のあいだにザ・ビートルズが全英トップ3入りさせた11作目のアルバムとなった。

（右）未発表に終わったザ・ビートルズのアルバム《ゲット・バック》――《レット・イット・ビー》に取って代わられた――のジャケットは、実質的に彼らのファースト・アルバムのアップデート版だった。

Apple Records
GET BACK ★ THE BEATLES
stereo
THE BEATLES
GET BACK
with Don't Let Me Down
and 9 other songs

1970年4月10日づけの「デイリー・ミラー」紙

ポールがザ・ビートルズを脱退

ザ・ビートルズといえども順風満帆なわけではないことがはじめてほのめかされたのは、1968年8月、リンゴ・スターがいわゆる〝ホワイト・アルバム〟のレコーディング中に、バンドを脱退した時のことだ。彼は数日で復帰したものの、1969年の〝レット・イット・ビー〟セッション中に、今度はジョージ・ハリスンが一時的にグループを離脱する。その後、アラン・クラインが登場すると、ポール・マッカートニーと3人のバンド仲間のあいだで、誰がザ・ビートルズのマネージャーになるべきかをめぐる議論がはじまった。それはまた、新たな疑問を呼び起こした——かりにマネージャーが決まったとして、ザ・ビートルズはこの先も存続するのか？

事態がいよいよのっぴきならなくなるのは、1970年4月、マッカートニーが初のソロ・アルバム《ポール・マッカートニー》を、グループ最後のアルバム《レット・イット・ビー》とほぼ同時に発表した時のことだ。9日に配布されたアルバムの試聴盤に同封されていたQ&Aのなかで、彼はもうザ・ビートルズと一緒に新しいシングルやアルバムをつくるつもりはないし、ジョン・レノンと一緒に仕事をする見通しもないと語り、「ザ・ビートルズとの離別は一時的なものなのか、それとも恒久的なものなのか？　またその理由は音楽的な意見の相違なのか、それとも個人的な意見の相違なのか？」という質問には、「個人的な意見の相違、ビジネス的な意見の相違、音楽的な意見の相違——でもなによりもまず、家族と過ごすほうが楽しいからだ。一時的に、それとも恒久的に？　正直ぼくにはわからない」と答えていた。

翌日の新聞にはさっそく「ポールがザ・ビートルズを脱退」、「ザ・ビートルズが解散」といった見出しが躍り、マッカートニーはすぐさま〝ザ・ビートルズを解散させた〟男として非難を浴びた。だがレノン、ハリスン、スターがクラインを自分たちのビジネス・マネージャーに任命しても、マッカートニーだけは義父のリー・イーストマンを雇いつづけたことから生じた関係の崩壊が指し示す解決法は、実のところ、ひとつだけしかなかった——ザ・ビートルズというビジネス上のパートナーシップを解消することだ。

4か月後の1970年8月、マッカートニーは「メロディ・メイカー」紙に手紙を出して、自分の立場を明確にした。「おたくの紙面をこの1年ほど、足を引きずりながら這いまわっているニュース記事という名前の犬を、そのみじめな境遇から救ってやるために、『ザ・ビートルズはまた一緒になるのか？』という質問に答えよう。答えは『ノー』だ」

1970年12月の最終日、ついにマッカートニーは高等法院の大法官部でほかのメンバー3人を訴え、1967年に設立されたザ・ビートルズ&カンパニーのパートナーシップ解消と、グループの実務を処理する管財人の任命を求めた。

1971年1月19日にはじまった裁判—— 1970 M. No. 6315 ——は、同日、1か月の休廷に入り、この件を担当したスタンプ判事によると、その間のザ・ビートルズの印税収入は凍結されることになった。公判は2月に再開され、2週間近く証拠調べがおこなわれたのちに、判事は手続き全般を打ち切り、いったん判断を保留したが、1971年3月12日には法廷に戻り、最終的な判決を下した。

スタンプ判事はレノン、ハリスン、スターが、マッカートニーにはなんの相談もせずにクラインを任命したと結論づけた。彼はまた、クラインが当初の合意より取り分を多くすることに3人のビートルが合意したのは、彼らがマッカートニーに対して負っていた責任を〝大きく裏切る〟行為だとした。

1971年5月、レノン、ハリスン、スターはパートナーシップの解消を求めたマッカートニーの訴訟に対する反訴を取り下げ、即日結審の裁判で、元パートナーの経費を支払うように命じられた。その際に控訴院のラッセル判事は、4人のビートル全員が良識ある合意に達することを望むと告げたのちに、「わたしが唯一残念なのは、現状の維持（ステイタス・クオ）をネタにしたジョークが言えないことです——そうすると別のポップ・グループの話になってしまいますから」とつけ加えた。

そのジョークをもってザ・ビートルズは、実質的に存在しなくなり、4人は別々の道を進みはじめる。ただしザ・ビートルズ&カンパニーのパートナーシップが正式に解消されたわけではなく、それは1975年に高等法院で開かれる非公開の審理を待たなければならなかった。

（右）1970年に初のソロ・アルバムを発表した時、ポール・マッカートニーはこれ以上ザ・ビートルズとレコードをつくるつもりはないと宣言して、新聞の見出しを飾った。

1252

DAILY Mirror

5d. Friday, April 10, 1970 • • • No. 20,616

PAUL QUITS THE BEATLES

McCartney . . . a deadlock over policy with John Lennon

By DON SHORT

PAUL McCARTNEY has quit the Beatles. The shock news must mean the end of Britain's most famous pop group, which has been idolised by millions the world over for nearly ten years.

Today 28-year-old McCartney will announce his decision, and the reasons for it, in a no-holds-barred statement.

It follows months of strife over policy in Apple, the Beatles' controlling organisation, and an ever-growing rift between McCartney and his song-writing partner, John Lennon.

McCartney and Lennon are rated one of the greatest popular songwriting teams of the century.

But there is little doubt that McCartney's decision will bring it to an end.

'Deeply cut up' after policy row

Safe

In his statement, which consists of a series of answers to questions, Mcartney says:

"I have no future plans to record or appear with The Beatles again. Or to write any more music with John."

Last night the statement was locked up in a safe at Apple headquarters in Savile-row, Mayfair—in the very rooms where the Beatles' break-up began.

The Beatles decided to appoint a "business adviser." Eventually they settled for American Allen Klein.

His appointment was strongly resisted by Paul, who sought the job for his father-in-law, American attorney Lee Eastman.

After a meeting in London Paul was out-voted 3-1 by John, and the other Beatles, George Harrison and Ringo Starr.

In his statement today Paul will say what he feels about it all and his attitudes towards Mr. Klein.

Since the Klein appointment, Paul has refused to go to the Apple offices to work daily.

He kept silent and stayed at his St. John's Wood home with his photographer wife Linda, her daughter Heather, and their own baby Mary. He was obviously deeply cut up.

Close friends tried to pacify John and Paul. But August last year was the last time they were to work together — when they collaborated on the "Abbey Road" album.

One friend said: "The atmosphere is distinctly cool. They do not hate one another. This is just deadlock over policy."

Geniuses

Dick James, managing director of Northern Songs, publishers of the Lennon-McCartney songs, told me:

"It could mean that in competition with each other they will even write greater songs. They are both geniuses—Paul a melodic one and John in an inventive capacity."

There were other elements that hastened Paul's decision to quit. John Lennon, on his marriage to Yoko Ono, set out on projects of his own. Ringo went into films, and George stepped in as a record producer.

Today McCartney will reveal his own plans for a solo programme.

It will include a full-length film based on the much-loved children's book character Rupert.

Secret

But the very first project is an album of his own compositions.

It is simply called "McCartney" which he not only wrote, but produced entirely himself.

He played every instrument to be heard on the 14 tracks. His wife Linda added vocal harmonies.

The whole operation has been in secret. When the first 200 copies were pressed this week McCartney collected them all from the factory — so they could not be "poached."

By tomorrow hundreds of thousands will be rushed across the world. The first should reach Britain's shops by Monday morning.

Kidnappers send girl home by taxi

CAROLE BENAINOUS, the little girl pictured with her mother yesterday, was held by kidnappers for more than twenty hours.

But the kidnappers sent six-year-old Carole home by taxi after her wealthy father had left £2,000 ransom money on a lonely road outside Paris.

The drama began on Wednesday when Carole and her mother, Madame Jeanine Benainous, stopped a taxi outside their Paris home to take Carole to school.

The driver was a kidnapper—and he drove Carole to a secret hideout outside the city.

Four hours later the kidnappers rang Carole's home demanding the money for her release. They rang again twice through the night.

After the third call, Carole's company director father Rene decided to follow the kidnappers' instructions. He told police to keep away, drove to the pre-arranged spot, and left the cash.

A few hours later Carole returned home. She was unharmed, but very tired.

Last night a massive police hunt was going on for the kidnappers.

DON'T MISS
CUP
FINAL
MIRROR!
SPECIAL
4-PAGE
PULL-OUT
IN THE
DAILY
MIRROR
TOMORROW

PUNTERS PARADISE!

YOUR CHANCE OF A FRONT SEAT AT EPSOM

See Page 7

ジョンからの葉書
虚偽の噂

1971年にポール・マッカートニーがザ・ビートルズの解散を求めるキャンペーンをはじめたのとほぼ同じころ、ジョン・レノンはアメリカにいるキャピトル・レコードのボスに宛てて、ヨーコ・オノのニュー・アルバムを支援するとともに、ビートルズ再結成の噂に対する態度を、鮮明にするように求める葉書を書いた。

キャピトルのトップを引き継ぐ以前、インドでEMIの責任者を務めていたバスカー・メノンは、そこでザ・ビートルズと交友を持った。また1968年1月には、映画『ワンダーウォール』のサウンドトラック・アルバムを制作中だったジョージ・ハリスンのために、2トラックのステレオ・テープレコーダーをカルカッタ（現在のコルカタ）からボンベイ（現在のムンバイ）に運び入れている。どうやらレノンは1971年のはじめ――アルバム《ヨーコの心》のリリース後――に、ロスアンジェルスにあるキャピトル・レコードの有名な本拠地、キャピトル・タワーに陣取っていたメノンに宛ててこの葉書を書いたようだ。そのなかで彼は、ザ・ビートルズがまた一緒になるなどという話は「なんの根拠もない、虚偽の噂」だとはっきり言い切っていた。

1971年5月にザ・ビートルズが法的に解散したあとも、レノンとかつての曲づくりのパートナー、ポール・マッカートニーとの不和や口論はつづいていた――こともあろうにいちばん売れていた音楽紙「メロディ・メイカー」の紙面の上で。マッカートニーは1971年11月に「ぼくはただ、4人がどこかに集まって、『すべては終わった』という書類に署名し、お金を4等分したいと思っていただけだ」と語っている。「ほかには誰もいない。リンダやヨーコやアラン・クラインですら」と念を押した上で、彼は「書類に署名したら、その先はビジネスの専門家に任せて、処理させればいい」とつけ加え、だが最後にはジャーナリストたちに、こんな弱音を吐いていた。「今のぼくの望みはそれだけだ。でもジョンは絶対に乗ってこないだろう」

1か月後にレノンは返事を書き――彼は全文を掲載するという条件で、それを「メロディ・メイカー」に送った――そのなかでグループを解散し、お金を分配するのは、以前のバンド仲間が考えているほど簡単なことではないと指摘した。「どこかに答えがあるのかもしれないが、オレはこの何年かのあいだに、『税金はどうなる？』と100万回はくり返してきた。〝素朴で正直な昔なじみのポール〟を『メロディ・メイカー』で演じるのは勝手だが、おまえだって書類にサインするだけじゃすまないのは、よくわかっているはずだ」

彼はさらにこうつづけた。「『ジョンは絶対に乗ってこないだろう』とおまえは言うが、オレは乗るぜ。おまえがオレたちを税金取りから守ってくれるんならな！　どっちにしてもオレたちがミーティングを持ったら、どんな話になるにせよ、そのあとでクソったれな弁護士連中が、それを実行に移さなきゃならない、そうだろ？」。そしてレノンは追伸のなかで、自分の妻に対する姿勢を明確にした。「オレたちが心底戸惑ったのは、〝リンダとヨーコも抜きで〟会いたいと言ってるところだ。もういい加減わかってくれ。オレは〝ジョンアンドヨーコ〟なんだ」

ザ・ビートルズを金持ちで有名にした音楽の大部分をつくり出したミュージシャンふたりが公開でやり取りしていた書簡は、これをもって幕となる。その後もいっさい再結成の動きはなかったが、1995年、ついにマッカートニーが、ハリスンとスターを自分のスタジオに招いた――レノンが1977年につくったままになっていた、〈フリー・アズ・ア・バード〉を蘇らせるために。

〔右〕キャピトル・レコードのトップ、バスカー・メノンにジョン・レノンが送った葉書。「ザ・ビートルズがまた一緒になる」ことに関する、彼のコメントも記されている。

Dear, Bhaskar
How are you? good! Please put 'Capitol Power' behind Yoko's great new Pop album (read Melody Maker review - N.Y. Times etc). by the way the 'Beatles getting together again' rumour is rife again - even Capitol man TOM WEBKER (chicago) is CONFIRMING such an unfounded untrue rumour - anyway 'give yoko a chance' - Happy New Year
love John + Yoko

親愛なるバスカー

元気か？　よかった！　どうかヨーコのすばらしいニュー〝ポップ〟アルバム（「メロディ・メイカー」のレコ評や「N.Y. タイムズ」etc. を参照）を、〝キャピトルのパワー〟でバックアップしてくれ。ところでまたぞろ〝ビートルズがまた一緒になる〟という噂が広まっているが——キャピトルのトム・ウェブカー（シカゴ）までが、このなんの根拠もない、虚偽の噂を肯定している——とにかく〝ヨーコを我等に〟だ。ハッピー・ニュー・イヤー。

愛をこめて、ジョン＋ヨーコ

索 引

謝辞および写真クレジット

ブライアン・サウソールは本書の準備および執筆に助けの手を差し伸べてくれたすべての人々に感謝するとともに、ホワイト・フェザー・ファウンデーション（www.whitefeatherfoundation.com）の助力と取り組みに謝意を表する。とりわけこの本を生み出すために、多大な努力を払ってくれたカールトン・ブックスのローランド・ホールと彼のチーム、そして計り知れないほどの助けとなってくれたピート・ナッシュに大きな感謝を。大英図書館と「メロディ・メイカー」、「ニュー・ミュージカル・エクスプレス」、「レコード・ミラー」のバックナンバーをわかりやすく整理した同図書館のファイルに加え、以下の出版物にもありがとうを言わせてほしい。

Abbey Road by Brian Southall（Patrick Stephens 1982）（ブライアン・サウソール著『アビイ・ロードの伝説』）; The Beatles by Hunter Davies（Granada 1969）（ハンター・デイヴィス著『増補改訂版 ビートルズ』）; The Beatles Anthology by The Beatles（Cassell & Co 2000）（『ビートルズ・アンソロジー』）; The Beatles Encyclopedia by Bill Harry（Virgin 1992）（ビル・ハリー著『ビートルズ百科全書』）; Beatles Gear by Andy Babiuk（Backbeat Books 2001）（アンディ・バビアック著『ビートルズ・ギア』）; The Beatles Live! By Mark Lewisohn（Pavilion 1986）（マーク・ルイソン著『ビートルズ・ライヴ大百科』）; The Beatles Recording Sessions by Mark Lewisohn（Hamlyn 1988）（マーク・ルイソン著『ザ・ビートルズ レコーディング・セッションズ』）; Billboard Book of Number One Hits by Fred Bronson（Billboard 1997）（フレッド・ブロンソン著『ビルボード・ナンバー1・ヒット』）; Billboard Book of Number One Albums by Craig Rosen（Billboard 1996）; Brian Epstein: The Man Who Made The Beatles by Ray Coleman（Viking 1989）（レイ・コールマン著『ビートルズをつくった男―ブライアン・エプスタイン』）; Paul McCartney Many Years From Now by Barry Miles（Secker & Warburg 1997）（バリー・マイルズ著『ポール・マッカートニー―メニー・イヤーズ・フロム・ナウ』）; Northern Songs by Brian Southall（Omnibus 2007）（ブライアン・サウソール著『ノーザン・ソングス』）; Rock Atlas by David Roberts（Clarksdale 2012）.

本書への再録を許可していただいた写真の出典は以下の通りである。記して感謝したい。

写真の出典やクレジットに関してはできるかぎり正確を期し、著作権保有者と連絡を取ってあるが、意図しないミスや省略があった場合には、将来の版で訂正するものとする。

Alamy: Keystone Pictures USA: 8-9; /Theodore Liasi: 177; /TracksImages.com: 85; /By kind permission of Bonhams: 7, 33, 60-61, 155, 156-157; /Carlton Books Ltd: Photography by Karl Adamson: 11（上右）, 11（下）, 12, 13, 41, 49, 55, 57, 75, 79, 88, 94, 95, 97（上）, 97（下）,98, 99, 100, 101, 110, 111, 121, 131, 135, 137, 138, 149, 164, 165, 171, 179（上）, 191, 205, 210, 231, 247; /Corbis: Buddy Mays: 189; /Getty Images:Archive Photos: 23; /Blank Archives: 190; /Peter Bruchmann/K & K Ulf Kruger OHG/Redferns: 34; /Christies: 235; /Cummings Archives:46-47; /John Downing: 222-223; /Express: 232; /GAB Archive: 27, 142-143; /John Hoppy Hopkins/Redferns: 60-61; /Hulton Archive: 14, 15; /Keystone/Hulton Archive: 116, 117, 162, 163; /K & K Ulf Kruger OHG: 16-17; /Michael Ochs Archives: 30, 145, 158-159, 179（中央）, 180-181; /Max Nash/AFP: 162; /Terry O'Neill: 38-39, 86-87; /Nigel Osbourne/Redferns: 19, 31, 37, 219, 241; /Jan Persson/Redferns: 218; /Ellen Piel/K & K/Redferns: 42-43; /David Redfern/Redferns: 30, 91, 139; /TS Productions: 66; /Rowland Scherman: 150-151; /Len Trievnor/Express: 112-113; /Bob Whitaker/Hulton Archive: 194-195; /Photograph courtesy of Heritage auctions, www.ha.com: 145; /Magnum Photos: © David Hurn: 108-109; /© Julian Lennon, The White Feather Foundation: 170, 175, 183, 209, 215, 217, 221, 227, 237, 239; /© Gered Mankowitz: 233; /Massygo: 84; /Mirrorpix: 249; /The Music Center Archives/Otto Rothschild Collection: 178; /Peter Nash: 11（上左）, 148, 254; /The National Archives: 197;/Press Association Images: S&G Barratts: 126-127; /Peter Byrne/PA Archive: 24, 25; /Christies/PA Archive: 211; /PA Archive: 163, 169, 201, 206; /Private Collection: 83, 93; /Copyrighted 2013. PROMETHEUS Global Media LLC 98683:413JM: 153; /Rex Features: 70-71, 214, 238; /Peter Brooker: 242; /Bournemouth News: 63（上）, 63（下）; /Crollalanza: 240; /Jim Duxbury: 173（下）; /ITV: 5, 129; /Julien's Auctions:107（左）, 107（右）, 160, 161, 203, 225, 251; /David Magnus: 243; /Steve Poole/Daily Mail: 53;Mark Sumner: 14; /Sipa Press: 22; /Collection Herbert Hauke, www.rockmuseum.de: 51, 193; /Ron Jones Associates/Merseyside Photo Library: © Don Valentine: 76; /Sotheby's Picture Library: 21, 213, 229; /TracksImages.com: 15（上と下）, 28-29, 35, 45(上), 45（下）, 48, 61（上）, 61（下）, 67, 69, 73（上）, 73（下）,77, 81, 89, 90, 102, 103, 104, 105, 115, 116（左）, 116（右）, 117, 125（上）, 125（下）, 128, 133（上）, 133（下）, 141（上）, 141（下）, 159（左）, 159(右), 173（上）, 179（下）, 185, 187（6つの写真）, 198, 199, 204, 207, 245

THE BEATLES IN 100 OBJECTS by Brian Southall
Copyright © 2013 Carlton Books Limited
Japanese translation published by arrangement with Welback Publishing Group Limited
through The English Agency (Japan) Ltd.
Translated by Yuji Okuda
Published in Japan by Disc Union Co., Ltd.

ブライアン・サウソール
1960年代に地元紙でポップ・ミュージックに関する記事を書き始め、「メロディ・メーカー」や「ディスク」などで執筆。その後、A&M、タムラ・モータウン、EMI、ワーナー・ミュージックとレコード業界で、30年にわたりキャリアを重ねる。1982年に初の著書『アビイ・ロードの伝説』（シンコーミュージック）を出版して以来、『ノーザン・ソングス 誰がビートルズの林檎をかじったのか』（シンコーミュージック）、『Sex Pistols: 90 Days at EMI』、『Pop Goes To Court』、『The Rise & Fall of EMI Records』など、音楽関連の本を多数執筆している。

奥田祐士
1958年、広島生まれ。東京外国語大学英米語学科卒業。雑誌編集をへて翻訳業。

ザ・ビートルズ・アイテム100モノ語り
The Beatles Collection Archive

初版発行　2022年5月1日

著　ブライアン・サウソール

訳　奥田祐士
楽器・機材監修　眞鍋 “MR.PAN” 崇（THE NEATBEATS）
デザイン　高橋力・布谷チエ（m.b.llc.）
日本版制作　筒井奈々（DU BOOKS）

発行者　広畑雅彦
発行元　DU BOOKS
発売元　株式会社ディスクユニオン
東京都千代田区九段南3-9-14
編集　TEL 03-3511-9970　FAX 03-3511-9938
営業　TEL 03-3511-2722　FAX 03-3511-9941
https://diskunion.net/dubooks/

印刷・製本　シナノ印刷

ISBN 978-4-86647-169-3
Printed in Japan
©2022　diskunion / Yuji Okuda

万一、乱丁落丁の場合はお取り替えいたします。
定価はカバーに記してあります。
禁無断転載

本書の感想をメールにてお聞かせください。
dubooks@diskunion.co.jp

DU BOOKS

ビートルズ来日学

1966年、4人と出会った日本人の証言

宮永正隆 著

「レコード・コレクターズ」誌の人気連載、待望の書籍化。真実は細部に宿る！当事者だからこそ語れる、来日時のビートルズの素顔や行動。世界初公開の写真も多数掲載。マーク・ルーイスン（ビートルズ研究の権威）からも「第一級のインタビュー」と絶賛された著者によるライフワーク。湯川れい子さん絶賛！（「週刊文春」）、「北海道新聞」「朝日新聞」（「ひと」欄）などでも話題に。

本体2500円＋税　A5　448ページ（カラー写真多数）　好評3刷！

ビートルズの語感

曲づくりにも共通する遊びの発想

小島智 著

言い回し、受け答え、気のきいたフレーズ……世界を魅了したユニークでシャレた言葉たち。スティーブ・ジョブズも惚れ込んだビートルズの言葉のセンスを探り、4人のキャラクターを言葉使いからも深掘りする1冊。
仮の曲名、関連企業、記者会見、映画のセリフなどなど、歌詞以外でも、ユニークで、シャープな感覚を持っていた4人の言葉に注目！

本体1800円＋税　四六　216ページ

ザ・ビートルズ 最後のレコーディング

ソリッドステート（トランジスター）革命とアビイ・ロード

ケネス・ウォマック 著　湯田賢司 訳

困難を極めながらも、名盤『アビイ・ロード』を完成させたビートルズと、彼らを支えた影のヒーローたち（エンジニア）の姿を克明に描く。
それまでとはまったく違うサウンドになった本作を、コンソール、モーグ、スピーカーなどの技術革新の面からも徹底解説。
序文：アラン・パーソンズ（エンジニア、音楽プロデューサー）、解説：高橋健太郎

本体2800円＋税　四六　392ページ（カラー口絵8ページ）

ポール・マッカートニー　告白

ポール・デュ・ノイヤー 著　奥田祐士 訳

本人の口から語られる、ビートルズ結成以前からの全音楽キャリアと、音楽史に残る出来事の数々。曲づくりの秘密やアーティストとしての葛藤、そして老いの自覚……。70歳を過ぎてなお現役ロッカーであり続けるポールの、リアルな姿を伝えるオーラル・ヒストリーの決定版！
ポール・マッカートニーとの35年以上におよぶ対話をこの一冊に。

本体3000円＋税　A5　540ページ　好評3刷！